U0542769

| 李顿调查团档案文献集 |

主编 张 生

日本外务省藏档 (三)

编者 陈海懿 马海天 崇 哲

南京大学出版社

本书由

国家社会科学基金"抗日战争研究"专项工程
"国外有关中国抗日战争史料整理与研究之一：李顿调查团档案翻译与研究"(16KZD017)

教育部人文社会科学重点研究基地"南京大学中华民国史研究中心"
重大项目"战时中国社会"(19JJD770006)

国家社会科学基金项目"国联调查团档案中
关于中国共产党资料的整理、翻译与研究"(19BDJ066)

江苏省优势学科基金

资助

《李顿调查团档案文献集》编译者名单

主　编　张　生
副主编　郭昭昭　陈海懿　宋书强　屈胜飞　陈志刚　叶美兰

编译者　张　生　南京大学中华民国史研究中心教授
　　　　　叶美兰　南京邮电大学教授
　　　　　王希亮　黑龙江省社会科学院历史研究所研究员
　　　　　郭昭昭　江苏科技大学马克思主义学院研究员
　　　　　陈海懿　南京大学中华民国史研究中心副教授
　　　　　陈志刚　西南大学历史文化学院副教授
　　　　　宋书强　中国药科大学马克思主义学院讲师
　　　　　屈胜飞　浙江工业大学马克思主义学院讲师
　　　　　王　静　南京大学大学外语部副研究员
　　　　　翟意安　南京大学历史学院讲师
　　　　　徐一鸣　南京大学历史学院助理研究员
　　　　　向　明　江苏科技大学马克思主义学院副教授
　　　　　常国栋　南京邮电大学马克思主义学院讲师
　　　　　鄢海亮　华南师范大学马克思主义学院讲师
　　　　　万秋阳　南京晓庄学院外国语学院日语系讲师
　　　　　菅先锋　南京大学历史学院博士研究生
　　　　　吴佳佳　南京大学历史学院博士研究生
　　　　　马海天　南京大学历史学院博士研究生
　　　　　米惠华　南京大学历史学院博士研究生
　　　　　顾小伟　南京大学历史学院博士研究生
　　　　　林　坤　南京大学历史学院博士研究生
　　　　　夏黎明　南京大学历史学院博士研究生

王益华　南京大学历史学院博士研究生
孟祥斐　南京大学历史学院博士研究生
崇　哲　南京大学历史学院博士研究生
刘思燚　南京大学历史学院硕士研究生
肖钧哲　南京大学历史学院硕士研究生
刘涵之　南京大学历史学院硕士研究生
桂语琪　南京大学历史学院硕士研究生
黄家丽　南京大学历史学院硕士研究生
胡芊珣　南京大学历史学院本科生
刘俊甫　南京大学历史学院本科生
陈梦玲　内蒙古师范大学科学技术史研究院博士研究生
金　楠　浙江工业大学马克思主义学院硕士研究生
杨文秀　浙江工业大学马克思主义学院硕士研究生
曹文博　陕西师范大学历史文化学院硕士研究生
沈康悦　浙江工业大学马克思主义学院硕士研究生
杨　越　西安电子科技大学密码学硕士
黎纹丹　西南大学外国语学院硕士研究生
朱心怡　西南大学外国语学院硕士研究生
杨　溢　西南大学外国语学院硕士研究生
郑学良　西南大学外国语学院硕士研究生
孙　莹　西南大学外国语学院硕士研究生
舒　婷　西南大学历史文化学院硕士研究生
徐丹丹　西南大学历史文化学院硕士研究生
牛　正　西南大学历史文化学院硕士研究生
金　典　西南大学历史文化学院硕士研究生
余松琦　西南大学含弘学院本科生

序　言

中国历史的奥秘,深藏于大兴安岭两侧的广袤原野。

明治维新以来,日本企图步老牌帝国主义后尘,争夺所谓"生存空间";俄国自彼得大帝新政,不断东进,寻找阳光地带和不冻港。日俄竞争于中国东北,流血漂杵;日本逐步占得上风,九一八事变发生,中国面临亡国灭种的新危机。

日本侵华之际,世界已进入全球化的新时代,民族国家成为国际社会的主体,以国际条约体系规范各国的行为,以政治和外交手段解决彼此的分歧,是国际社会付出重大代价以后得出的共识。而法西斯、军国主义国家如德、意、日,昧于世界大势,穷兵黩武,以求一逞。以故意制造的借口,发动侵华战争,霸占中国东北百余万平方公里土地、数千万人民,是日本昭显于世的侵略事实。

国际联盟(League of Nations)应中国方面之吁请,派出国联调查团处理此事。1932年1月21日,国联调查团正式成立。调查团团长由英国人李顿爵士(The Rt. Hon. The Earl of Lytton)担任,故亦称李顿调查团(Lytton Commission)。除李顿外,美国代表为麦考益将军(Gen. McCoy),法国代表为亨利·克劳德将军(Gen. Claudel),德国代表为希尼博士(Dr. Schnee),意大利代表为马柯迪伯爵(H. E. Count Aldrovandi)。为显示在中日间不做左右袒,国联理事会还决定顾维钧作为顾问代表中国参加工作,吉田伊三郎代表日方。代表团秘书长为国联秘书处哈斯(Mr. Robert Haas)。代表团另有翻译、辅助人员。1932年9月4日,代表团完成报告书,签署于中国北平。报告书确认:第一,九一八事变之责任,完全在于日本,而不在中国;第二,伪满洲国政权非由真正及自然之独立运动所产生;第三,申明东三省为中国领土。日本为此恼羞成怒,退出国联,自

1

绝于国际社会。

《李顿调查团档案文献集》就是反映李顿调查团组建、调查过程、调查结论、各方反应和影响的中、日等国相关资料的汇编,对于研究九一八事变和李顿调查团,具有重要的参考价值。

如何看待李顿调查团来东亚调查的来龙去脉?笔者认为应有三个维度的观照:

其一,在中国发现历史。

美国历史学家柯文提出的这一范式,相比"冲击—反应"模式,即从外部冲击观察中国历史的旧范式,自有其意义。近代以来,由条约体系加持的列强,对中国社会产生了巨大的影响。中国沿海通商口岸是中国最早接触西方世界的部分,在资本主义全球化的过程中得风气之先,所谓"西风东渐",对中国旧有典章制度的影响无远弗届。近代中国在西方裹挟下步履跟跄,蹒跚竭蹶,自为事实。但如果把中国近代历史仅仅看成西方列强冲击之结果,在理论、方法和事实上,均为重大缺陷。

主要从中国内部,探寻历史演进的机制和规律,是柯文提出的范式的意义所在。

事实上,九一八事变发生、国联调查团来华前后,中国社会内部对此作出了剧烈的反应。在瑞士日内瓦所藏国联巨量档案文献中,中国各界通过电报、快邮代电、信函等形式具名或匿名送达代表团的呈文引人注目,集中表达了国难当头之时中华民族谴责日本侵略、要求国际社会主持公道、收回东北主权、确保永久和平的诉求,对代表团、国联和整个国际社会形成了巨大影响,显示了近代中国社会演进的内在动力。

东北各界身受亡国之痛,电函尤多。基层民众虽文化程度不高,所怀民族国家大义却毫不含糊。东北某兵工厂机器匠张光明致信代表团称:"我是中华民国的公民,我不是'满洲国'人,我不拥护这国的伪组织。"高超尘说:"不少日子以前,'满洲国家'即已成立了,但那完全是日本人的主使,强迫我辽地居民承认。街上的行人,日人随便问'您是哪国人',你如说是'满洲人'便罢,如说是中国人,便行暴打以至死。"辽宁城西北大橡村国民小学校致函称:"逐出日本军,打到[倒]'满洲国',宁做战死鬼,不做亡国民。"陈子耕揭露说:"自事变以后,日本恶势力已伸张入全东北,如每县的政事皆由日人权势下所掌握,复又收买警察、军人、政客等,以假托民意来欺骗世界人的耳目,硬说建设'满洲国'是中华人民的意思,强迫人民全出去游行,打着欢迎建设'新国家'的旗号……我誓死不忘我的中华祖国,敢说华人莫非至心不跳时、血停时,不然一定于[与]他们周旋。"小学生何子明来信说:"我小学生告诉您们'满洲国'成立我不赞成……有一天我在学校,日本人去了,教我们大家一齐说'大日本万岁',我们要不说他就杀我们,把我迫不得已的就说了。其中有一位七岁的小孩,他说'大中华万岁! 打倒小日本!'日本人听了就立刻把那个小同学杀了,真叫我想起来就愁啊。"

经济地位和文化水平较高者,则向代表团分析日本侵占中国东北的深远危害。哈尔滨商民代表函称:"虽然,满洲吞并,恐不惟中国之不利。即各国之经济,亦将受其影响。世界二次大战,迫于眉睫矣。"中国国民党青年团哈尔滨市支部分析说:"查日本军阀向有一贯之对外积极侵略政策,吾人细玩以前田中义一之满蒙大陆政策,及最近本庄繁等上日本天皇之奏折,可以看出其对外一贯之积极侵略政策,即第一步占领满蒙,第二步并吞中国,第三步征服世界是也。……以今日之日本蕞尔岛国,世界各国尚且畏之如虎,而况并有三省之后版图增大数倍,恐不数年后,即将向世界各国进攻,有孰敢撄其锋镝乎?……勿徒视为亚洲人之事,无关痛痒,失国联之威信,而贻噬脐之后悔也。"

不惟东北民众,民族危亡激起了全中国人的爱国心。清华大学自治会1932年4月12日用英文致函代表团指出:中国面临巨大的困难,好似1806年的德国和1871年的法国,但就像"青年意大利"党人一样,青年人对国家的重建充满信心。日本的侵略,不仅危害了中国,也对世界和平形成严重威胁,青年人愿意为国家流尽"最后一滴血"。而国联也面临着建立以来最大的危机,对九一八事变的处理,将考验它处理全球问题的能力。公平和正义能否实现,将影响到人类的命运。他们向代表团严正提出"五点要求":1. 日本从中国撤军;2. 上海问题与东北问题一起解决;3. 不承认日本侵略和用武力改变的现状;4. 任何解决不得损害中国的领土和主权完整;5. 日本必须对此事件的后果负责。南京海外华侨协会1932年3月16日致电代表团:日本进兵东三省和淞沪地区,"违反了国联盟约和《凯洛格—白里安公约》,扰乱了远东地区和世界的和平。

同时,日本一直在做虚假的宣传,竭力蒙蔽整个世界。我们诚挚地请求你们到现场来,亲眼看看日军对中国人民的生命财产进行怎样的恣意破坏。希望你们按照国际法及司法原则,对其进行制裁。如果你们不能完成这一使命,那么世界上将无任何公平正义可言。在这种情况下,为了民族的生存,我们将采取一切手段自卫,决不会向武力屈服。"

除了档案,中国当时的杂志、报纸,大量地报道了九一八事变和国联调查团相关情况,其关切的细致程度,说明了各界的高度投入。那些浸透着时人忧虑、带着鲜明时代特色的文字表明:九一八事变的发生,对当时的中国社会是一场精神洗礼,每个人都从东北沦陷中感受到切肤之痛。这种舆论和思想的汇合,极大地改变了此后中国社会各界的主要诉求,抗日图存成为压倒性的任务,每一种政治力量都必须对此作出回应。

其二,在世界发现中国历史。

以中国为本位,探讨中国历史的内生力量,是题中应有之义。但全球化以来,中国历史已经成为世界历史的一部分。仅仅依靠中国方面的资料,不利于我们以更加广阔的视野看待中国历史和"九一八"的历史。

事实上,奔赴世界各地"动手动脚找东西",已经成为中国学者深化中国近现代史,特别是抗战史研究的不二法门。比如,在中日历史问题中占据核心地位的南京大屠杀问题。除中国各地档案馆、图书馆外,中国学者深入美、德、英、日、俄、法、西、意、丹等国相关机构,系统全面地整理了加害者日方、受害者中方和第三方档案文献,发现了大量珍贵文献、图像资料,出版《南京大屠杀史料集》72卷。不仅证明了日军进行大屠杀的残酷性、蓄意性和计划性,也证明南京大屠杀早在发生之时,就引起了各国政府和社会舆论的关注;南京和东京两场审判,进行了繁复的质证,确保了程序和判决的正义;日方细致的粉饰,在中国人民和全世界正义人士的揭露下真相毕露。全球性的资料,不仅深化了历史研究,也为文学、社会学、心理学、新闻传播学、艺术学等跨学科方法进入相关研究提供基础;不仅摧毁了右翼的各种谬论,也迫使日本政府不敢公然否认南京大屠杀的发生和战争犯罪性质。

国际抗战资料,展现了中国抗战史的丰富侧面。如美国驻中国各地使领馆的报告,具体生动地记录了战时中国各区域的社会、政治、军事等各方面情形,对战时国共关系亦有颇有见地的分析;俄、美、日等国档案馆的细菌战资料,揭示了战时日本违反国际法研制细菌武器的规模和使用情况,记录了中国各地民众遭遇的重大伤亡和中国军民在当时条件下的应对,以及暗示了战后美国掩饰"死亡工厂"实情的目的;英美等国档案所反映的重庆大轰炸和日军对中国大中小城市的普遍的无差别轰炸,不仅记录了日本战争犯罪的普遍性,也彰显了战时中国全国军民同仇敌忾、不畏强暴的英勇气概。哈佛大学所藏费吴生档案、得克萨斯州州立大学奥斯汀分校所藏辛德贝格档案、曼彻斯特档案馆所藏田伯烈档案等则从个人角度凸显了中国抗战在"第三方"眼中的图景。

对于李顿调查团的研究,自莫能外。比如,除了前述中国各界给国联的呈文,最近在日内瓦"国联和联合国档案馆"中发现:调查团在日本与日本政要的谈话记录,在中国各地特别是在北平和九一八事变直接相关人士如张学良、王以哲、荣臻等人的谈话记录,调查团在东北实地调查、询问日军高层的记录,中共在"九一八"前后的活动,中国各界的陈情书,日本官方和东北伪组织人员、汉奸的表态,世界各国、各界的反应等。特别是张学良等人反复向代表团说明的九一八事变前夕东北军高层力避冲突的态度,王以哲、荣臻在"九一八"当晚与张学良的联系,北大营遭受日军进攻以后东北军的反应等情况,对于厘清九一八事变真相,有着不可取代的意义。

我们通过初步努力发现,李顿调查团成立前后,中方向国联提交了论证东北主权属于中国的篇幅巨大的系统性说帖,顾维钧、孟治、徐道邻等还用英文、德文进行著述。日方相应地提交了由日本旅美"学者"起草的说帖,其主攻点是中国的抗日运动、东北在张氏父子治下的惨淡、东北的"匪患",避而不谈柳条沟事件的蓄意性。日方资料表明,即使在九一八事变发生数月后,其关于"九一八"当晚情形的说辞仍然漏洞百出、逻辑混乱,在李顿询问时不能自圆其说。而欧美学者则向国联提供了第三方意见,如 *The Verdict of the League: China and Japan in Manchuria*(《国联的裁决:中日在满洲》),哈佛大学法学院教授曼利・哈德森(Manley O. Hudson)著;*Manchuria: Cradle of Conflict*(《满洲:冲突的策源地》),欧文・拉铁摩尔(Owen Lattimore)著;*The Manchuria Arena: An Australian View of the Far Eastern Conflict*(《满洲竞技场:远东冲突的澳洲视角》），卡特拉克（F.M. Cutlack）著；*The Tinder Box of Asia*（《亚洲的火药桶》），乔治·索科尔斯基（George E. Sokolsky，中文名索克斯）著；*The World's Danger Zone*（《世界的危险地带》），舍伍德·艾迪（Sherwood Eddy）著；等等，为国联理解中国东北问题提供了有益的视角。另外，收藏在美国斯坦福大学胡佛研究所的蒋介石日记等也反映了当时国民政府高层的态度和举措。

这次出版的资料中，收集了中国台湾地区的"国史馆"藏档，日本外务省藏档，国联和联合国档案馆 S 系列藏档等多卷档案。丰沛的资料说明，即使是李顿调查团这样过去在大学教材中只是以一两段话提出的问题，其实仍有海量的各种海外文献可资研究。

可以说，世界各地抗日档案和各种资料，不仅补充了中国方面的抗日资料，也弥补了"在中国发现历史"范式的不足，体现了历史唯物主义对历史研究全面性、客观性的要求，自然地延伸推导出"在世界发现中国历史"的新命题。把"中国的"和"世界的"结合起来，才能更深广、入微地揭示抗日战争史的内涵。

其三，在中国发现世界历史。

中国历史，是世界历史的重要组成部分；中国抗战，构成了第二次世界大战的东亚主战场。离开中国历史谈世界历史注定是不周全的。只有充分发掘中国历史的世界意义，世界史才能获得真正的全球史意义。

过往的抗战史国际化，说明了中国抗战的世界意义。研究发现，东北抗联资料不仅呈现了十四年抗战的艰苦过程，也说明了战时东北亚复杂的国际关系。日方资料中的"华北治安战""清乡作战"资料，从反面反映了八路军、新四军的顽强，其牵制大量日军的事实，从另一面说明中共敌后游击战所发挥的中流砥柱作用。1937 年 12 月 12 日在南京江面制造"巴纳号事件"的日军航空兵官兵，后来是制造"珍珠港事件"的主力之一，说明了中国抗战与太平洋战争的联系。参与制造九一八事变、华北事变和南京大屠杀的许多日军部队，后来在太平洋战场上被美澳等盟国军队消灭，说明了太平洋战场和中国战场的相互支持。中国军队在滇缅战场的作战和在越南等地的受降，中国对朝鲜、马来亚、越南等地游击战和抗日斗争的介入和帮助，说明了中国抗战对东亚、东南亚解放的意义和价值。对大后方英美军人、"工合"人士、新闻界和其他各界人士的研究,彰显了抗日统一战线的多重维度,等等。这对我们的研究富有启发性意义。

李顿调查团的相关资料表明,九一八事变及其后续发展,具有深刻的世界史含义。

麦金德1902年在英国皇家地理学会发表文章,提出"世界岛"的概念。麦金德认为,地球由两部分构成:由欧洲、亚洲、非洲组成的世界岛,是世界上面积最大、人口最多、最富饶的陆地组合。在"世界岛"的中央,是自伏尔加河到长江,自喜马拉雅山脉到北极的心脏地带,在世界史的发展中具有重要意义。其实,就世界近现代史而言,中国东北具有极其重要的地缘战略意义,堪称"世界之砧"——美国、俄罗斯、日本等这些当今世界的顶级力量,无不在中国东北及其周边地区倾注心力,影响世界大局。

今天看来,李顿调查团的组建,是国际社会运用国际规约积极调解大国冲突、维护当时既存的凡尔赛—华盛顿体系的一次尝试。参与各国均为当时世界强国,即为明证。

英国作为列强中在华条约利益最丰的国家,积极投入国联调查团的建立。张伯伦、麦克米伦等知名政治家均极愿加入代表团,甚至跟外交部官员暗通款曲,询问排名情况。李顿在中日间多地奔波,主导调查和报告书的起草,正是这一背景的反映。

美国作为国联非成员国,积极介入调查团,说明了美国对远东局势的关切,其态度和不承认日本用武力改变当时中国领土主权现状的"史汀生主义"是一致的。日美之间的紧张关系,一直延续到珍珠港事变发生。在日美最终谈判中,中国的领土和主权,仍然是美方的先决条件。可以说,九一八事变,从大历史的角度看,是改变日本和美国国运的大事。

苏联在国联未能采取强力措施制止日本侵略后,默认了伪满洲国的存在,后甚至通过对日条约加以承认,其对日本的忍让和妥协,延续到它对日本宣战。但日本关东军主力在苏联牵制下不敢贸然南下,影响了中国抗日战争的形态。

日本侵占中国东北,却始终得不到中国和国际主流社会的承认,乃不断扩大侵略,不仅影响了对苏备战,也使得其在"重庆政权之所以不投降,是因为有英美支持"的判断下，不断南进，最终自取灭亡。2015年8月14日，日本首相安倍晋三在战后70年讲话中承认："日本迷失了世界大局。满洲事变以及退出国际联盟——日本逐渐变成国际社会经过巨大灾难而建立起来的新的国际秩序的挑战者，前进的方向有错误，而走上了战争的道路。其结果，70年前，日本战败了。"从这个意义上说，九一八事变——李顿调查——退出国联，成为日本近代史的转折点。

亚马孙雨林的蝴蝶振动翅膀，可能在西太平洋引发一场风暴。发生在沈阳一个小地方的九一八事变，成为今天国际秩序的肇因。其故焉在？马克思和恩格斯在《德意志意识形态》中指出：在历史演进的过程中，人的"普遍交往"逐步发展起来，"狭隘地域性的个人为世界历史性的、真正普遍的个人所代替"。近代以来中国人民的历史，与世界历史共构而存续。

回望李顿调查团的历史，我仿佛感受到了太平洋洋底的咆哮呼啸前来，如同雷鸣。

是为序。

张 生

2019年10月

出版凡例

一、本文献集所选资料，原文中的人名、地名、别字、错字及不规范用字等，为尊重历史和文献原貌，均原文照录。因此而影响读者判断、引用之处，除个别需说明情况以脚注"译者按"或"编者按"形式标出外，别字、错字在其后以"[ ]"注明正字；增补的字，以"【 】"标明之；因原文献漫漶不清而缺字处，用"□"标识。

二、凡采用民国纪年或日本天皇年号纪年者等，为尊重历史和文献原貌，均原文照录。台湾地区的文献中涉及政治人物头衔和机构名称者，按有关规定处理，在页下一并说明。

三、所选资料均在起始处说明来源，或在文后标注其详细来源信息。

四、外文文献译文中，日本人名从西文文献译出者，保留其西文拼法，以便核对；其余外国人名，均在某专题或文件中第一次出现时标其西文拼法。不同时期形成的中文文献中涉及的外国人名、地名翻译差异较大，为尊重历史和文献原貌，一般不作改动。

五、所选文献经过前人编辑而加脚注者，以"原编辑者注"保留在页下。

六、所选资料中原有污蔑中国人民、美化日本侵略之词，或基于立场表达其看法之处，为尊重历史和文献原貌，不改动原文，或在页下特别说明，请读者加以鉴别。

本册说明

本册文件集编纂收录的资料主体来自日本亚洲历史资料中心所藏日本外务省档案,主体内容是国际联盟中国调查团关系档案(国際連盟支那調査員関係)第五卷、第六卷,以及"满洲国"拒绝中国参与员顾维钧进入中国东北问题(满洲国ノ支那側参与顧維均ノ入国拒否問題)。

国际联盟中国调查团关系档案第五卷,记载着日本外务省与驻外各领事馆、其他内阁省、地方县之间的来往函电,时间段是从 1932 年 7 月 1 日到 1935 年 2 月 13 日。主要内容包括:国联调查团第二次前往日本与离开日本等过程中的外务省相关准备与接待安排,涉及行程、警卫、乘车券、通关过程、娱乐活动、餐饮、参观、预算、决算等;外务省向调查团转交有关伪满洲国的文件材料,试图诱导调查团承认伪满;外务大臣与国际联盟调查团的会谈情况;调查团返回日内瓦过程中的外务省安排工作;报告书出台后,以李顿为首的调查团所发表的各类演讲与言论等。

国际联盟中国调查团关系档案第六卷,记载着日本相关媒体关于国联调查团的新闻报道剪报,涉及《朝日新闻》《东京日日新闻》《读卖新闻》《时事新闻》,时间段是从 1932 年 7 月 3 日至 1932 年 7 月 17 日。主要内容包括:国联调查团第二次赴日本的新闻报道、国联调查团在日本的行程安排与各类声明、国联调查团同外务大臣与陆军大臣的会谈情况、日本经济团体致国联调查团声明书、国联调查团离开日本的情况报道、日本媒体发表关于国联调查团的社论性文章等。

"满洲国"拒绝中国参与员顾维钧进入中国东北问题,记载着日本外务省与驻外使领馆、关东军、伪满之间围绕"拒顾"主题形成的来往函电,时间段是从 1932 年 3 月 31 日至 1932 年 6 月 12 日。主要内容包括:伪满拒绝顾维钧进入东北的有关新闻报道,围绕"拒顾"所引发的国联调查团、外务省、日本驻外使领馆、关东军、伪满之间的复杂交涉过程,国联秘书长德拉蒙德、美国副国务卿卡斯托等人针对此事的言论与立场,解决此问题的外交协商过程,外务省编撰《拒绝顾维钧入"满"问题的经过》等。

本册编撰内容含附录一份,即《九一八事变经过之各事项说明》,该文件属于国际联盟中国调查团外务省准备委员会制作的文本材料,诬蔑中国方面炸毁满铁路线而引发中日两军冲突,试图诱导调查团误判日本侵略行径。

本册是编者共同努力的成果,国际联盟中国调查团关系档案第五卷、第六卷由王希亮、马海天翻译;"满洲国"拒绝中国参与员顾维钧进入中国东北问题由马海天、陈海懿翻译;《九一八事变经过之各事项说明》由崇哲翻译。全书由陈海懿、马海天校对,陈海懿统稿。编者水平有限,难免有错误之处,敬希读者指正。

目　录

1

一、国际联盟中国调查团关系档案 第五卷

1. 守屋书记官致斋藤外务大臣的函电
（1932 年 7 月 1 日）

昭和七年　一五一二七　平①　　　上海　　　七月一日下午发出

外务省　　　七月一日下午收到

第一〇四一号

据新闻报道，蒋作宾于 6 月 30 日对当地中文报纸谈道：

一、国联调查团为撰写报告书，征求中日两国政府意见是当然之事，调查团到达北平后，征求我方最低限度的意见。我方回答应以保障中国的领土及主权为原则，其他没有特定的提案。

二、我往东京赴任的时间比调查团赴东京的时间要迟，已电告江华本代为接待。另外，中俄交涉一事，已电告在意大利的莫德惠火速赴莫斯科办理。

转发②：北平、奉天③、长春、天津、青岛、济南、南京、汉口、广东、国联。

资料来源：JACAR（アジア歴史資料センター）Ref. B02030448800（第 7 画像目から）満洲事変（支那兵ノ満鉄柳条溝爆破ニ因ル日、支軍衝突関係）/ 善後措置関係/国際連盟支那調査員関係　第五卷（外務省外交史料館）

---

①　编者按："平"是原电报文字，指未加密的电报。本册所搜集的日文档案资料，日本外务省电报密级计有"暗""略""平"三种。经查，"暗"表示完全加密的意思，"略"表示简单加密的意思，如果未加密，则写作"平"。下同。

②　编者按："转发"指代将同一条电文转发给各机构，"北平"指代日本驻北平领事馆人员，"奉天"指代日本驻奉天总领事，其他地址指代意思相同，"国联"指代日本驻国联代表团秘书处。后文在转发对象中出现"中""中国"指代日本驻华公使。下同。

③　编者按：指代沈阳，下同。

2. 长冈代理总领事致斋藤外务大臣的函电
(1932 年 7 月 1 日)

昭和七年　一五一三一　暗　　哈尔滨　　七月一日下午发出

　　　　　　　　　　　　外务省　　七月一日下午收到

第六六一号

"マ"①约一周前来哈尔滨,直接由法国领事陪同来访特务机关。特务机关方面为林特(August R. Lindt)事件,在"マ"来访之前曾向法领事确认"マ"的身份。"マ"表示对自己的怀疑或误解,多少有些不快。其后,本领事馆向"マ"说明是他自己过度考虑,并表示如继续在该地停留,当由军方提供种种便利。"マ"卷入林特事件之事,并非事实。下周欲搭乘我军方列车前往东部线视察。

转发:栗山参事官。

资料来源:JACAR(アジア歴史資料センター)Ref. B02030448800(第 8 画像目から)満洲事変(支那兵ノ満鉄柳条溝爆破ニ因ル日、支軍衝突関係)/善後措置関係/国際連盟支那調査員関係　第五卷(外務省外交史料館)

3. 盐崎书记官致佐藤条约局第三课长的函电
(1932 年 7 月 1 日)

昭和七年　一五〇九四　平　　京城②　　七月一日上午发出

　　　　　　　　　　　　外务省　　七月一日下午收到

4 日,希爱姆(T. A. Hiam)将乘上海发的日本邮船直航神户,登陆后经陆路前往东京,望提供通关及免费乘车券等。

资料来源:JACAR(アジア歴史資料センター)Ref. B02030448800(第 9 画像目から)満洲事変(支那兵ノ満鉄柳条溝爆破ニ因ル日、支軍衝突関係)/

---

①　编者按:"マ"为电文原文,具体人物有待考证。

②　编者按:"京城"是朝鲜日据时期朝鲜总督府的所在地,前身是朝鲜王朝的首都汉城府,现称首尔特别市。下同。

善後措置関係/国際連盟支那調査員関係　第五卷(外務省外交史料館)

4. 田中代理领事致斋藤外务大臣的函电
(1932 年 7 月 1 日)

昭和七年　一五一一七　暗　　長春　　　　七月一日下午发出

　　　　　　　　　　　　外务省　　　　七月一日下午收到

第三七四号

关于往电①第三七三号

关于误听奉天电话问题,其文件的封面尚未寄送。待奉天发来文件题目之电报,再经谢介石签字后寄送。请转达伊藤参事官及丕平②。

资料来源:JACAR(アジア歴史資料センター)Ref. B02030448800(第 9 画像目から)満洲事変(支那兵ノ満鉄柳条溝爆破ニ因ル日、支軍衝突関係)/善後措置関係/国際連盟支那調査員関係　第五卷(外務省外交史料館)

5. 有田外务次官致久保田铁道次官的函电
(1932 年 7 月 1 日)

昭和七年七月一日

条三机密第一一一号

关于委托发给国际联盟调查团随员派斯塔柯夫免费乘车券之件

7 月 4 日,国际联盟调查团随员派斯塔柯夫将从天津乘"长江丸"到日本神户,在本国停留期间发给该人免费乘车券,特此拜托。

资料来源:JACAR(アジア歴史資料センター)Ref. B02030448800(第 12 画像目から)満洲事変(支那兵ノ満鉄柳条溝爆破ニ因ル日、支軍衝突関係)/善後措置関係/国際連盟支那調査員関係　第五卷(外務省外交史料館)

---

　　①　编者按:"往电"指代先前的来往函电,发送方和接收方需要通过查看"往电"的具体内容才能确定。下同。

　　②　编者按:丕平(Eugène Pépin),法国人,日本外务省的法律顾问。

6. 外务省致下关山阳宾馆经理的函电
(1932 年 7 月 1 日)

电报传送第 13061 号

昭和七年七月一日下午发送

国联调查团来日本关系之件

请传达通知 2 日早乘坐富士号到达下关的石川外务事务官：丕平希望在姬路与其同行，望安排卧铺及其他。

资料来源：JACAR(アジア歴史資料センター)Ref. B02030448800(第 14 画像目から)満洲事変(支那兵ノ満鉄柳条溝爆破ニ因ル日、支軍衝突関係)/善後措置関係/国際連盟支那調査員関係　第五卷(外務省外交史料館)

7. 斋藤外务大臣致长春田中代理领事的函电
(1932 年 7 月 2 日)

电报传送第 13100 号

昭和七年七月二日发送

第一二八号

关于"满洲国"成立沿革说明书之件

关于贵电第三七三号之一

由伊藤参事官致谷局长

交付丕平的文件中除电文开头所指文件外，据说还有谢介石执笔的关于"满洲国"成立沿革的说明书(丕平返回之际，从奉天藤本少佐手中接收，情况不明，望询问该少佐)，业已翻译，在当地以长春政府名义交付。以上，希望加急寄送"满洲国"政府。

资料来源：JACAR(アジア歴史資料センター)Ref. B02030448800(第 10 画像目から)満洲事変(支那兵ノ満鉄柳条溝爆破ニ因ル日、支軍衝突関係)/善後措置関係/国際連盟支那調査員関係　第五卷(外務省外交史料館)

8. 情报部致下关山阳宾馆石川外务事务官的函电
（1932 年 7 月 2 日）

电报传送第 13110 号

昭和七年七月二日下午发送

关于《大阪每日新闻》记者希望与国联调查团同行之件

《大阪每日新闻》记者高木、佐藤二人希望从下关搭乘特别列车，如方便望准行，若有困难望回复。另，若允许新罗记者搭乘，望对两记者妥善处理。

资料来源：JACAR(アジア歴史資料センター)Ref. B02030448800(第 11 画像目から)満洲事変(支那兵ノ満鉄柳条溝爆破ニ因ル日、支軍衝突関係)/善後措置関係/国際連盟支那調査員関係　第五卷(外務省外交史料館)

9. 斋藤外务大臣致北平矢野参事官的函电
（1932 年 7 月 2 日）

电报传送第 13096 号

昭和七年七月二日

第一三六号

关于贵电第三五二号致木内

国联调查团随员派斯塔柯夫(Pastuhov，パスチュホフ)铁路免费乘车券已委托三宫站长，望传达至本人。另，船票费用可以减半。

资料来源：JACAR(アジア歴史資料センター)Ref. B02030448800(第 11 画像目から)満洲事変(支那兵ノ満鉄柳条溝爆破ニ因ル日、支軍衝突関係)/善後措置関係/国際連盟支那調査員関係　第五卷(外務省外交史料館)

10. 吉田大使致斋藤外务大臣的函电
(1932 年 7 月 2 日)

昭和七年　一五二一三　平　釜山　　　　　七月二日下午发送
　　　　　　　　　　　外务省　　　　　　七月二日下午收到

已安排的特别列车,调查团乘坐之车厢比较狭窄,时值酷暑,颇感疲劳和不充分,请委托铁道局在下关加挂一辆卧铺车,望训令并予以认可。

资料来源:JACAR(アジア歴史資料センター)Ref. B02030448800(第 14 画像目から)満洲事変(支那兵ノ満鉄柳条溝爆破ニ因ル日、支軍衝突関係)/善後措置関係/国際連盟支那調査員関係　第五巻(外務省外交史料館)

11. 穗积朝鲜总督府外事课长致亚细亚局长的函电
(1932 年 7 月 2 日)

昭和七年　一五一八一　平　京城　　　　　七月二日上午发送
　　　　　　　　　　　外务省　　　　　　七月二日下午收到

国际联盟调查团一行,按预定于本日上午 8 时 30 分从京城登车东行。

资料来源:JACAR(アジア歴史資料センター)Ref. B02030448800(第 15 画像目から)満洲事変(支那兵ノ満鉄柳条溝爆破ニ因ル日、支軍衝突関係)/善後措置関係/国際連盟支那調査員関係　第五巻(外務省外交史料館)

12. 朝鲜总督府外事课长致函朝鲜部长的函电
(1932 年 7 月 2 日)

昭和七年七月二日上午九时五十三分收到
乙一〇四

国际联盟调查团委员一行,按预定于本日上午 8 时 30 分从京城发车东行。

资料来源:JACAR(アジア歴史資料センター)Ref. B02030448800(第 15 画像目から)満洲事変(支那兵ノ満鉄柳条溝爆破ニ因ル日、支軍衝突関係)/

善後措置関係/国際連盟支那調査員関係　第五卷(外務省外交史料館)

13. 大阪商工会议所栗本勇之助致若松虎雄的函电
(1932 年 7 月 2 日)

昭和七年七月二日

拜启

恭贺越发清祥,国际联盟调查团再来大阪之际,本市实业团体特致调查团意见书(见附件),呈上并敬闻高见。

附件:

阁下一行肩负国际和平之崇高使命,上次来日本大阪之际,给予吾等恳谈之机会,吾等是最爱好和平的大阪实业家,详述了日中纷争的根本原因。阁下一行后又赴上海、东北等地,今日,亲自调查现地完毕,能在此地再次迎接阁下一行,相信关于日中纷争的原因无须再予陈述。

自上次在此地迎接阁下一行后的事实是东北诞生了新的"满洲国",摈除了军阀的威胁。另外,就在阁下来日本之际,所幸的是,上海事件随日中两国停止干戈而告终局。尽管时局向和平方向好转,但吾等仍然深深忧虑事态的日益恶化。如同阁下了解的那样,张氏与南京国民政府谋划,千方百计扰乱东北的治安,怂恿"兵匪"抢掠,共产党的"魔爪"也趁机呼应,在北满地区展开暴虐凶残的行动,共产党组织的秘密运动逐渐扩大到全东北。最近还有一队"兵匪"侵入朝鲜北部,杀戮无辜民众,绑架妇女儿童,残暴活动至极。在上海、长江乃至广东、华南一带的排日侮日态度越发严重,我在中国居民每日战战兢兢、惶恐不安,相信阁下已经详知这一切。当下,在我生命线之东北,为确保我正当权益,对于暴虐的中国军阀及共产党,确保我国防直接关系到我国家存立之生命。因此,必须在东北永久铲除中国军阀以及共产党策动下的"兵匪"的猖狂。当然,期待尽早一天确保东北的治安,如若不清除他们肆虐的排日运动的祸根,吾等绝对不能容忍。

阁下一行肩负为世界和平与人类正义做贡献的崇高使命,付出努力和辛苦,肯定为今后的国际联盟带来对日中问题的正确认识,加深国联对此问题的理解,也期待日中问题的正确解决。倘若不幸,国际联盟各国被日中问题的内幕所蒙蔽,则不能充分理解我国生命存立方面的重大意义,事态将面临更让人忧虑的危机。念及于此,日本国民深刻意识到国家存立的重大时机。吾等前进的道路,唯有在世界正义的批判下,国家除采取正当的自卫之策外确信别无他途,希望阁下深刻谅解日本国民的意愿。

阁下一行在考虑今后的解决方案之时,吾等率直地袒露以下,以资阁下参考:

一、中国的现状是,对全部领土以及人民缺乏国家层面中央权力的管控。

二、现在中国政权是军权的代表者,从国家永久存在的角度看,这是极其危险的。

对于以上陈述,阁下可能会想起,1932 年 3 月 15 日上海国际商业会议第84 次总会上,会长马克米金(マクミキン,译音)在演说中说:"过去的一年,中国中央政府只是在形式上存在,其分裂程度在进一步扩大。"

国际联盟虽然有公正完备的规约,但探究日中问题的原因,让吾等认为,中国是个历来不履行国际义务的国家,国联不予以任何限制,容忍其单纯行使权利,如今看来不能不说国联规约方面尚有某些不够完备。《九国公约》的目的是"期待远东的事态安定,维护中国的权利利益",结果却是中国越发危害远东事态的安定,以至诱发今日之时局,这是不可动摇的事实。重要的是,对于中国这样的特殊国家,世界各国过去缺乏正确的认识,吾等相信,这是导致日中间悲剧事态的重要原因。因而,正确解决日中间问题,开创东亚永久和平的坦途,世界各国必须首先充分认识中国的现实,否则任何方策都要重返过去的失败,也不能确保永久的和平。

之前,吾等在此地迎接阁下之际,曾向阁下力陈,解救中国的唯一道路是坚守门户开放、机会均等之原则。今日再次迎接阁下一行,再次重复此前所言。今后,世界各国须努力协调,坚决避免中国传统的"以夷制夷"狡猾手段,严守门户开放、机会均等,期待恢复东亚之和平以及国际和平与安定,吾等衷心希望即在于此。

结束之际,对阁下一行为维护国家和平和人类正义,不辞遥远、日夜不停、劳苦调查,又时值最困难的善后方策问题,为了日中两国殚精竭虑,从内心表示由衷之敬意和感谢。

资料来源:JACAR(アジア歴史資料センター)Ref. B02030448800(第 16画像目から)満洲事変(支那兵ノ満鉄柳条溝爆破ニ因ル日、支軍衝突関係)/善後措置関係/国際連盟支那調査員関係　第五巻(外務省外交史料館)

14. 有田次官致黑目大藏次官的函电
(1932 年 7 月 2 日)

昭和七年七月二日

条三机密第四三三号

关于给予国际联盟调查团随员通关便利之件

6 月 27 日条三机密第四二一号拜托之件，此番又有随员希爱姆于 7 月 6 日乘日本邮船经上海，派斯塔柯夫 7 月 8 日乘商船"长江丸"轮船从天津到达神户，望对二人予以简单通关之便利，特此拜托。

资料来源：JACAR(アジア歴史資料センター)Ref. B02030448800(第 20 画像目から)満洲事変(支那兵ノ満鉄柳条溝爆破ニ因ル日、支軍衝突関係)/善後措置関係/国際連盟支那調査員関係　第五卷(外務省外交史料館)

15. 石川事务官致有田外务次官的函电
(1932 年 7 月 3 日)

昭和七年　一五二五九　平　德山站　　　　七月三日上午发送

　　　　　　　　　　　　外务省　　　　　　七月三日下午收到

国际联盟调查团一行顺利到达下关，按预定出发。

资料来源：JACAR(アジア歴史資料センター)Ref. B02030448800(第 26 画像目から)満洲事変(支那兵ノ満鉄柳条溝爆破ニ因ル日、支軍衝突関係)/善後措置関係/国際連盟支那調査員関係　第五卷(外務省外交史料館)

16. 铁道次官久保田敬一致外务次官有田八郎的函电
(1932 年 7 月 4 日)

昭和七年七月四日

官文第一三二八号

据 6 月 29 日条三机密第一〇七号函，给予国际联盟调查团随员希爱姆免费乘车券,业已发放给本人,乘车券如下,望查收。

等级　一等

时间　7月6日—8月20日

区间　省线①

以上

资料来源:JACAR(アジア歴史資料センター)Ref. B02030448800(第21画像目から)満洲事変(支那兵ノ満鉄柳条溝爆破ニ因ル日、支軍衝突関係)/善後措置関係/国際連盟支那調査員関係　第五巻(外務省外交史料館)

17. 铁道次官久保田敬一致外务次官有田八郎的函电
(1932年7月4日)

昭和七年七月四日

官文第一三六八号

据7月1日条三机密第———号函,给予国际联盟调查团派斯塔柯夫免费乘车券,同意发放,乘车券封入附件,望查收。

资料来源:JACAR(アジア歴史資料センター)Ref. B02030448800(第21画像目から)満洲事変(支那兵ノ満鉄柳条溝爆破ニ因ル日、支軍衝突関係)/善後措置関係/国際連盟支那調査員関係　第五巻(外務省外交史料館)

18. 铁道次官久保田敬一致外务次官有田八郎的函电
(1932年7月4日)

昭和七年七月四日

官文第一三七〇号

据7月4日条三机密第一一二号函,给予国际联盟调查团随员梅纳德②免费乘车券,同意发放,乘车券封入附件,望查收。

---

①　编者按:省线当指(铁道)省辖铁路,即国营铁路。下同。

②　编者按:梅纳德(R. W. H. Maynard)是跟随国联调查团的打字员。下文的罗帕茨、诺克斯女士、拉贝尔皮斯女士都是调查团打字员。

资料来源：JACAR（アジア歴史資料センター）Ref. B02030448800（第 22
画像目から）満洲事変（支那兵ノ満鉄柳条溝爆破ニ因ル日、支軍衝突関係）/
善後措置関係/国際連盟支那調査員関係　第五卷（外務省外交史料館）

19. 有田次官致大藏次官黑目的函电
（1932 年 7 月 4 日）

昭和七年七月四日

条三机密第四三五号

关于拜托予以国际联盟调查团随员梅纳德通关便利之件

国际联盟调查团随员梅纳德 7 月 6 日乘日本邮船从上海到达神户，望给
予本人简单的通关便利，特此拜托。

资料来源：JACAR（アジア歴史資料センター）Ref. B02030448800（第 23
画像目から）満洲事変（支那兵ノ満鉄柳条溝爆破ニ因ル日、支軍衝突関係）/
善後措置関係/国際連盟支那調査員関係　第五卷（外務省外交史料館）

20. 有田次官致内务次官潮①的函电
（1932 年 7 月 4 日）

昭和七年七月四日

条三机密第三七九号

关于对国际联盟调查团随员梅纳德提供警卫及其他便利之件

国际联盟调查团随员梅纳德于 7 月 6 日乘"日本皇后号"（Empress of
Japan）轮船从上海到神户，望对其人提供警卫及其他便利，特此拜托。

资料来源：JACAR（アジア歴史資料センター）Ref. B02030448800（第 24
画像目から）満洲事変（支那兵ノ満鉄柳条溝爆破ニ因ル日、支軍衝突関係）/
善後措置関係/国際連盟支那調査員関係　第五卷（外務省外交史料館）

---

① 编者按：指潮惠之辅。下同。

21. 有田次官致内务次官潮的函电
(1932 年 7 月 4 日)

昭和七年七月四日

条三机密第三七七号

关于对国际联盟调查团随员希爱姆和派斯塔柯夫提供警卫及其他便利之件

对国际联盟调查团一行提供警卫及其他便利之件,已以 6 月 27 日条三机密第三四五号函拜托。另,该调查团随员希爱姆于 7 月 6 日从上海乘坐"日本皇后号"轮船,或者 7 月 8 日乘坐"长江丸"轮船从天津前往神户,望对上述二人提供警卫及其他便利,特此拜托。

资料来源:JACAR(アジア歴史資料センター)Ref. B02030448800(第 25 画像目から)満洲事変(支那兵ノ満鉄柳条溝爆破ニ因ル日、支軍衝突関係)/善後措置関係/国際連盟支那調査員関係 第五巻(外務省外交史料館)

22. 森岛代理总领事致斋藤外务大臣的函电
(1932 年 7 月 4 日)

昭和七年　一五三一四　暗　奉天　　　七月四日下午发送

　　　　　　　　　　　外务省　　　　七月四日下午收到

第一○三二号

致盐崎书记官

"满洲国"成立历史的英译文,想必外务省已经完成。驻北平的国联方面人员已经开始制作(报告书),望预先直接电报北平。

资料来源:JACAR(アジア歴史資料センター)Ref. B02030448800(第 26 画像目から)満洲事変(支那兵ノ満鉄柳条溝爆破ニ因ル日、支軍衝突関係)/善後措置関係/国際連盟支那調査員関係 第五巻(外務省外交史料館)

23. 田中代理领事致斋藤外务大臣的函电
（1932 年 7 月 4 日）

昭和七年　一五三二一　暗　长春　　　　　七月四日上午发送
　　　　　　　　　　　　　外务省　　　　　七月四日下午收到

第三八三号

关于往电第三七四号、贵电第一二八号,已利用航空邮寄发给谢介石,望转告伊藤参事官。

资料来源:JACAR(アジア歴史資料センター)Ref. B02030448800(第 27 画像目から)満洲事変(支那兵ノ満鉄柳条溝爆破ニ因ル日、支軍衝突関係)/善後措置関係/国際連盟支那調査員関係　第五巻(外務省外交史料館)

24. 田中代理领事致斋藤外务大臣的函电
（1932 年 7 月 4 日）

昭和七年　一五三三八　略　长春　　　　　七月四日下午发送
　　　　　　　　　　　　　外务省　　　　　七月四日下午收到

第三八四号

本官致哈尔滨电报第二〇号

请向停留贵地的荷兰人派尔脱(Pelt,ペルト)转达:

关于"满洲国"预算、"中央"银行以及中国人移民状态的询问书,本馆已经于 2 日复印,向阪谷及大桥各面交一份,"满洲国"当局尽管非常忙碌,当不负期待,以上望谅解。

转发:外务大臣、奉天。

资料来源:JACAR(アジア歴史資料センター)Ref. B02030448800(第 27 画像目から)満洲事変(支那兵ノ満鉄柳条溝爆破ニ因ル日、支軍衝突関係)/善後措置関係/国際連盟支那調査員関係　第五巻(外務省外交史料館)

25. 上村代理总领事致斋藤外务大臣的函电
(1932 年 7 月 4 日)

昭和七年　一① 略　南京　　　　　　　　七月四日下午发送
　　　　　　　　　外务省　　　　　　　　七月四日下午收到
第五〇五号

4 日,《中央日报》发表社论,国际联盟调查团报告书期限延长,指责应以中国极其重大利害关系为前提的国际联盟调查团违反规约,拖延解决日中问题。同时国际联盟调查团前往汉口是毫无意义,此乃调查团并无严守期限诚意的证据。该社论指出国联此后也难以圆满解决日中问题。即使现在也不能接受报告书期限延长。在国际联盟之外,有《非战公约》及《九国公约》列强之间的相互牵制,再观察美国的历来态度,能否恢复中国的领土不得而知。国民关注点需要改变,迅速打消依赖心理,寻求自救的道路。

转发:中、北平、奉天、长春。

资料来源:JACAR(アジア歴史資料センター)Ref. B02030448800(第 28 画像目から)満洲事変(支那兵ノ満鉄柳条溝爆破ニ因ル日、支軍衝突関係)/善後措置関係/国際連盟支那調査員関係　第五巻(外務省外交史料館)

26. 广岛县知事汤泽三千男致内务大臣山本达雄等的函电
(1932 年 7 月 4 日)

特高秘发第一五四三号
昭和七年七月四日
发送方:广岛县知事汤泽三千男
接收方:内务大臣山本达雄
　　　　外务大臣斋藤实
　　　　指定厅府县长官
　　　　冈山县知事荻原英太郎

---

① 编者按:原电文如此,"一"的意思不明。

国际联盟调查团长李顿以及美、法、德、意大利委员及夫人、随员、专家一行 19 人,本国参与员特命全权大使吉田伊三郎等数人,于本月 3 日 13 时 18 分到达广岛车站。调查团一行再度来日本,经过本地之际,对其予以近身警卫以及提供方便之函电此前已由内务省警保局长通告。鉴于内外时局,特别部署严格之警戒,督励管辖之下各警察署长,对持有反动思想者、对政事时事问题有过激行动之虞者、各种须考察与注意的人物、朝鲜人、中国人、其他外国人等予以最严密之警戒。在沿路各停车场、十字路口等处,于列车通过 40 分钟前部署相当数量的便衣警官严密警戒。以上努力的结果是国际联盟调查团一行顺利东进,特此通报。

　　资料来源:JACAR(アジア歴史資料センター)Ref. B02030448800(第 29 画像目から)満洲事変(支那兵ノ満鉄柳条溝爆破ニ因ル日、支軍衝突関係)/善後措置関係/国際連盟支那調査員関係　第五卷(外務省外交史料館)

27. 兵库县知事白根竹介致内务大臣山本达雄等的函电
(1932 年 7 月 4 日)

外发秘第一五六三号
昭和七年七月四日
发送方:兵库县知事白根竹介
接收方:内务大臣山本达雄
　　　　外务大臣斋藤实
　　　　警视厅、神奈川、爱知、京都、大阪、山口、广岛、静冈、冈山、岐阜、
滋贺各长官

关于对国际联盟调查团一行予以近身警卫及给予方便之件

　　国际联盟调查团英国李顿伯爵、美国麦考益将军、法国克劳德将军、德国希尼博士、意大利马柯迪伯爵以及随员、秘书、副官等 10 人。以上一行于本月 3 日下午 19 时 55 分从下关乘特别列车到达神户车站,该列车顺利从管辖范围通过,已向东京进发。对该一行予以近身警卫及给予方便一事,依照上月 28 日警保局外发第 116 号函之内务省警保局长之通牒,部署相当警戒并给予方便。

国际联盟调查团一行来神户之际,神户联合妇女会干部藤冈歌代等十数人、神户女学院美国人院长傅勒斯特(フオーレスト,译音)率该校数名学生出迎,并向李顿赠送了 3 月 11 日调查团一行乘"亚当斯总统"号离开此地时该妇女会向调查团献花的纪念照片,以及书信一封。另,调查团一行通过管辖范围已向内务大臣发电报告之。

记

谨致李顿卿:

能再次迎接阁下来此,我等感到非常高兴且荣幸,谨祝阁下健康。

阁下历经 4 个多月,为了公正的调查,长时间在不自由的环境及变化多端的气候中,南来北往,与困难斗争,借此献上我等满腔的感谢之情,并相信阁下聪慧洞察的正确认识,一定能够做出有权威的报告书。

在此,献上此前阁下离开日本前往中国时的笑靥,我们任何时候都忘不了阁下那时的笑颜。小小的纪念,请允许我代表热爱您的人们,祝愿阁下在日本度过最良好的时光。

也祝愿阁下旅程平安,愿神保佑。

1932 年 7 月 3 日
神户联合妇女会

资料来源:JACAR(アジア歴史資料センター)Ref. B02030448800(第 32 画像目から)満洲事変(支那兵ノ満鉄柳条溝爆破ニ因ル日、支軍衝突関係)/善後措置関係/国際連盟支那調査員関係　第五巻(外務省外交史料館)

28. 三重县知事广濑久忠致内务大臣山本达雄等的函电 (1932 年 7 月 4 日)

高秘发第一〇三〇九号

昭和七年七月四日

发送方:三重县知事广濑久忠

接收方:内务大臣山本达雄

　　　　外务大臣斋藤实

关于国民大会计划劝告国际联盟调查团参拜神宫之件

籍贯：三重县志摩郡鸟羽町

住址：三重县宇治山田市二俣町

自称：政友会院外团员大川亮太

本人从来对政治颇有兴趣，选举之际为政友会竞选人开展了很多运动。闻知此次国际联盟调查团李顿卿再度前来，趁此机会，亲自劝告其参拜神宫，以浴神威，亦反映我国民性。本月上旬宇治山田市召开国民大会，通过《劝告国际联盟调查团参拜神宫之决议文》，待调查团一行在下关登陆时面呈李顿卿。发起人在附件中呈上的意见书，乃由遍访该市有力者而制成，且对其行动予以专注，特此报告并静候。

意见书

要复兴处于危机中的大日本帝国，在于满洲问题的解决。满洲问题和平解决途径之一，是让对此问题认识不足的国际联盟，了解我方公平正义的立场。这一点自不待言。帝国全国上下期待国际联盟调查团李顿卿一行再度来访，宣扬我国公正及皇道之威光。鉴于此，调查团一行务必参拜伊势神宫，了解我国民纯正之姿态，相信比之千言万语收获更深。

值此之际，确信为欢迎调查团一行前来神都而召开的国民大会乃是紧要之事。

诸位贤士来此，当具有前所未有的意义，发起人赞同此国民大会的召开。

昭和七年六月二十九日

资料来源：JACAR(アジア歴史資料センター)Ref. B02030448800(第35画像目から)満洲事変(支那兵ノ満鉄柳条溝爆破ニ因ル日、支軍衝突関係)/善後措置関係/国際連盟支那調査員関係　第五卷(外務省外交史料館)

29. 有田次官致久保田铁道次官的函电
(1932 年 7 月 4 日)

昭和七年七月四日

条三机密第一一二号

对国际联盟调查团随员发放免费乘车券的拜托之件

7月6日，国际联盟调查团随员梅纳德乘日本邮船从上海到神户，拜托对此人发放免费乘车券。

资料来源：JACAR（アジア歴史資料センター）Ref. B02030448800（第 37 画像目から）満洲事変（支那兵ノ満鉄柳条溝爆破ニ因ル日、支軍衝突関係）/ 善後措置関係/国際連盟支那調査員関係　第五巻（外務省外交史料館）

30. 三重县知事广濑久忠致内务大臣山本达雄等的函电
（1932 年 7 月 5 日）

特秘发第一八五〇二号

昭和七年七月五日

发送方：三重县知事广濑久忠

接收方：内务大臣山本达雄

　　　　外务大臣斋藤实

　　　　警视总监藤沼庄平

关于欢迎国际联盟调查团一行之件

三重县志摩郡鸟羽町

　　珍珠场经营者、贵族院议员　御木本幸吉

　　国际联盟调查团李顿卿一行在归途中再次来到我国访问，在本年 3 月 23 日特秘发第四八五六号中已经上报欢迎计划。一个多月后，通过日本参与员吉田大使发出照会，欢迎调查团一行归途中再次来我国之时视察御木本珍珠养殖场。本月 2 日，英国大使林德利（Francis Lindley）为视察御木本珍珠养殖场来县，并投宿御木本私邸。此际，御木本拜托英大使劝说李顿卿访问本县，大使应诺，返回时当与李顿卿面谈，为实现而努力之。特此通报。

资料来源：JACAR（アジア歴史資料センター）Ref. B02030448800（第 38 画像目から）満洲事変（支那兵ノ満鉄柳条溝爆破ニ因ル日、支軍衝突関係）/ 善後措置関係/国際連盟支那調査員関係　第五巻（外務省外交史料館）

31. 山冈关东长官致内田外务大臣的函电
（1932 年 7 月 7 日）

昭和七年　一五五〇八　略　旅顺　　　　　　七月七日上午发送

　　　　　　　　　　　　　外务省　　　　　　七月七日下午收到

第六三号

关于贵电第三九号

河相致盐崎书记官

　　附 6 月 18 日照片，请贵省转达国联调查团秘书长哈斯（M. Robert Haas，ハース）。

　　资料来源：JACAR（アジア歴史資料センター）Ref. B02030448800（第 40 画像目から）満洲事変（支那兵ノ満鉄柳条溝爆破ニ因ル日、支軍衝突関係）/善後措置関係/国際連盟支那調査員関係　第五卷（外務省外交史料館）

32. 朝鲜总督府政务总监致有田次官的函电
（1932 年 7 月 7 日）

昭和七年　一五五五〇　平　京城　　　　　　七月七日下午发送

　　　　　　　　　　　　　外务省　　　　　　七月七日下午收到

　　国际联盟调查团一行中之杨格（C. Walter Young，ヤング），流露再度来朝鲜之希望，其意向确定后，烦请速通报出发日期、停留时间、人数等。

　　资料来源：JACAR（アジア歴史資料センター）Ref. B02030448800（第 40 画像目から）満洲事変（支那兵ノ満鉄柳条溝爆破ニ因ル日、支軍衝突関係）/善後措置関係/国際連盟支那調査員関係　第五卷（外務省外交史料館）

33. 三重县知事广濑久忠致内务大臣山本达雄等的函电
（1932 年 7 月 7 日）

特秘收第一八六六九号

昭和七年七月七日

发送方:三重县知事广濑久忠

接收方:内务大臣山本达雄

外务大臣斋藤实

朝鲜总督府警务局长

警视总监庆尚南道各长官

关于发送国际联盟调查团邮件之件

三重县津市西新町 1927　清水诚治(75 岁)

经朝鲜釜山邮局发送至国际联盟调查团团长李顿的邮件,由庆尚道就近受领,该调查团一行从釜山出海时因时间关系未能送达,考虑经由本县送达是适当的。本月 3 日,根据第 10224 号通报立即进行密查,寄件人本名清水,身份确定,其人深刻地认识到最近日中事变等时局,将个人意见进行邮寄,见附件草稿提示,内容未涉及不稳定因素,特送呈警视厅参考,并静候之。

记

一、住址:三重县津市西新町 1927 番地

户主士族:清水诚吾(1858 年 3 月 9 日生)

二、性格品行履历

本籍原石川县金泽市表千日町,在京都师范学校供职,明治十五年(1882年),转至本县师范学校任职,明治二十五年(1892 年)3 月辞职,其后居住于京都府。明治三十三年(1900 年)5 月 3 日搬迁至三重县津市西新町十番的住宅。同年 11 月 9 日搬迁到京都市上京区鞍马口路室町西达小山町 216 番地,明治三十五年(1902 年)12 月搬迁至佐贺县佐贺市松原町 85 番地,供职于佐贺中学校。明治四十一年(1908 年)2 月,任三重县立津高等女校校长,移居本地。大正十三年(1924 年)辞职至今。

三、思想倾向

去年以来,与津市会议员白井虎雄等人磋商,组成清除三重癞病根绝期成同盟会,组织活动,富有爱国心,被认为抱有国粹思想。

四、前科,无。

五、家庭状况

与妻(1871 年 8 月生)、四女千代子(1911 年 8 月生)一家三口生活,过着

非常美满的上流生活。长子正心（1894 年生）居住在长崎市城山町一丁目，目前是"木曾号"军舰的航海长。次男正大（1905 年生），居住在津市西新町。

六、资产收入

不动产约一万元，动产约五千元，养老金年额约一千六百元。

七、参考

与白井虎雄组织"癞病根绝期成同盟会"，推举大川周明为会长，与神武会的宗旨共鸣。最近，白井等发起人计划在津市组织神武会支部，清水亦表示赞同。

要旨

中国久有驱逐日本权益之宿谋，说起近年有组织的事件，即从爆破柳条沟铁路的九一八事变开始。说明中国毫无维持治安之诚意，日本毫无领土野心，只是致力于恢复秩序。而当此之机，东北三千万民众知道倘若张学良军阀一派掌握政权，必然要悲戚地生活在旧时的暴虐之下，因此即使付出多大牺牲，也要脱离与中国的联系，建设独立国家，基于道德和民意为主实行政治自决，此乃形势必至之结果。另外关于上海事件，诬蔑攻击他人是中国人的特长，善于虚假宣传是中国古来的传统，侮日排日乃九一八事变的原因，为了东亚及世界的安全，望予以最上乘之考虑。当此之际，世界骄儿内乱不断，中国的不讲道理终酿成世界永远之祸因，而"满洲国"得以世界之承认及确立，东亚方可出现有效的缓冲之地，此为最后一言尔。

资料来源：JACAR（アジア歴史資料センター）Ref. B02030448800（第 42 画像目から）満洲事変（支那兵ノ満鉄柳条溝爆破ニ因ル日、支軍衝突関係）/善後措置関係/国際連盟支那調査員関係　第五卷（外務省外交史料館）

34. 滋贺县知事伊藤武彦致内务大臣山本达雄等的函电
（1932 年 7 月 7 日）

特高机密第六七〇号

昭和七年七月七日

发送方：滋贺县知事伊特藤武彦

接收方：内务大臣山本达雄

外务大臣斋藤实

各厅府县长官

关于对国际联盟调查团一行予以身边警戒及提供方便之件

6月28日,警保局长下发警保局外发甲第一一六号之通牒,接此通牒后,对大津米原车站的各停车场部署相当数量的正装及便装警察官,列车的警卫则由巡查部长便装乘车警卫。列车通过管辖范围为夜间,其他区间出迎者未见异常。预定时间是本月3日21时55分,特别列车从大津出发前往东京,以上特报。

资料来源:JACAR(アジア歴史資料センター)Ref. B02030448800(第46画像目から)満洲事変(支那兵ノ満鉄柳条溝爆破ニ因ル日、支軍衝突関係)/善後措置関係/国際連盟支那調查員関係　第五卷(外務省外交史料館)

35. 兵库县知事白根竹介致内务大臣山本达雄等的函电
(1932年7月8日)

外发秘第一六〇三号

昭和七年七月八日

发送方:兵库县知事白根竹介

接收方:内务大臣山本达雄

外务大臣斋藤实

警视厅、神奈川、京都、大阪、福冈、关东厅各厅府县长官

驻哈尔滨、上海的内务长官

关于对国际联盟调查团随员予以近身警卫及提供方便之件

(七月四日警保局外发乙第一二一号　警保局长通牒)

关于国际联盟调查团随员派斯塔柯夫来日本之件,警保局长已发通牒,对其予以近身警卫及提供方便,因此予以充分注意。本日上午8时,乘大阪商船"长江丸",从天津经由门司到达神户港。县厅派遣会俄语的巡查部长乘坐汽车前往迎接,因距乘列车前往东京尚有数小时富余时间,依据本人希望在市内

及须磨海岸观光。因长时间乘车,受同船法国驻日大使玛德①夫人的邀请,上午 11 时 30 分,去市内山本路二丁目法国神户领事馆进午餐。12 时 29 分从三宫站乘坐燕号列车一等座席,与玛德夫人共同前往东京。已电话通报大阪府。

另外,派斯塔柯夫对本厅工作人员谈话如下:

本年 2 月,我从日内瓦出发经由美国赴中国,在奉天、长春、吉林以及哈尔滨的各地旅行。六年前,我由捷克斯洛伐克被派到国际联盟,从事有关国际联盟的事务工作。我的事务与国际联盟政治部有关联,属于日本人杉村阳太郎的部下。此次之所以未与李顿等同行,是因为要在北京负责完成一些文书工作。

我在日本大约停留到本月中旬,然后返回日内瓦。如果说起我的见闻,一般的日本人讲外国话不是很擅长,在这一点上,中国人讲得很好。但日本人中也有天才之人。有一位与国际联盟有关系的男爵,名字忘记了,还是位年轻人,讲法语一点不比法国人逊色。存有可以讲法语的人,但日本人能够讲外国语了不起。当然,我认为最漂亮的语言是俄语。

以上特此通报。

资料来源:JACAR(アジア歴史資料センター)Ref. B02030448800(第 47 画像目から)満洲事変(支那兵ノ満鉄柳条溝爆破ニ因ル日、支軍衝突関係)/善後措置関係/国際連盟支那調査員関係　第五卷(外務省外交史料館)

36. 国际联盟调查团与陆军大臣会谈要旨
(1932 年 7 月 9 日)

昭和七年七月九日于大臣官邸

参会者:

陆军省:

大臣、次官、山冈军务局长、山下军事课长、古城新闻班长、铃木贞一中佐、

---

　　① 编者按:玛德(法语:Damien de Martel,日语:ダミアン・デ・マルテル,1878 年—1940 年),法国外交官。1913 年出任法国驻华使馆头等参赞。1916 年至 1918 年间任使馆代办。1925 年至 1929 年出任法国驻华公使。1930 年任法国驻日本大使。1933 年前往叙利亚出任法国驻累范特高级专员。1939 年离任后返回法国,次年逝世。

铃木宗作中佐

调查团日本参与委员：

吉田大使、盐崎书记官、渡大佐、久保田大佐、澄田中佐

调查团：

马柯迪伯爵、克劳德将军、麦考益将军、希尼博士、哈斯、杨格、助佛兰(P. Jouvelet，ジュヴレー)、皮特尔(Lieut. Biddle，ビデイル)、爱斯托(W. W. Astor，アスター)、诺克斯(Lucy Knox)

翻译：川崎寅雄

(陆军)大臣：诸位长途旅行精神可好，今天李顿因身体原因不能出席，非常遗憾。

调查团：李顿先生捎话表示感谢。现在的身体状况很好，我想很快就能恢复健康，请放心。

大臣：今天，诸位在百忙之间，特意来此，十分感谢。

调查团：非常高兴今天能够给予我们会谈的机会。我对阁下的各种意见也予以极大的期待，此次就想倾听一下阁下的意见。

大臣：无论诸位有什么提问，当坦率地回答。

调查团：本次会见，有关会谈的要领均以纸面记载，对此还有什么问题吗？

大臣：说明书交给诸位了吗？

调查团：没有。

大臣：我想有关详细的事情都写在文书上了。第一个问题是"日本帝国的国防与'满洲'的关系"，我想讲的大体上有如下三点：

第一，正像曾经讲过的那样，这是基于日本建国精神的日本自身使命。

第二，对于满洲过去的历史及现在的事态，是日本国民的总体意识。

第三，实质问题是伴随日本民族生存问题而来的自卫权问题。

而第一个问题则是此三者的综合。

首先谈第一个问题。如同此前讲过的那样，我大日本为国为民族抱有一个远大的理想，这就是作为人类身处在自然培育的环境之中，我们以道德为基础，产生的日本精神文化，如何圆满完善地发展，其内容即人类普遍的公平正义和博爱。我大日本国民的使命就是不能允许妨碍我们生存之事发生，并促进日本精神发展。因此，必须具备强烈的意愿与实力，日本军队存在的理由也在于此。

　　日本在漫长的历史发展过程中产生的这种精神文化,打破了三百年的锁国,奔向国际新天地。首先是必须确立于东亚大陆及海上,日本民族要实现这一理想,首要是求得确立东亚和平与安定,这是不可能逃避的,也是日本民族的企盼。日本国民对于满洲的关心则系于此。

　　关于第二点,远的不说,自明治维新后,首先是要实现我讲的理想,期待在国际上有所发展,期间却遭遇到很多艰难。仅限于在满洲而言,中日甲午战争之前,中国不幸的势态迫使我国不得不诉诸战争手段。其次还是基于前述的理想,期待东亚确立和平,又因俄国事情引发日俄战争。尽管经过两次战争,作为主权国的中国仍然遗憾地维持旧体制。自中华民国成立迄今已经二十余年,今天的中国国内仍然是战乱纷争不断,残暴恶政反反复复,东亚和平难以确立。日本毫无遗憾地出于自卫,但我侨民仍然几度处在危险之中,不得已数次出兵,中国依然没有改变态度,不时侵犯日本权益。特别是对朝鲜人压迫甚重,此状态长久持续。日本国民难堪其碍,更难以实现前述之理想。倘若我国不自卫当陷于危险之中,因此九一八事变爆发。

　　现在,如同诸位了解的那样,满洲地区由于“兵匪”泛滥,维持治安甚不容易,对其予以援助是为了不扰乱和平。去年年末,日本出于自卫,不得不使用国际联盟保留的“匪盗”讨伐权,使用武力讨伐“匪盗”大体上达到了目的。但是,这些“匪盗”蠢蠢欲动的源泉是中国本部①,以及“北满”地区存在的国际关系。尚且看不到和平确立的到来,我们必须坚持战斗到底。此期间,“满洲国”出现,终于看到适应日本的理想状态的到来。过去对日本的侮辱,对侨民的压迫,特别是对日本正规军人的残杀、对朝鲜人的苛刻对待,满洲官宪实行的是让人难以忍受的痛苦。而让日本民族进入前所未有兴奋状态,是欢迎“满洲国”出现的心情。在前几天的日本国会上,包括无产阶级政党在内的各政党,全场一致通过要求立即承认“满洲国”的决议,国民意志一致性的实情是诸位能够观察得到的。

　　第三点关于自卫权问题。作为我同胞的朝鲜人生活在日俄战争后获得的关东州地区。为了适应本民族文化的发展,为了保护日本侨民,从地理关系以

――――――――――――

　　①　编者按:中国本部(China proper),是16世纪在欧洲文献中出现的族性地理概念,后为日本经常性使用,试图借此弱化“中国边疆(尤其是中国东北)属于中国领域”的概念,该概念是属于侵犯中国领土主权的用词。请读者注意鉴别。下同。

及国内诸般关系上考虑，即从日本民族生存方面观察，确立满洲地域之和平，对于日本是无与伦比的重要事项。此地失去和平，日本的自卫则无法保障。即，失去满洲这一特殊地域，日本的国防则不能存立，这也是世界列国承认的，日本的和平依赖满洲的和平才能得以维持。因此，从自卫上及国防上，军部抱有的深刻信念和主张就是满洲是日本的特有地域观念。为此，为了保持东亚的和平，满洲与日本是不可分的。

在经济、产业、生活等其他方面，日本的生命线亦存在于满洲。

从以上三点看，我认为日本在国防上与满洲的关系是如何重要及密切已经十分明了。重要的是，我们希望的第一位是满洲的治安。第二是得以实现日本理想的状态。对于后来进入国际社会的日本，其间可能有些不够熟悉，或者被认为有过失的地方。固有的理想不能放弃，应该修改的主张则予以修改，但我认为还是要依据我国的独特文化来融入国际社会。

第一个问题之 A：关于"满洲交通网（包括铁路）对帝国国防上的要求"。国防上第一位的是必须维持满洲的治安，为了维持治安，确保东亚和平，日本负有责任。"满洲国"内的交通网可以自由利用，但直到今天，交通线路因各局部势力随意铺设而混乱，必须进行全面的统一管理。管理之时万一发生扰乱和平之事，为了保护"满洲国"将毫不犹豫地实行之。现今，"马贼匪徒"横行，难以保障交通线的安全。为此，我认为必须通过武力消除此等威胁以达到巩固目的。

第一个问题之 B："对外部威胁的'日满两国'协调对策"。如已经陈述的那样，日本在任何场合都负有必须确立满洲和平的责任。威胁的原因有来自内部，也有来自外部。无论来自内部还是外部，只要日本人存在，在任何场合必须以武力镇压之。日本与"满洲国"协力解决威胁和平的行为，这不仅仅是军部的意见，也是国民热切的盼望。

第二个问题之 A："能否从满洲撤兵"以及之 B："撤兵后维持满洲治安的组织"，同时还要说明"帝国对恢复满洲治安的方针"。过去，满洲的治安依赖中国或者俄国，其后由张作霖和张学良接手，但始终没有达到目的，暴虐压迫不止。如今，"满洲国"刚刚成立，遗憾的是最初必须要由日本自身力量予以维持。

"满洲国"与日本同样，忧虑东亚的和平，希望维持治安，待有实力时自然由"满洲国"方面承担。但鉴于当今的现状，尚不能安心地托付给"满洲国"方面,依靠自身力量尚不能求得和平。鉴于上述考虑,过去,日本军队只是在"关东州"及满铁附属地配置兵力,但今天的状况发生了变化,因此不能考虑立即从满洲撤兵问题。

待"满洲国"内外局势归于平稳,维持治安能力提升后,或许可以托付给"满洲国",日本军或许可以回归原驻地。但目下状况无论如何难以预测。唯有和平恢复,出色的"政府国家"得到发展,有充分的能力之时,方能考虑这个问题。现在,"满洲国"已经明确要从中国脱离,在满洲建设相应的国家,这是为了三千万民众,与中华民国的根本思想全然不同。以理想立"国",助长其发展和发达,届时撤兵的时机可能来到,这自然是后话。

第三个问题:"'满洲国'的将来及帝国军部的态度"。前有所述,我相信无论在任何场合,"满洲国"是与站在国际正义立场上的日本一起,以东亚和平的理想和维持发展远东文化为使命,可以期待其成为永远发展的"国家",也相信一定能够实现。

"满洲国"刚刚"建国",尚有很多方面不健全,我认为必须改善之、纠正之,使其健全发展。满洲在过去的几十年里是内部紊乱,扰乱东亚和平,并容易被令人恐惧的"共匪""赤化"的魔爪迷乱。与中华民国完全脱离,期待建立另一个"国家"。作为军部,遵从我国民的热望,竭尽最后的力量,致力于贯彻此目的。

临近调查结尾,诸位对各方面已经进行了充分的调查。稍带再谈一点,深刻研究此次纷争的原因,是隐忍多年后再也难以隐忍的国民,迸发出热烈的思想,对中国当权者的残暴恶行再也忍耐不下去,积郁的国民精神勃然爆发。此次事变发生后的前进道路已避不得水火,已到最后关头。时至今日真相大白,一扫世界列国对日本的误解。这种精神的驱动力实则是正义理想之抱负,即基于博爱公明、坚定之精神,今后必将在国际上绽放光芒,今后也必将在全世界发挥日本的价值,希望各位能够充分认识。

"满洲国"出色地从中华民国脱离出来,在全然不同的理想下发展。如果将满洲地域重新归于当年的中华民国的主权下,或者实行国际共管,我等无论如何不能接受。如此考虑必然使东亚再度陷进祸乱的死胡同里,希望诸位务必就这一点向全世界说明。

诸位此前已经与派驻的军部人员会见,收到各种报告。今天的会见可能还有未尽其意的地方。对于上述所讲存在疑问之处,或者经诸位观察后存在疑问的地方,我也可以用书面的形式,再予以回答。诸位不必多虑,有什么问题可以谈。

调查团:此次前来挤占了阁下宝贵的时间,从阁下处获得对调查非常有益的资料,并倾听了阁下对重要问题的意见,特别是作为军部第一人的阁下明白而且完全地表达了感想。调查团对此表示深深的感谢。特别有幸的是,对存有疑问的地方用书面形式做了回答。这里,我有些疑问想询问一二,也请允许其他委员提出疑问。

大臣:请。

调查团:关于第二个问题之 B,"撤兵后维持满洲治安的组织",想倾听一下阁下的意见。

大臣:将来,"满洲国"能否具备维持治安的力量,尚是个疑问,所以今天尚不能考虑撤兵的问题。关于撤兵后的具体事情,眼下是不得而知的。至少在当前,为了维持和平,维持现状,特别是保护铁路线,我认为只能依靠日本军队。既然"满洲国"已经出现,相互间可以进行充分的没有隔阂的协调,只靠日本也是绝不可能的。

调查团:如今的事态不已是清晰了吗? 关于撤兵后的组织尚没有考虑吗?

大臣:既然撤兵的事情没有考虑,撤兵后的事情也不会考虑。

调查团:"满洲国"的对外关系,特别是债务等其他复杂的问题,需要同各方面协调吧?

大臣:是的,是这样的。

调查团:如阁下所讲,日本"建国"的理想是带来东亚的和平,而且为了确保生存权,要维持在满洲的政策,中国同贵国的关系恶化则要进行战争,是这样吗?

大臣:关于推行什么样的政策,希望中国人能充分的觉醒,能够尊重人道,爱护正义,如此日中关系才能获得根本的好转,但这一希望尚未能达到。所以,有必要唤起中国人的正义观。特别是观察蒋介石的历史,尽管得到日本许多有形或无形的援助,并没有唤起他的好感。蒋介石曾获得俄国的许多援助。今天的事实是,广东方面正酝酿着恐怖的"赤化"态势,不能忽视这些消息。尤其是今日的中国还没有形成真正的民族国家的体系,虽拥有庞大的人口、领域、经济力等,而作为国家的实态却不存在。对中国的本质应该予以充分地研讨,世界究竟应该如何地应对? 我想这也是诸位的重大任务。实际上,过去的几十年里,日本的思考也在这里。

　　调查团:时间已经到了,还想说一句感谢的话。日本为调查团一行在满洲到处提供了方便,特别是本庄阁下以及幕僚们认真地吐露和解释了实情,提供了一些珍贵的资料,委员们深感幸事,在此再一次表示感谢。

　　资料来源:JACAR(アジア歴史資料センター)Ref. B02030448900(第49画像目から)満洲事変(支那兵ノ満鉄柳条溝爆破ニ因ル日、支軍衝突関係)/善後措置関係/国際連盟支那調査員関係　第五卷(外務省外交史料館)

37. 福冈县知事小栗一雄致内务大臣山本达雄等的函电
(1932年7月9日)

　　特外鲜秘第一三六八号

　　昭和七年七月九日

　　发送方:福冈县知事小栗一雄

　　接收方:内务大臣山本达雄

　　　　　　外务大臣斋藤实

　　　　　　警视厅、大阪、京都、爱知、神奈川、兵库、山口、长崎各厅府县长官

外国人来往之件

　　一、国际联盟调查团书记官派斯塔柯夫

　　7月7日,国际联盟调查团书记官派斯塔柯夫,从天津出发,经门司港乘"长江丸"来日,即日出海前往神户,派斯塔柯夫对驻门司港的我县检察员做如下谈话:

　　本人此次是第一次来日本,未与国际联盟调查团一行同行,是因为暂时留在中国,耽搁了几天。国际联盟调查团预定在日本停留三周左右时间,赴箱根观光需待一切事务在当地完结后。未定的其他问题不允许发言。列强对承认"满洲国"……①免不了要有许多波澜和曲折,无论如何是需要时日的。当然,日本负有保护各国权利的全部责任。据说……,委员们的工作负有重大性。在满洲讨伐"土匪"实际上困难至极,也伴随着危险,这一点是了解的。

---

　　①　编者按:省略号指代"字迹不清,难以辨认",此条中的省略号意指一致。

二、法国驻东京大使玛德夫人

7月7日从门司港乘"长江丸"轮船出海来神户,她于本年5月为健康去天津,此次返回……

三、原德国陆军中校……

7月7日从门司港乘"长江丸"轮船来日视察,其人在中国……,充当中国军队的军事教官。此次肩负任务,本月15日从横滨出海前往南美……,本日乘船驶向神户。

以上特报。

资料来源:JACAR(アジア歴史資料センター)Ref. B02030448900(第57画像目から)満洲事変(支那兵ノ満鉄柳条溝爆破ニ因ル日、支軍衝突関係)/善後措置関係/国際連盟支那調査員関係 第五巻(外務省外交史料館)

38. 神奈川县知事横山助成致内务大臣山本达雄等的函电
(1932年7月9日)

外秘第一一〇五号

昭和七年七月九日

发送方:神奈川知事

接收方:内务大臣山本达雄

外务大臣内田康哉

警视总监、京都、大阪、兵库各长官

国际联盟调查团随员一名离开日本之件

随员加拿大铁路会社社员希爱姆

希爱姆先前往中国,再来日本。本年4月7日外秘第378号通报,该人业务结束,乘"日本皇后号"轮船从上海到神户登陆,然后乘列车前往东京。本月8日15时乘"日本皇后号"轮船出海,经温哥华归国。

英国驻日大使官参事官 J. M. 斯诺(Snow)

该人获一年假期,本月8日乘"日本皇后号"从当地出海,经温哥华归国。

以上,特通报。

资料来源:JACAR(アジア歴史資料センター)Ref. B02030448900(第59

画像目から）満洲事変（支那兵ノ満鉄柳条溝爆破ニ因ル日、支軍衝突関係）/
善後措置関係/国際連盟支那調査員関係　第五卷（外務省外交史料館）

39. 警视总监藤沼庄平致内务大臣山本达雄等的函电
（1932 年 7 月 9 日）

外秘第一八三〇号
昭和七年七月九日
发送方：警视总监藤沼庄平
接收方：内务大臣山本达雄
　　　　外务大臣内田康哉
　　　　神奈川、兵库各县知事

关于国际联盟调查团随员行动之件

依本月 4 日，警保局外发乙第 121 号内务省警保局长通牒，对国际联盟调查团随员梅纳德、希爱姆、派斯塔柯夫进行周边保护及提供方便。本月 7 日上午 9 时，梅纳德、希爱姆二人到达东京车站，梅纳德投宿帝国宾馆，希爱姆入住麻布区西町加拿大公使馆。第二天 8 日 15 时，希爱姆乘"日本皇后号"轮船从横滨出海，前往温哥华归国。派斯塔柯夫同日 21 时 20 分乘列车到达东京，立即入住帝国宾馆。梅纳德、派斯塔柯夫二人预定与此前进京的调查团随员一起行动。以上通报。

资料来源：JACAR（アジア歴史資料センター）Ref. B02030448900（第 60 画像目から）満洲事変（支那兵ノ満鉄柳条溝爆破ニ因ル日、支軍衝突関係）/善後措置関係/国際連盟支那調査員関係　第五卷（外務省外交史料館）

40. 对华问题对策恳谈会邀请函
（1932 年 7 月 9 日）

去年秋季以来纷乱不断，吾人对日中事变之状态深感遗憾。从日中两国最后关系的圆满方面来看，当然是绝对的相互提携、共存共荣。从一开始就应着眼于东亚和平及东亚民族。十亿亚细亚民族经常处在少数西洋民族的重压之下，唯有我帝国俨然以不羁独立之态度逐渐自强于世界列强之中，也是全体东亚民族之自豪。观国际世界的动向，最近向民族主义之前进趋向甚为显著。鉴于人种对立的情势，作为持久的东亚民族领袖的日本在今日以及将来的责任越发重大。而南方中国政府对内的政略发起于排日抗日，今日在满蒙以及上海爆发的日中事变，吾人甚感遗憾。但事变只是一时之非常现象，不是正常及永远的问题。今日东亚永远之策是东亚振兴之策，今日的日中事变平定以后，东亚民族必须采取自主的态度。为此对策，望利用一晚上进行诚恳会谈，毫无顾忌地交换意见。恳请期望妥善处理东亚问题的诸位莅临参会。

东亚振兴会（东京日比谷市政会馆内）

日期：7月9日（周六）18时开始

场所：内幸町大阪大楼内

陆军参谋本部员关于日中事变的讲话

国联调查团送别会

国际联盟为解决满洲问题，派遣以李顿卿为委员长的调查团来调查满洲，在报告书做成之前再度来日本，已与当局结束商议。离开东京之际，吾人应欢送完成重大使命之调查团成员等。

日期：7月 日①

场所：东京会馆

资料来源：JACAR（アジア歴史資料センター）Ref. B02030448900（第 83 画像目から）満洲事変（支那兵ノ満鉄柳条溝爆破ニ因ル日、支軍衝突関係）/善後措置関係/国際連盟支那調査員関係 第五巻（外務省外交史料館）

41. 泽田局长致内田外务大臣的函电
（1932 年 7 月 10 日）

昭和七年 一五八〇七 暗 日内瓦 七月十日上午发送

外务省 七月十一日下午收到

第五三八号之一（极秘）

长冈大使致谷局长

---

① 编者按：原文如此，指具体日期未定。

一、贵电知晓,该电中(三)有关承认问题,对我方来说是非常紧急与重大的,各员认真商定后,向外相发送电报,希望您知晓。

据我观察,国联也很想找一个借口不再插手满洲问题。此时这么好的机会不要错过了。要给国联一种怎么样的借口呢? 实际上,对满洲制定了确保我方立场的方针,适当地把它提示给李顿调查团,我想由该调查团把我方立场告知国际联盟是最好的策略。国际联盟把李顿报告书奉为金科玉律,是解决中日问题的基础。如果报告书的结论写明了具体的解决方案,而且还是帝国无法接受的解决方案,那对我方是有害无益的。要让该报告书只是报告中国以及满洲的事态,而不写入对满洲地位的解决方案。

资料来源:JACAR(アジア歴史資料センター)Ref. B02030448900(第 61画像目から)満洲事変(支那兵ノ満鉄柳条溝爆破ニ因ル日、支軍衝突関係)/善後措置関係/国際連盟支那調査員関係　第五卷(外務省外交史料館)

42. 泽田局长致内田外务大臣的函电
(1932 年 7 月 10 日)

昭和七年　一五八一一　暗　日内瓦　　　　七月十日上午发送
　　　　　　　　　　　　外务省　　　　七月十一日下午收到
第五三八号之二(极秘)

然后,由利害关系各国之间协定决议。这样,一方面给国际联盟撒手满洲问题的机会,另一方面他方或我方的立场都可以自由表达。这样的措置该是最有利之策。此外,如果报告书中要求日本按照理事会决议平稳地撤兵,并主张建立可以保护日本权益的政权,那么国际联盟需要认识到"满洲国"的发展是九一八事变解决的必要条件,或者某种程度地支持我方承认"满洲国",或者予以默认,这样可以认为是比较得当的。

满洲问题的解决,最终必须求得英美的理解,贵电合第一三九〇号关于英国大使的照会,应尽快向英美等直接利害关系国表明我国不得不承认的态度,并明确这些国家将来对"满洲国"持什么态度,这些作为参考并且策划善后处置是十分重要的。

资料来源:JACAR(アジア歴史資料センター)Ref. B02030448900(第 62画像目から)満洲事変(支那兵ノ満鉄柳条溝爆破ニ因ル日、支軍衝突関係)/

善後措置関係/国際連盟支那調査員関係　第五巻(外務省外交史料館)

43. 石射总领事致内田外务大臣的函电
(1932 年 7 月 11 日)

昭和七年　一五八二六　暗　吉林　　　　　七月十一日下午发送

　　　　　　　　　　　　外务省　　　　　七月十一日下午收到

第三三一号

关于阁下发给北平第一四二号电报

　　吉田大使向本领事馆及其他部门发来内容同一的询问书,指出针对杨格的意见,务必由各馆一一作答。外务省依据各馆的年报及其他报告制作综合回答文案,本馆认为此法适当,有何问题请回训。

　　转发:中国、北平、奉天、间岛、长春、哈尔滨。

　　资料来源:JACAR(アジア歴史資料センター)Ref. B02030448900(第 63 画像目から)満洲事変(支那兵ノ満鉄柳条溝爆破ニ因ル日、支軍衝突関係)/善後措置関係/国際連盟支那調査員関係　第五巻(外務省外交史料館)

44. 有田外务次馆致朝鲜总督府政务总监的函电
(1932 年 7 月 11 日)

电报传送第 13563 号

昭和七年七月十一日下午发送

关于国际联盟调查团随员杨格赴朝鲜日程之件

　　贵电收悉。14 日,预定杨格从贵地出发,只身前往当地,出发时刻及到达当地后日程未定。

　　资料来源:JACAR(アジア歴史資料センター)Ref. B02030448900(第 63 画像目から)満洲事変(支那兵ノ満鉄柳条溝爆破ニ因ル日、支軍衝突関係)/善後措置関係/国際連盟支那調査員関係　第五巻(外務省外交史料館)

45. 国际联盟调查团一行接待计划
（1932 年 7 月 11 日）

七月十一日委员会决定
国际联盟调查团外务省接待委员会

（第一）国际联盟调查团本国停留日程表

（甲）东京及日光

	上午	午餐	下午	晚餐	住宿
第一日	从下关到东京上午 8 时 30 分—16 时55 分				帝国宾馆
第二日				宫殿下晚餐（赤坂或霞关离宫）	帝国宾馆
第三日				前田侯爵私邸	同上
第四日			东京市长茶会		同上
第五日	上午 8 时上野站出发,10 时 53 分到达日光,下午参观日光庙				金谷宾馆
第六日	游览中禅寺湖、钓鱼、兜风				同上
第七日	返回东京		三井男爵茶会	英、法、美、德、意大利各协会招待各自委员	帝国宾馆
第八日				实业团（红叶馆）	同上
第九日				能乐	同上
第十日				外务大臣（场所未定）	同上

（乙）游览箱根、岐阜、京都、奈良、山田

第十一日	箱根	上午 10 时 15 分东京站发，11 时 20 分到达国府津。转汽车前往宫下。	富士屋宾馆
第十二日	箱根	箱根停留	同上
第十三日		同上	同上
第十四日	岐阜、京都	13 时宫下出发（汽车），15 时 23 分沼津站发，21 时 24 分到达京都	都宾馆
第十五日	京都	京都停留	同上
第十六日	京都、奈良	16 时 9 分京都站发，17 时 6 分到达奈良	奈良宾馆
第十七日	山田、鸟羽	游览山田、鸟羽	奈良宾馆
第十八日	奈良	休息、访问大阪	同上
第十九日	大阪出发，经濑户内海至门司，赴报告书起草地（未定）		

（第二）关于接待国际联盟调查团各方面之联络

一、下次次官会议，由外务次官就上述日程报告给有关次官以求支持。

1. 铁道次官

（发放免费乘车券、特别用车联络、派遣游览向导、应援观光局）

2. 大藏次官

（免税通关）

3. 内务次官

（警备）

4. 招待外交界元老及前辈，由外务大臣说明接待国际联盟调查团一行的指导方针，以求与会者支持（名单附后，第一号）

5. 招待有关次官、民间实力者、新闻界领袖及有关各国协会代表，由外务大臣或外务次官说明接待国际联盟调查团一行的指导，以求谅解（名单第二—第五号，附后）

6. 干事联络有关各省、民间团体工作人员等。

(第三)接待费预算

一、接待费支出方针

1. 接待费从机密资金中支出。

2. 接待费支出限于以下费用

(1) 国际联盟调查团及随员住宿、饮食费用。

(2) 中国参与员及随员住宿、饮食费用。

(3) 日本参与员及随员在帝国宾馆的住宿及饮食费用。

(4) 接待宴会费用及游览费用。

3. 日本参与员及随员,以及接待国际联盟调查团一行的外务省官员的旅费,从外务省一般经费支出,特别理由的情况由接待费补助。

二、接待费预算

因国际联盟调查团一行停留天数未定,难以准确预算。假定:1. 国际联盟调查团 5 人,随员 10 人。2. 中国参与员 1 人,随员 5 人,停留日程如上表,大体费用如下:

(甲) 住宿、饮食、游览费

1. 东京及日光　8 300 元

2. 箱根　3 600 元

3. 奈良　3 000 元

4. 京都　3 500 元

(乙) 交通费

1. 汽车　4 000 元

2. 杂费　500 元

(丙) 宴会费用　5 000 元

(丁) 杂费及预备费　5 000 元

总计:32 900 元

名单第一号

外交界元老及前辈

石井菊次郎子爵

松井庆四郎男爵

芳泽谦吉

内田康哉伯爵

林权助男爵

牧野伸显伯爵

田中都吉大使

有吉明大使

名单第二号　有关次官

潮内务次官

久保田铁道次官

小矶陆军次官

藤田海军次官

柴田内阁书记官长

松本警保局长

藤沼警视总监

日河运输局长

佐原观光局长

名单第三号　民间实力者

乡诚之助（经济联盟会长）

木村久寿弥太（工业俱乐部理事长）

土方久征（日银总裁）

安川雄之助（三井物产常务）

小田切万寿之助（正金银行董事）

串田万藏（三菱银行会长）

池田成彬（三井银行常务）

门野重九郎（大仓组副会长）

深井英五（日银副总裁）

渡边铁藏（国际商业会议所理事）

山川端夫

井上匡四郎子

永田秀西郎（东京市长）

名单第四号　有关各国协会（日英、日美、日法、日意、日德各协会关系者名单）

（正制作中）

名簿第五号　有关新闻通讯社

东京《朝日新闻》　　　　　　　绪方竹虎

《东京日日新闻》　　　　　　　冈崎鸿吉

《时事新闻》　　　　　　　　　伊藤正德

《国民新闻》　　　　　　　　　座间胜平

联合社　　　　　　　　　　　　岩永裕吉

《读报新闻》　　　　　　　　　柴田胜卫

《日本时报》(Japan Times)　　伊达源一郎

大阪《朝日新闻》　　　　　　　町田梓樱

《大阪每日新闻》　　　　　　　高石真五郎

《报知新闻》　　　　　　　　　寺田四郎

《中外新闻》　　　　　　　　　筑田久次郎

日本电报通讯社　　　　　　　　上田硕三

都新闻　　　　　　　　　　　　山木信博

资料来源：JACAR(アジア歴史資料センター)Ref. B02030448900(第 64 画像目から)満洲事変(支那兵ノ満鉄柳条溝爆破ニ因ル日、支軍衝突関係)/善後措置関係/国際連盟支那調査員関係　第五卷(外務省外交史料館)

46. 警视总监藤沼庄平致内务大臣山本达雄等的函电
（1932 年 7 月 11 日）

外秘第一八三七号

昭和七年七月十一日

发送方：警视总监藤沼庄平

接收方：内务大臣山本达雄

　　　　外务大臣内田康哉

　　　　神奈川、兵库各县知事

关于寄送国际联盟调查团邮件之件

三重县津市西新町一九二七号

清水诚吾(75 岁)

寄送国际联盟调查团一行之邮件,已经寄往三重县,拜托处理之。经咨询负责接待的外务省接待员,可以处置。邮件已交付石川外务事务官,特通报。

资料来源:JACAR(アジア歴史資料センター)Ref. B02030448900(第72画像目から)満洲事変(支那兵ノ満鉄柳条溝爆破ニ因ル日、支軍衝突関係)/善後措置関係/国際連盟支那調査員関係　第五巻(外務省外交史料館)

47. 泽田局长致内田外务大臣的函电
(1932 年 7 月 12 日)

昭和七年　一五九二七　暗　日内瓦　　　　七月十二日下午发送
　　　　　　　　　　　　外务省　　　　　七月十三日上午收到

第(　)号(极秘)①

　　11 日,佐藤大使利用与国联秘书处处理日中事件主任官员会谈之机,谈及"满洲国"承认问题。该主任官切盼李顿顺利提交报告书,结束使命。如果日方在李顿报告书出台之前承认"满洲国"的话,报告书对满洲问题过去历史事实的叙述尚在其次,对将来解决问题的建议就毫无价值了。或者调查团无计可施,以需要做成报告书为理由,提出报告书,也是未可知的事情。如此不难想象国际联盟会感到不满,难免与日本的正面冲突。暂且在报告书提出后承认,实际上会有许多人不喜欢日本承认的日期过早。依据日本主张而产生的李顿调查团完成其职责,世人亦获得根据此公平的材料对满洲的事态做出判断之机会,此后承认"满洲国",相比在此之前承认造成的刺激效果要小得多。当然,此时张学良的同伙理论上会强烈地攻击日本,日本方面也可能看到种种不同的议论,但两种议论的结局不过是半斤对八两。关于李顿报告书中对于满洲将来的意见,假如此意见倾向于承认,则没有问题。如果反之,否认承认,日本无论如何必须反驳和指责李顿,维护自己的立场。总之,报告书提

———————

① 编者按:原电文没有编号。

出后,日本的立场或许可得公正的评价,尚不明李顿报告书中是否有对满洲问题解决方法的其他献策。但至少中国方面不可能全部接受李顿的意见,所以,李顿在提出解决方案时也持谨慎小心立场。

　　转电巴黎国际联盟,转电法国。

　　资料来源:JACAR(アジア歴史資料センター)Ref. B02030448900(第73画像目から)満洲事変(支那兵ノ満鉄柳条溝爆破ニ因ル日、支軍衝突関係)/善後措置関係/国際連盟支那調査員関係　第五卷(外務省外交史料館)

48. 冈田总领事致内田外务大臣的函电
(1932 年 7 月 12 日)

　　　昭和七年　一五九〇二　略　间岛　　　　七月十二日下午发送
　　　　　　　　　　　　　　　外务省　　　　七月十二日下午收到

第四二三号

　　朝鲜外事课长穗积来电,接 14 日外务次官电,称杨格从东京前来京城,决定前往间岛视察。随即对其住宿等进行了准备。望火速回电,告之随员中外国人人数、停留期限及视察场所等。

　　资料来源:JACAR(アジア歴史資料センター)Ref. B02030448900(第74画像目から)満洲事変(支那兵ノ満鉄柳条溝爆破ニ因ル日、支軍衝突関係)/善後措置関係/国際連盟支那調査員関係　第五卷(外務省外交史料館)

49. 森岛代理总领事致内田外务大臣的函电
(1932 年 7 月 13 日)

　　　昭和七年　一五九四九　暗　奉天　　　　七月十三日下午发送
　　　　　　　　　　　　　　　外务省　　　　七月十三日下午收到

第一〇五八号

关于吉林发给阁下之第三三一号电报

　　关于给本领事馆发来同样之质问书,完全同意石射总领事的意见,望外务省予以回复。另,此质问书也寄送朝鲜总督府。

　　转发:中国、北平、吉林、间岛、哈尔滨、长春。

资料来源：JACAR(アジア歴史資料センター)Ref. B02030448900(第 76 画像目から)満洲事変(支那兵ノ満鉄柳条溝爆破ニ因ル日、支軍衝突関係)/ 善後措置関係/国際連盟支那調査員関係　第五巻(外務省外交史料館)

50. 有田外务次官致电朝鲜总督府政务总监
(1932 年 7 月 13 日)

电报传送第一三六五四号
昭和七年七月十三日

关于国联调查团一行中杨格前往朝鲜之件

往电已阅。14 日夜，杨格及夫人乘东京出发的列车，在京都住一晚。16 日早决定从京都启程前往。

资料来源：JACAR(アジア歴史資料センター)Ref. B02030448900(第 76 画像目から)満洲事変(支那兵ノ満鉄柳条溝爆破ニ因ル日、支軍衝突関係)/ 善後措置関係/国際連盟支那調査員関係　第五巻(外務省外交史料館)

51. 欢迎国际联盟调查团晚餐会
(1932 年 7 月 13 日)

七月十三日下午八时外务大臣官邸
主人：内田外务大臣及夫人
李顿伯爵
克劳德将军
麦考益将军及夫人
希尼博士
马柯迪伯爵
哈斯及夫人
卡尔利(M. Charrère,シャレール)
派斯塔柯夫
杨格及夫人

爱斯托

助佛兰

皮特尔

勃来克斯雷(G. H. Blakeslee)

台纳雷(M. Dennery,デネリ)

斎藤总理大臣及夫人

陆军大臣及夫人

海军大臣及夫人

芳泽谦吉及夫人

石井子爵及夫人

乡男爵

稻畑胜太郎

德川贵族院议长

林男爵

渡陆军大佐

久保多大佐

永井大使及夫人

吉田大使

有田次官及夫人

松田局长及夫人

泷政务次官

松岛局长

伊藤参事官

武富局长

泽木参事官

坪上部长

谷局长

白鸟部长

斎藤博士

倍特(Thomas Baty)博士

丕平博士

盐崎书记官

岸秘书官

资料来源:JACAR(アジア歴史資料センター)Ref. B02030448900(第77
画像目から)満洲事変(支那兵ノ満鉄柳条溝爆破ニ因ル日、支軍衝突関係)/
善後措置関係/国際連盟支那調査員関係　第五巻(外務省外交史料館)

52. 内田外务次官致间岛宫田总领事的函电
(1932 年 7 月 13 日)

电报传送第一三六九二号

昭和七年七月十三日

第一七〇号

关于贵电第四二三号

14 日,杨格携夫人从东京出发,在京都住一晚,17 日前往京城,其后旅程
等由京城制定,并与总督府联络为盼。

资料来源:JACAR(アジア歴史資料センター)Ref. B02030448900(第82
画像目から)満洲事変(支那兵ノ満鉄柳条溝爆破ニ因ル日、支軍衝突関係)/
善後措置関係/国際連盟支那調査員関係　第五巻(外務省外交史料館)

53. 神奈川县知事横山助成致内务大臣山本达雄等的函电
(1932 年 7 月 13 日)

外秘第一一二三号

昭和七年七月十三日

发送方:神奈川县知事横山助成

接收方:内务大臣山本达雄

　　　　外务大臣内田康哉

　　　　警视总监藤沼庄平

国际联盟调查团德国委员来往之件

本月 12 日 19 时 15 分,德国委员希尼与德国代理大使乘同辆汽车,从东

京到达管辖范围的横滨市中区山手町五番地德国人俱乐部。碰巧当地德国领事等德国侨民 38 名出席欢迎该委员的晚餐会,遂列席一同参加晚餐,后谈笑到 22 时 20 分,乘车返回东京。本县为其提供了相当的便利并予以贴身警卫,未发现其他异常,特通报。

　　资料来源:JACAR(アジア歴史資料センター)Ref. B02030448900(第 84 画像目から)満洲事変(支那兵ノ満鉄柳条溝爆破ニ因ル日、支軍衝突関係)/善後措置関係/国際連盟支那調査員関係　第五卷(外務省外交史料館)

54. 神奈川县知事横山助成致内务大臣山本达雄等的函电 (1932 年 7 月 13 日)

外秘第一〇四九号
昭和七年七月十三日
发送方:神奈川县知事横山助成
接收方:内务大臣山本达雄
　　　　外务大臣内田康哉
　　　　警视总监、静冈县长官

关于国际联盟调查团一行来往之件

　　本月 9 日 17 时,国际联盟调查团法国委员克劳德将军及下列委员、随员乘列车到达管辖范围的小田原车站,遂即分别乘坐 8 辆汽车投宿宫下富士屋宾馆。第二天 10 日上午 9 时 15 分,助佛兰博士等 3 人乘列车到达小田原站,当日 10 时从宾馆乘汽车到长尾峠附近观光,返回途中从芦湖岸乘船到箱根町箱根宾馆就午餐。16 时顺利返回富士屋宾馆。11 日,在宾馆附近散步、自由活动。17 时 24 分乘小田原发的列车返回东京。车内部署警备员 8 名。19 时 8 分到达东京站,警备由警视厅接收。在管辖范围逗留期间,按照警保局局长之通牒,为其提供相当方便,并对一行予以严密警卫,未出现异常状况。特通报。
　　附:调查团委员及随员名单
　　(一) 委员
　　马柯迪伯爵(意大利)
　　克劳德将军(法国)

麦考益将军夫妇(美国)

希尼博士(德国)

(二) 随员

杨格博士夫妇(美国,7 月 10 日上午 9 时 54 分从小田原返京)

勃来克斯雷博士(美国)

皮特尔中尉(美国)

特罗巴茨(デーロバーツ,音译,英国,7 月 10 日上午 11 时从小田原站返京)

卡尔利(意大利)

路西·诺克斯(美国,女)

梅纳德(美国)

李亚①(ブロンソン·リー,George Bonson Rea,美国)

另外,麦考益将军的随从 1 人(中国人)

以上人员,7 月 9 日 17 时到达小田原站

(三) 随员(7 月 10 日 22 时 20 分乘汽车返京)

助佛兰(法国)

派斯塔柯夫

马尔谢(マルシュ,音译,女)

以上人员,7 月 10 日上午 9 时 15 分到达小田原站。

资料来源:JACAR(アジア歴史資料センター)Ref. B02030448900(第 85 画像目から)満洲事変(支那兵ノ満鉄柳条溝爆破ニ因ル日、支軍衝突関係)/善後措置関係/国際連盟支那調査員関係　第五巻(外務省外交史料館)

55. 神奈川县知事横山助成致内务大臣山本达雄等的函电
(1932 年 7 月 14 日)

外秘第一一三五号

昭和七年七月十四日

发送方:神奈川县知事横山助成

接收方:内务大臣山本达雄

---

① 编者按:时任上海《远东评论》(*Far Eastern Review*)社长兼主笔记者。

外务大臣内田康哉
警视总监藤沼庄平

关于国际联盟调查团来往之件

本月 13 日 13 时 10 分,德国委员希尼乘汽车来到管辖范围的镰仓町海滨宾馆,稍事休息后参拜长谷大佛,观光片濑,17 时 20 分返回东京。

13 日 13 时 5 分,美国委员麦考益夫妇由副官皮特尔陪同,乘列车到达横滨站,乘人力车进入当地美国领事馆,在大西横滨市长及美国领事向导下,视察市内复兴情况。18 时 12 分从横滨车站发车返回东京。其间没有异常。特通报。

资料来源:JACAR(アジア歴史資料センター)Ref. B02030448900(第 87 画像目から)満洲事変(支那兵ノ満鉄柳条溝爆破ニ因ル日、支軍衝突関係)/善後措置関係/国際連盟支那調査員関係　第五卷(外務省外交史料館)

56. 内田外务大臣致长春田中代理领事的函电
(1932 年 7 月 14 日)

电报传送第一三七二〇号
昭和七年七月十四日下午发送

关于"满洲国"领域之件

第一四九号(极秘、火速)

此次,国际联盟调查团提出要了解"满洲国"领土疆界,该问题由我方回答不太符合道理。我方依据本年 3 月 1 日"满洲国""建国"宣言,以及 3 月 12 日该"国"对外通告,了解到"满洲国"领域包括奉天省、吉林省、黑龙江省、热河省、东省特别区以及蒙古各盟旗。满洲与蒙古的边界以及蒙古各盟旗的范围,原来并未明确规定。前述宣言及通告中指出的所谓蒙古各盟旗,并非包括外蒙古各盟旗,主要指数个接近满洲的内蒙古的各盟旗,可以依据上述意旨回答。另外,不仅蒙古盟旗问题,关于山海关附近的边界,是否以长城为界尚有疑问,准确的边界应问询"满洲国"方面。国际联盟调查团方面一向标榜不承认"满洲国"是独立国家,却流露出不了解其疆界的口气,有些不可思议,可做反驳时利用之。

以上,望传达"满洲国"方面,其若有明确疆界火速回电告知。另外,如果"满洲国"当局对本件没有确定意见,依据大正四年(1914年)的日中条约,关于东部内蒙古的范围已经确定。重要的是,要明确解释内蒙古的东半部的意义(大体是指今万里长城以北,与满洲接壤的地域,在清朝时代所谓内属蒙古六盟中,至少包括内蒙古东部四盟,即不只是现在的热河省,还包括察哈尔省的一部分)。"满洲国"的疆界大体上与之一致,可认为比较合适。如果决定疆界出现困难,应主张凡参加满洲"建国"的各盟旗作为大体之标准(一个盟旗的范围历来没有明确),望将我方的提示传达给"满洲国"。

　　转发:奉天。

　　资料来源:JACAR(アジア歴史資料センター)Ref. B02030448900(第89画像目から)満洲事変(支那兵ノ満鉄柳条溝爆破ニ因ル日、支軍衝突関係)/善後措置関係/国際連盟支那調査員関係　第五巻(外務省外交史料館)

57. 栃木县知事半井清致内务大臣山本达雄等的函电
(1932年7月15日)

特高秘第一六〇〇号
昭和七年七月十五日
发送方:栃木县知事半井清
接收方:内务大臣山本达雄
　　　　外务大臣内田康哉
　　　　拓务大臣永井柳太郎
　　　　有关府县长官

关于国际联盟调查团一行观光之件

本月14日15时50分,法国委员克劳德及秘书助佛兰由外务省门胁事务官陪同,乘电车到达东武日光站,然后乘汽车入住金谷宾馆,稍事休息后参拜东照宫。16时15分乘汽车到中宫祠,观光华严瀑布、立木观音、中禅寺湖。18时30分从该地出发返回金谷宾馆,享用晚餐。19时52分乘列车从省线日光站出发,前往东京市。

本县由特高课员警部补①一员搭乘列车及汽车,始终予以严密警卫。

本月 14 日,美国委员麦考益将军及夫人、意大利委员马柯迪伯爵等 3 人,在外务省吉田大使及石川事务官陪同下,从上野车站出发,16 时 30 分到达宇都宫站,然后乘汽车前往日光町金谷宾馆,途中观光大泽村、今市、日光町及杉并木。18 时 7 分入住金谷宾馆。

同日 19 时 10 分,德国委员希尼博士及书记长哈斯(法国人),在外务省永井大使及间濑事务官陪同下,从上野站出发,22 时 20 分到达日光站,直接入住金谷宾馆。

15 日上午 9 时,美国委员麦考益将军等人从金谷宾馆出发,参拜东照宫。上午 10 时 30 分乘汽车去中宫祠,乘缆车浏览华严瀑布,以及中禅寺湖、立木观音,然后经战场之原返回,至昌蒲原滨养鱼场,在该处钓鳟鱼。13 时 10 分徒步游览龙头瀑布,吃中午饭。14 时 10 分乘汽车出发,15 时 30 分返回金谷宾馆,小憩后,16 时 20 分从省线日光站出发,返回上野站。

警戒情况:列车内有警部长、警部补、巡查部长各一人搭乘,戒备情况随时与警视厅员联络。乘汽车时由警戒员坐助手席警戒。期间未发生任何事故。

以上,特此通报。

资料来源:JACAR(アジア歴史資料センター)Ref. B02030449000(第 92 画像目から)満洲事変(支那兵ノ満鉄柳条溝爆破ニ因ル日、支軍衝突関係)/善後措置関係/国際連盟支那調査員関係　第五卷(外務省外交史料館)

58. 上村代理总领事致内田外务大臣的函电
(1932 年 7 月 16 日)

昭和七年　一六二二五　　略　南京　　　　　　七月十六日上午发送
　　　　　　　　　　　　　　外务省　　　　　　七月十六日下午收到

第五二〇号

据新闻报道,15 日外交部情报司司长吴汝南对记者谈话大要如下:

(一)最近有新闻报道称,蒋作宾携带与日本直接交涉之使命归任。内田外相就满洲问题曾强硬露骨地表示,日中之间没有交涉的余地。所以,直接交

---

① 编者按:警部补,日本警察等级之一,位居警部之下,巡查部长之上。

涉的可能性不存在。

（二）调查团此次在日本受到冷遇，对民众团体的示威甚表不满，所以提早离开日本。内田外相声明立刻承认"满洲国"。调查团深刻地认识到日本的态度强化，带有宣言的意味。

另外，新闻特别报道内田外相与调查团会见，双方言辞冲突。据外交界所泄露之记录，外相公然抛弃《九国公约》，断言日本坚决承认"满洲国"。为此，李顿愤然离去。

转发：中国、北平、奉天、青岛。

资料来源：JACAR(アジア歴史資料センター)Ref. B02030449100(第95画像目から)満洲事変(支那兵ノ満鉄柳条溝爆破ニ因ル日、支軍衝突関係)/善後措置関係/国際連盟支那調査員関係　第五巻(外務省外交史料館)

59. 山冈关东长官致内田外务大臣的函电
（1932年7月16日）

昭和七年　一六一九一　暗　旅顺　　　　七月十六日上午发送
　　　　　　　　　　　　外务省　　　　　七月十六日下午收到

第七〇号

关于贵电第四四号

河相致盐崎书记官

据来示的英文资料，依贵省指示，已于7月2日转发给哈斯。并利用日本飞机邮送北平及贵省各一部。

转发：北平。

资料来源：JACAR(アジア歴史資料センター)Ref. B02030449100(第96画像目から)満洲事変(支那兵ノ満鉄柳条溝爆破ニ因ル日、支軍衝突関係)/善後措置関係/国際連盟支那調査員関係　第五巻(外務省外交史料館)

60. 内田外务大臣致日内瓦泽田局长的函电
（1932年7月16日）

电报传送第13875号

昭和七年七月十六日

发送方：内田外务大臣

接收方：日内瓦泽田局长

　　　　驻美出渊大使

　　　　驻华堀内书记官

　　　　北平矢野参事官

　　　　奉天森岛代理总领事

关于与国际联盟调查团会谈之件

　　此次，国际联盟调查团再度来日本之际，本大臣于12日及14日与其两次会谈，其大要以附件第一五四八、一五四九号发出。

　　日内瓦转电除土耳其外各驻欧大使。

　　由中国（上海）转发南京。

　　由奉天转发长春。

　　资料来源：JACAR（アジア歴史資料センター）Ref. B02030449100（第98画像目から）満洲事変（支那兵ノ満鉄柳条溝爆破ニ因ル日、支軍衝突関係）/善後措置関係/国際連盟支那調査員関係　第五卷（外務省外交史料館）

61. 内田外务大臣致日内瓦泽田局长的函电
（1932年7月16日）

昭和七年七月十六日

发送方：内田外务大臣

接收方：日内瓦泽田局长

　　　　驻美出渊大使

　　　　驻华堀内书记官

北平矢野参事官

奉天森岛代理总领事

关于与国际联盟调查团会谈之件

第一五四八号

12 日会谈大要：

一、李顿指出难以核实关于满洲的日本要求以及日本在满洲的权利。阁下任满铁总裁时，在大连曾收到阁下备忘录里关于满洲问题的解决方案，提及承认"满洲国"是最良的方策。据阁下的思考，承认"满洲国"的两大前提是(一)去年 9 月中国方面在满洲时对日本的侵略行为；(二)"满洲国"依据人民的自决而成立。如果这两点不能得以证明，也就失去了承认论的根基。今天，我本人想知道日本政府是否决意承认"满洲国"，或者日本政府还有其他什么解决方案。

本大臣的研究结果是与过去在大连讲过的个人意见一致，没有任何变更的理由。本问题唯一的解决方案是承认"满洲国"。如果贵调查团还有什么其他替代的方案，很高兴能够倾听。

芳泽大臣曾指出，只要维护日本的在满利益，日本并不关心存在于满洲的政府是何种形式。本大臣回答那是指在"满洲国"成立之前，"满洲国"现实存在的事实已经彻底改变了事态，吾人不能无视这一事实。

二、在回答"满洲国"的范围如何时，本大臣回答，"满洲国"的主张指的是东北四省及蒙古，蒙古的范围有必要做一般的明确了解。李顿指出地理性区域如果不明了，承认也是有困难的。又询问，承认"满洲国"与《九国公约》的关系，满洲属于中国领土的一部分，如果变更它，需要同有关国家商议。

本大臣回答，"满洲国"是满洲人自发创建的"国家"，《九国公约》对此不能适用，因此，承认"满洲国"同《九国公约》之间没有抵触，也没有必要与有关国家商议。

三、接着，美、法、意大利委员相继发言。麦考益发言指出日本称满洲对于日本国防的重要性，对于这一点，中国和俄国不也是同样重要吗？列国认为，承认"满洲国"抵触《国联盟约》《九国公约》以及《非战公约》，承认的结果是日本在世界舆论场上被置于道德上的不利地位。调查团的考虑与阁下所述不同，调查团可以代表世界舆论。本大臣回答，吾人绝不无视世界舆论，但并未违反条约。为求得帝国的安全,满洲对于帝国国防的重要性是中国与俄国不可比拟的。

四、法国克劳德委员提出,解决满洲问题不能不从现实考虑。有另一种方案是:"满洲国"与中国之间保持某种联系作为其存在的基础,同时,日本为了维护其重大利益,完全控制"满洲国"。本大臣回答,如果"满洲国"与中国之间存在某种联系,中国肯定会利用该联系,这必将是未来引发纠纷的原因。唯一的方法是承认"满洲国",把"满洲国"当作善邻。

五、马柯迪称"满洲国"人属于中国人,满洲人已经融入中国人之中。日本关于满洲的解决方案,并不能减轻日中之间的纷争。他还指出,了解到日本方面不会满足于恢复原状,应该有不完全恢复原状的解决方案,如今中国政府的代表者极其含糊地说,考虑可以对满洲实行与旧制度有别的自治制度。本大臣回应,满洲多数的中国人已经成为"满洲国"人,相信他们忠诚于"满洲国"。本人认为,除了承认没有其他替代方案。中国尽管反对,但中国的结局也只能顺应既成的事态。另在回答克劳德的质问时,本大臣表示日本承认"满洲国"当然会尊重机会均等。

资料来源:JACAR(アジア歴史資料センター)Ref. B02030449100(第99画像目から)満洲事変(支那兵ノ満鉄柳条溝爆破ニ因ル日、支軍衝突関係)/善後措置関係/国際連盟支那調査員関係　第五卷(外務省外交史料館)

62. 内田外务大臣致日内瓦泽田局长的函电
（1932 年 7 月 16 日）

昭和七年七月十六日
发送方:内田外务大臣
接收方:日内瓦泽田局长
　　　　驻美出渊大使
　　　　驻支堀内书记官
　　　　北平矢野参事官
　　　　奉天森岛代理总领事

关于与国际联盟调查团会谈之件

第一五四九号

14 日会谈大要：

一、本大臣就"满洲国"的地理范围做了讲述，据 3 月 12 日"满洲国"对外通告，是指在奉天、吉林、黑龙江、热河、东省特别区以及蒙古各盟旗组织民众"独立"政府。上述关于蒙古各盟旗的地理范围，有必要予以明确，在山海关方面也有同样不明确的场所。其实，"国境线"不明的事例在其他国度也存在，比如……①回应李顿的质问，"满洲国"雇用的日本人同日本政府没有任何关系，现役军人充当顾问……

二、李顿质问，如果日本政府决定前次承诺的方策，要面临着实行之手续及方法问题。作为世界大战的结果而建立起来的和平机关，以及国际联盟的存在……

本大臣认识到国际联盟和平机关的重要性……

资料来源：JACAR(アジア歴史資料センター) Ref. B02030449100(第104 画像目から)満洲事変(支那兵ノ満鉄柳条溝爆破ニ因ル日、支軍衝突関係)/善後措置関係/国際連盟支那調査員関係　第五卷(外務省外交史料館)

63. 有田外务次官致株式会社日本邮船会社社长的函电
(1932 年 7 月 16 日)

昭和七年七月十六日发送

拜托"秩父丸"邮船绕路青岛之件

拜启，来日本的国际联盟调查团李顿一行，在本国与我方会谈结束，准备经青岛返回北平，计划 7 月 17 日乘贵社"秩父丸"轮船从神户出海，绕路青岛，特拜托安排。敬上。

资料来源：JACAR(アジア歴史資料センター) Ref. B02030449100(第111 画像目から)満洲事変(支那兵ノ満鉄柳条溝爆破ニ因ル日、支軍衝突関

---

① 编者按：省略号表示原档案字迹不清，无法辨认。此条下同。

係)/善後措置関係/国際連盟支那調査員関係 第五巻(外務省外交史料館)

64. 警视总监藤沼庄平致内务大臣山本达雄等的函电
（1932 年 7 月 16 日）

外秘第一八八六号

昭和七年七月十六日

发送方:警视总监藤沼庄平

接收方:内务大臣山本达雄

　　　外务大臣内田康哉

关于经济四团体向国际联盟调查团提出声明书之件

管辖范围内的日本经济联盟会、日本商工会议所、日本工业俱乐部及日华实业协会等四团体打算在招待此次入京的国联调查团一行时,在席间将声明书面交。但该调查团一行旅程突然变化,提前离开东京回中国,离京之际的招待取消。声明书英译本于昨日（14 日）由日本经济联盟会理事高鸟诚一代表四团体,面呈李顿等 5 名委员。特此通报。

致李顿卿及各国际联盟调查团成员之声明书

调查团一行各位历经长时间,携带为远东和平之重要使命,结束了对支那及满洲各地的旅行视察,对此表示深深的感谢。

关于日中两国纷争的和平地根本解决,以及中国的其他现状,上次我们已经陈述了意见,中国在过去的二十几年里内乱不绝,军阀依然盘踞各地,"共匪"与"土匪"到处蔓延,善良公民陷于涂炭之苦,事实上的国家机构并没有形成。因此,产业不兴,交通阻塞,通商贸易及企业均遭受非常恶劣之影响,这些实况在阁下结束调查后想必已经得知。

中国如此不统一、无秩序的状态,不仅对远东和平造成经常性的威胁,也进一步加深了当今世界普遍为之担忧的经济不景气情况。如果放任这种现状,不只是日中两国,整个世界以及人道方面也是极其不幸的。我们认为,世界必须携起手来援助其再建。

毋庸置疑,当下两国纷争的重点是面临满洲问题的解决。我们强烈呼吁,如果无视新"满洲国"存在的事实,任何解决方案都不能同意,而且必将导致时局的最恶劣结果。

对于"满洲国"的现状有种种的批评,但克服"新国家"创建的困难,整顿各方面政务当然需要相当的时间,我们认识到,充分利用"新国家"将来的丰富资源,对于"国家"的存立具有实质性的意义。如今,"新国家"在坚定意志下逐步健全地发展,对此,我们寄以满腔的希望,同时不遗余力地予以同情和援助。

我们坚信,将来该地在"新国家"的统治下与中国本部不同,不可能放任持续的不统一状态,将致力维持治安,建成和平与繁荣的安住之地,这为实现东亚和平是绝对必要的。

上海事件在当地友好国家代表的斡旋下,日中两军有幸签订了停战协定,日本政府已经把全部兵力撤回国内,但当地排日运动的风潮并没有停息,对此种现状非常遗憾。

今年2月经国际联盟理事会决议,圆桌会议已经着手迅速开始,我们热切盼望上海附近能够实现持久的和平与安全。

1932 年 7 月

日本经济联盟会

日本商工会议所

日本工业俱乐部

日华实业协会

资料来源:JACAR(アジア歴史資料センター)Ref. B02030449100(第112 画像目から)満洲事変(支那兵ノ満鉄柳条溝爆破ニ因ル日、支軍衝突関係)/善後措置関係/国際連盟支那調査員関係 第五巻(外務省外交史料館)

65. 内田外务大臣致日内瓦泽田局长的函电
(1932 年 7 月 18 日)

电报传送第 13905、13910 号

昭和七年七月十八日

发送方:内田外务大臣

接收方:日内瓦泽田局长

  驻美出渊大使

驻华堀内书记官

北平矢野参事官

奉天森岛代理总领事

关于国际联盟调查团在本国滞留期间行动概况之件

第一五五〇号

4 日,抵达东京(李顿卿旅途疲劳,身体不适,其他委员与外相会面)。

6 日下午,访问首相。

7 日上午,拜访外相,秩父宫亲王和王妃在赤坂离宫招待晚餐。

9 日上午,与陆相会见。

12 日下午及 14 日上午,与外相会见。

13 日,外相招待晚餐。

此外,政府招待调查团游览箱根(10 日、11 日)及日光(14 日、15 日)。李顿卿 15 日从横滨出发,其他委员 17 日经神户,乘"秩父丸"赴青岛。

转发:日内瓦收,除土(耳其)之外,转发驻欧各大使。

北平转发天津,青岛转发济南,奉天转发长春,中国(上海)转发南京。

资料来源:JACAR(アジア歴史資料センター)Ref. B02030449100(第115 画像目から)満洲事変(支那兵ノ満鉄柳条溝爆破ニ因ル日、支軍衝突関係)/善後措置関係/国際連盟支那調査員関係　第五巻(外務省外交史料館)

66. 兵库县知事白根竹介致内务大臣山本达雄等的函电
(1932 年 7 月 18 日)

外发秘第一六八八号

昭和七年七月十八日

发送方:兵库县知事白根竹介致

接收方:内务大臣山本达雄

外务大臣内田康哉

警视厅、神奈川、大阪、京都、冈山、山口各厅府县长官

关于对国际联盟调查团法律顾问杨格予以身边警戒之件

本月 16 日上午 8 时 53 分,国际联盟调查团法律顾问杨格乘京都发往下关的列车,按预定途经管辖范围。接大阪府电话通知后予以留意。上午 10 时 21 分列车到达三宫站,未见任何异常,列车驶往下关通过管辖范围。

本县为适时警戒,特派警察官一名登车随行,列车至冈山后由冈山县接替。

以上特此通报。

资料来源:JACAR(アジア歴史資料センター)Ref. B02030449100(第 117 画像目から)満洲事変(支那兵ノ満鉄柳条溝爆破ニ因ル日、支軍衝突関係)/善後措置関係/国際連盟支那調査員関係　第五巻(外務省外交史料館)

67. 山口县知事冈田周造致内务大臣山本达雄等的函电
(1932 年 7 月 18 日)

特外第五三九五号
昭和七年七月十八日
发送方:山口县知事冈田周造
接收方:内务大臣山本达雄
　　　　外务大臣内田康哉
　　　　指定厅府县长官
　　　　冈山县知事

国际联盟调查团专家赴朝鲜之件

本月 16 日 21 时 40 分,国际联盟调查团专家杨格夫妇乘列车到下关,22 时 30 分乘关釜线赴朝鲜,除与记者一些言谈外没有异常。另,杨格夫妇通过管辖范围之后,由广岛县接替予以身边警卫,由一名便衣警察搭乘保护。以上特此通报。

我们调查团一行结束满洲调查后,为听取日本政府意见再来日本,是 4 个月前就决定的事情,我想日本朝野应该是知道的。但遗憾的是,东京及其他一些地方的报刊误解此来之目的,报道调查团一行或是因有什么要求才来日。

当然,调查团自不必说,只有在国联大会上才能决定事情的是非。

我此次去间岛调查,待抵达朝鲜京城后方能决定日程。关于调查事项以及此前调查的情况不能对外吐露。①

资料来源:JACAR(アジア歴史資料センター)Ref. B02030449100(第118画像目から)満洲事変(支那兵ノ満鉄柳条溝爆破ニ因ル日、支軍衝突関係)/善後措置関係/国際連盟支那調査員関係　第五卷(外務省外交史料館)

68. 兵库县知事白根竹介致内务大臣山本达雄等的函电
(1932 年 7 月 18 日)

外发秘第一六八七号

昭和七年七月十八日

发送方:兵库县知事白根竹介

接收方:内务大臣山本达雄

　　　　外务大臣内田康哉

　　　　警视厅、神奈川、爱知、京都、大阪各长官

关于对国际联盟调查团一行予以近身警卫及提供方便之件

本月 16 日上午 9 时,国际联盟调查团团长李顿伯爵乘"秩父丸"轮船从横滨进入神户港。法国委员克劳德将军、德国委员希尼博士、意大利委员马柯迪伯爵,以及随员、副官等 15 人于 17 日上午 9 时 35 分乘列车从东京进入三宫车站,随即赴神户港登"秩父丸"轮船。正午时分,该船顺利出海,奔赴青岛方向。对国际联盟调查团一行予以近身警卫及提供方便之事,按照警保局长之通牒,一行到达三宫车站后,提供 9 辆汽车,另有正装警察 54 人,便衣警察 68 人负责警戒。船内部署 4 名便衣警察随同前往青岛。

调查团一行在管辖范围的行动情况如下:

一、英国代表李顿伯爵因健康情况在船内休养,未外出。小官及神户市市长、神户海关长以及大阪市市长等人,在"秩父丸"入港之际,登船拜访李顿伯爵,大阪商工会议所会长稻畑胜太郎代表大阪实业团,向李顿伯爵提出"满洲

---

① 编者按:以上两段话是杨格的讲话。

是日本的生命线,更是大阪商人的生命线",请伯爵了解此意。

二、意大利代表马柯迪伯爵,由大阪内外棉花会社董事冈田重太郎作为向导,参观神户市内及须磨。

三、德国代表希尼博士接受德国驻神户领事伊·披肖布(イー·ビショウプ,音译)及驻大阪领事罗德(エッチ·ローデ,音译)拜访,并访问德国驻神户领事馆,顺带游览市内。

四、美国代表麦考益将军拜访三井物产大阪支店长田岛,并由支店长担任向导,游览市内、凑川神社、大仓山公园等。

五、法国代表克劳德将军未外出,亦无访问者。

　　资料来源:JACAR(アジア歴史資料センター)Ref. B02030449100(第119画像目から)満洲事変(支那兵ノ満鉄柳条溝爆破ニ因ル日、支軍衝突関係)/善後措置関係/国際連盟支那調査員関係　第五巻(外務省外交史料館)

69. 川越总领事致内田外务大臣的函电
(1932 年 7 月 19 日)

昭和七年　一六三六三　略　青岛　　　　　七月十九日下午发送
　　　　　　　　　　　　外务省　　　　　七月十九日下午收到

第一二六号

来自吉田

第二六五号

国际联盟调查团在本国停留期间,新闻社拍摄了许多委员行动之照片。希望将其中一些具有纪念意义的照片予以妥善散发。烦请寄送现已到手相当数量之照片。

　　资料来源:JACAR(アジア歴史資料センター)Ref. B02030449100(第122画像目から)満洲事変(支那兵ノ満鉄柳条溝爆破ニ因ル日、支軍衝突関係)/善後措置関係/国際連盟支那調査員関係　第五巻(外務省外交史料館)

70. 田中副领事致内田外务大臣的函电
(1932 年 7 月 19 日)

昭和七年　一六三三六　略　局子街　　　七月十九日下午发送

　　　　　　　　　　　　外务省　　　　　七月十九日下午收到

第四七号

本官发给间岛之电报

第三三号

杨格来间岛之际,"满洲国"的接待应酬方面安排吉林省公署特派王鹤年(调查团来吉林时曾负责接待应酬,具有经验),该人预定今明两天内到达当地。

转发:外务大臣、吉林。

　资料来源:JACAR(アジア歴史資料センター)Ref. B02030449100(第122 画像目から)満洲事変(支那兵ノ満鉄柳条溝爆破ニ因ル日、支軍衝突関係)/善後措置関係/国際連盟支那調査員関係　第五卷(外務省外交史料館)

71. 西田总领事致内田外务大臣的函电
(1932 年 7 月 19 日)

昭和七年　一六三七六　略　济南　　　　七月十九日下午发送

　　　　　　　　　　　　外务省　　　　　七月十九日下午收到

第一八五号

为迎接调查团一行,顾维钧 18 日从北平出发经由本地前往青岛。停车期间,回答中国新闻社记者的提问时称,调查团在日本期间,见识了日本朝野的强硬态度。日本以武力占领东北,丝毫不顾及一般舆论,断然表示绝不放弃。对于此,吾人的态度是,现有领土一尺一寸也不能抛弃,要做严重之准备,讲究方法,必须收回。方法可能有多种,在外交上和军事上,政府有责任予以经济制裁,唤起全国民众最大的民意,敦促对方注意。换言之,即实行抵制日货。在日本 5 月的对华贸易中,东南各省减少 15％,河北反倒增加 26％。日本占领东北后,出现河北日货购买力增强的结果。针对这一点,调查团怀疑中国人对收回东北并未充分注意。全国上下必须一致,当然,商界同胞不能仅顾眼前小利贩卖日货,一旦国家灭亡,生命财产安全则难以保障。重要的是,必须想到救国也是救自己。现在,我们在武力方面不敌诸国。将来,在经济方面经过诸君的努力,加之指导民众的思想,与各国共同促使对方觉悟,中国先谋自身自救,然后才是希求他人的援助。

关于中俄复交问题,眼下正在进行之中,当然需要慎重考虑。关于热河、山海关方面的状况,目前平静。平津方面也没有事情,所有谣言无非是对方想要扰乱我国民人心而已。

转发:由中转发上海。

中、北平、青岛、奉天、天津、南京、汉口、广东。

秘送芝罘。

资料来源:JACAR(アジア歴史資料センター)Ref. B02030449100(第123画像目から)満洲事変(支那兵ノ満鉄柳条溝爆破ニ因ル日、支軍衝突関係)/善後措置関係/国際連盟支那調査員関係 第五巻(外務省外交史料館)

72. 川越总领事致内田外务大臣的函电
(1932 年 7 月 19 日)

昭和七年 一六三六二 暗 青岛 　　　　七月十九日下午发送
　　　　　　　　　　外务省 　　　　七月十九日下午收到

第一二五号

来自吉田

第二六三号

19 日,希尼讲话大要如下:

希尼:依据日本承认的《九国公约》的第七条,有与他国交涉之义务。

本使:这与日本承认该条约没有关系,如果他国对我国有异议,该国可以与我国交涉。我进一步说并没有此种异议,因此我国政府的回答是不承认该条约的适用性。

希尼:这确实是一种看法。《国联盟约》第一条强调确保主权的重要性,德国虽非缔约国,自己也并非有什么伙伴关系。世界舆论是希望这样的,即日本等待国际联盟最后讨论后再承认"满洲国",这也是我想说的。

本使:国际联盟讨论后就可以承认,是阁下的意见?

希尼:不能这样说,但考虑到舆论上多少可以得到一些缓和。日本如果承认"满洲国",中国方面的抵制活动将继续下去,您认为如何?

本使:或者持续,或者停止,或者继续表示不承认亦未可知。对报告书中提出的劝告建设,阁下的意见如何?

希尼:日本如果坚持以上的态度,也并非没有解决方案。

本使:据哈斯曾讲过的那样,调查团征求我方之说明,同时又全盘接受中国方面的诬告。报告书有对日本主张不利之处,我方当然要辩论,这势必会削弱该报告书的价值,这一点务请注意。

希尼:好吧。

转发:中、北平、长春。

资料来源:JACAR(アジア歴史資料センター)Ref. B02030449100(第124画像目から)満洲事変(支那兵ノ満鉄柳条溝爆破ニ因ル日、支軍衝突関係)/善後措置関係/国際連盟支那調査員関係　第五卷(外務省外交史料館)

73. 川越总领事致内田外务大臣的函电
(1932 年 7 月 19 日)

昭和七年　一六三六九　暗　青岛　　　　七月十九日下午发送
　　　　　　　　　　　　外务省　　　　七月十九日下午收到

第一二七号

来自吉田

第二六四号

19 日 13 时,国际联盟调查团一行到达当地码头,顾维钧等人前往迎接,沈鸿烈市长在提督楼主持午餐会。18 时 30 分乘特别列车前往北平。

李顿病状并未全部恢复,尽量不乘汽车。当地本来准备了飞机直接飞往北平,但准备并未妥当,因此调查团一行乘汽车前往济南,从济南乘飞机。

转发:中、北平、济南、天津。

资料来源:JACAR(アジア歴史資料センター)Ref. B02030449100(第126画像目から)満洲事変(支那兵ノ満鉄柳条溝爆破ニ因ル日、支軍衝突関係)/善後措置関係/国際連盟支那調査員関係　第五卷(外務省外交史料館)

74. 鹿岛县知事汤泽三千男致内务大臣山本达雄等的函电
(1932 年 7 月 19 日)

特高秘发第一七一九号

昭和七年其月十九日

发送方:鹿岛县知事汤泽三千男

接收方:内务大臣山本达雄

　　　　外务大臣内田康哉

　　　　指定厅府县长官

　　　　冈山县知事

关于国际联盟调查团前往西边之件

接冈山县电话通知,本月 16 日 14 时 23 分,国际联盟调查团专家杨格乘车通过福山站前往西边,由本县接替予以身边警卫,为此,在麻里布站安排一名便衣警察搭乘该列车,从事警卫工作,一路无异常,之后由山口县接替。特此通报。

资料来源:JACAR(アジア歴史資料センター)Ref. B02030449100(第127 画像目から)満洲事変(支那兵ノ満鉄柳条溝爆破ニ因ル日、支軍衝突関係)/善後措置関係/国際連盟支那調査員関係　第五卷(外務省外交史料館)

75. 矢野参事官致内田外务大臣的函电
(1932 年 7 月 20 日)

昭和七年　一六五一一　暗　北平　　　　　七月二十日下午发送

　　　　　　　　　　　　　外务省　　　　七月二十一日下午收到

第三七七号

来自吉田

第二六九号

16 日,派斯塔柯夫谈话大要如下:

一、(听说调查团返回北平后,会立即提出关于远东现状及日本承认"满洲国"的中间报告。)对这一情况不了解,如果是这样,事件的纷争可能加剧,我认为哈斯是反对关于这种情况的。

二、(听说在最终报告书里,委员们提出了推荐性质的解决方案。)这些情况尚不知晓,如果是这样的话也必须是全体调查团一致。

转发:中、奉天、长春。

资料来源:JACAR(アジア歴史資料センター)Ref. B02030449100(第128画像目から)満洲事変(支那兵ノ満鉄柳条溝爆破ニ因ル日、支軍衝突関係)/善後措置関係/国際連盟支那調査員関係 第五巻(外務省外交史料館)

76. 朝鲜总督府政务总监致有田外务次官的函电
(1932 年 7 月 20 日)

昭和七年　一六四一九　平　京城　　　　　　七月二十日下午发送
　　　　　　　　　　　　　　外务省　　　　　七月二十日下午收到

第五九号

17 日晚,杨格夫妇到达当地。杨格夫人于 19 日 19 时 20 分从当地出发前往大连(途中在奉天停留),杨格于 20 日上午 10 时 15 分从京城出发,奔赴间岛。

资料来源:JACAR(アジア歴史資料センター)Ref. B02030449100(第129画像目から)満洲事変(支那兵ノ満鉄柳条溝爆破ニ因ル日、支軍衝突関係)/善後措置関係/国際連盟支那調査員関係 第五巻(外務省外交史料館)

77. 西田总领事致内田外务大臣的函电
(1932 年 7 月 20 日)

昭和七年　一六四一三　略　济南　　　　　　七月二十日上午发送
　　　　　　　　　　　　　　外务省　　　　　七月二十日下午收到

第一八七号

本月 20 日上午 7 时,国联调查团一行到达当地,李顿卿及法国委员克劳德、顾维钧随即乘飞机前往北平,其他委员乘特别列车于上午 8 时 40 分出发前往北平。

由中转发上海。

转发：中、北平、青岛、天津、南京。

资料来源：JACAR（アジア歴史資料センター）Ref. B02030449100（第129画像目から）満洲事変（支那兵ノ満鉄柳条溝爆破ニ因ル日、支軍衝突関係）/善後措置関係/国際連盟支那調査員関係 第五巻（外務省外交史料館）

78. 冈山县知事致内务大臣山本达雄等的函电
（1932 年 7 月 20 日）

特机第八四二五号

昭和七年七月二十日

发送方：冈山县知事

接收方：内务大臣山本达雄

外务大臣内田康哉

关于对国际联盟调查团法律顾问杨格予以近身警卫之件

本月 16 日上午 8 时 53 分，国际联盟调查团法律顾问杨格夫妇，从京都出发前往下关，途中接兵库县电话，告之注意列车经由管辖范围地区。13 时 16 分，列车到达冈山站，并通过管辖范围向下关进发，期间没有异常。为予以身边警卫之事，部署一名警察官搭乘列车，在福山站交接给广岛县。特此通报。

另通报：警视总监、神奈川、大阪、京都、兵库、广岛、山口各厅府县长官。

资料来源：JACAR（アジア歴史資料センター）Ref. B02030449200（第130画像目から）満洲事変（支那兵ノ満鉄柳条溝爆破ニ因ル日、支軍衝突関係）/善後措置関係/国際連盟支那調査員関係 第五巻（外務省外交史料館）

79. 矢野参事官致内田外务大臣的函电
（1932 年 7 月 21 日）

昭和七年 一六四八八 略 北平 七月二十一日下午发送

外务省 七月二十一日下午收到

第三七四号

来自吉田

第二六六号

20 日 21 时,国联调查团一行到达当地。

今天早上,李顿乘张学良派遣的飞机从济南出发(顾维钧、克劳德、爱斯托、助佛兰同行),上午 11 时到达北平,进入公使馆区德国医院。

转发:中、奉天、长春、南京、青岛、济南、汉口、广东。

秘送天津。

资料来源:JACAR(アジア歴史資料センター)Ref. B02030449200(第 131 画像目から)満洲事変(支那兵ノ満鉄柳条溝爆破ニ因ル日、支軍衝突関係)/善後措置関係/国際連盟支那調査員関係　第五巻(外務省外交史料館)

80. 矢野参事官致内田外务大臣的函电
(1932 年 7 月 21 日)

昭和七年　一六五〇九　暗　北平　　　　七月二十一日下午发送
　　　　　　　　　　　　外务省　　　　七月二十一日下午收到

第三七五号

来自吉田

第二六七号

14 日,马柯迪在日光谈话如下:

一、关于日本承认"满洲国"的问题需要考虑日本国内的情况。

二、国联在讨论调查团报告书后,会听取日本政府的各种意见,再决定是否承认。若必须在国联对此进行讨论之前承认其独立,世界将会反对日本。

三、日本延期承认,与此前在满洲的行动一样,并不受到影响。

四、本件要考虑李顿的面子问题。

五、日本国会如果在 12 月开会,且承认之事尚在犹豫之中,国际联盟的会议已经结束。如果方便,调查团再次访问日本,之后去南京一次,由南京国民政府接待我们。如果日本没有承认"满洲国",调查团可以与南京方面协商。委员们考虑的有两大问题,即九一八事变与抵制问题。前些日子在北平时,汪精卫曾提及宗主权问题,或者还有什么别的办法(用德语小声说"国际监督"[international Control])。但日本如果决意承认,那就没有办法同南京国民政府交涉。

六、如果阁下秘密通知我,日本不久就要承认"满洲国",那我的谈话只是个人见解,我想调查团还是要和中国交涉。

转发:中、长春、奉天、国际联盟。

资料来源:JACAR(アジア歴史資料センター)Ref. B02030449200(第131画像目から)満洲事変(支那兵ノ満鉄柳条溝爆破ニ因ル日、支軍衝突関係)/善後措置関係/国際連盟支那調査員関係　第五巻(外務省外交史料館)

81. 矢野参事官致内田外务大臣的函电
(1932年7月21日)

昭和七年　一六五〇八　暗　北平	七月二十一日下午发送
外务省	七月二十一日下午收到

第三七六号

来自吉田

第二六八号

14日,克劳德的谈话如下:

一、鉴于与内田外务大臣第一次会见之际的明确态度,昨天在调查团内部协议会上,决定今天不再明确提及条约等其他问题,但要提出苏联问题,日苏之间没有争议的观点是错误的。

二、本人已经给法国政府拍发电报,告之日本政府决意承认"满洲国"。

三、承认问题提交到国际联盟不太合适,因为麦考益认为解决满洲问题必须考虑苏联的利益,在上海曾对李亚提及,当时本使在场。

转发:中、奉天。

资料来源:JACAR(アジア歴史資料センター)Ref. B02030449200(第133画像目から)満洲事変(支那兵ノ満鉄柳条溝爆破ニ因ル日、支軍衝突関係)/善後措置関係/国際連盟支那調査員関係　第五巻(外務省外交史料館)

82. 矢野参事官致内田外务大臣的函电
（1932 年 7 月 21 日）

昭和七年　一六五一二　暗　北平　　　　七月二十一日下午发送

　　　　　　　　　　　　外务省　　　七月二十二日上午收到

第三七八号之一（极秘）

来自吉田

第二七〇号之一

19 日，麦考益谈话如下：

麦考益：世间并不了解关于满洲问题的事实，如果可以了解就好了。可是日本的独断处置，说明日本原本就要这样去做，世间则难以服从。时间可以弥合很多事情（Time can heal many things）①，日本应该晚些时日承认。调查团认为日本控制了战略性铁路（strategic railway）。

本使：该铁路指的是？

麦考益：吉敦线。如同日本的荒木陆相、芳泽外相以及早年的田中大将都讲过，现在继续这一满洲政策，同苏联的战争难以避免。中国与苏联结盟是最危险之事。

本使：日本必须左右军事战略方面的铁路，苏联不可能挑战日本，所以危险是不存在的。

麦考益：在锦州时西义一师团长曾配合地图向我讲解义勇军的活动情况，我担忧日本对于这种情况不能够容忍下去。（待续）

资料来源：JACAR（アジア歴史資料センター）Ref. B02030449200（第134 画像目から）満洲事変（支那兵ノ満鉄柳条溝爆破ニ因ル日、支軍衝突関係）/善後措置関係/国際連盟支那調査員関係　第五巻（外務省外交史料館）

---

① 编者按：原文为英文，下同。

83. 矢野参事官致内田外务大臣的函电
(1932 年 7 月 21 日)

昭和七年　一六一四　暗　北平　　　　七月二十一日下午发送
　　　　　　　　　　　外务省　　　　七月二十二日上午收到

第三七八号之二(极秘)

德国在阿尔萨斯—洛林实施善政,比邻的法国却经常指使当地人民与法国结合,在陶林其诺(トレンチノ,音译)也是这样。不论日本在"关东州"实施多么出色的政治,在那里的中国人是希望归属于中国的支配之下。由于"满洲国"的独立,当地人民希望与中华民国结合的麻烦就不会断绝。

依据《九国公约》,日本有与其他缔约国协商的义务(本使对此予以辩驳)。另外,麦考益指出美国出兵古巴、墨西哥是根据该国的要求,巴拿马对此予以质疑。日本驻屯铁道守备队是基于条约上的权利。铁道附属地的范围与巴拿马运河的范围不同,在治安维持方面也有很大差别。麦考益苦笑称,日本不该缔结在满铁附属地两侧扩张 5 里的条约。麦考益又说明,日本指责中国片面解释日中条约不合乎道理,而对《九国公约》的解释是日本一个国家难以决定的。

转发:驻华公使、南京、奉天、长春、国际联盟。

资料来源:JACAR(アジア歴史資料センター)Ref. B02030449200(第135 画像目から)満洲事変(支那兵ノ満鉄柳条溝爆破ニ因ル日、支軍衝突関係)/善後措置関係/国際連盟支那調査員関係　第五巻(外務省外交史料館)

84. 矢野参事官致内田外务大臣的函电
(1932 年 7 月 21 日)

昭和七年　一六一〇　暗　北平　　　　七月二十一日下午发送
　　　　　　　　　　　外务省　　　　七月二十一日下午收到

第三七九号(极秘)

来自吉田

第二七一号

关于往电第二〇八?[①] 号

19 日，派斯塔柯夫谈话如下：

个人见解是调查团（一）无权解释《九国公约》；（二）无权提出推荐方案。应该由国际联盟获得其报告后进行研究。

转发：中、奉天、长春。

资料来源：JACAR（アジア歴史資料センター）Ref. B02030449200（第136 画像目から）満洲事変（支那兵ノ満鉄柳条溝爆破ニ因ル日、支軍衝突関係）/善後措置関係/国際連盟支那調査員関係　第五卷（外務省外交史料館）

85. 矢野参事官致内田外务大臣的函电
（1932 年 7 月 21 日）

昭和七年　一六五一三　暗　北平　　　　七月二十一日下午发送

　　　　　　　　　　　　　外务省　　七月二十二日上午收到

第三八〇号（极秘）

来自吉田

第二七二号

21 日，与开脱盎葛林诺（Kat Angelino，アンズエリノ）的谈话如下：

一、满洲最紧要的是维持治安，现在以日本的兵力难以迅速平定义勇军和"匪贼"，善良的公民甚至指责"满洲国"，向往张学良时期的恶政，军费开支巨大，为此需要以重兵迅速镇压。

二、南京国民政府实施革命外交，1927 年对英国、1929 年对苏联的行动，以及去年的九一八事变，均是南京国民政府的责任，报告书中应该反映。但是最近数十年来，外国强制中国开放门户，获取各种特权，触怒了中国人，如此说并不过分。

三、中国如果失去满洲，为了复仇，与苏联携手，共产党势力介入，将对世界和平造成极大危险。对此，本使表示："共匪"问题对于中国来讲，比九一八事变还要重大。直到今天，日本对中国予以物资上的援助，日本在中国对外借款方面的占额最多。将来，日本对中国本部的援助要思量再三。假如满洲问

---

① 编者按：问号为原文。

题全然如同中国希望的那样解决,"共匪"的威胁会迫在眉睫,除时间速度上有别外,其他完全一致。对方表示认可。

转发:中、南京、奉天、长春。

资料来源:JACAR(アジア歴史資料センター)Ref. B02030449200(第136 画像目から)満洲事変(支那兵ノ満鉄柳条溝爆破ニ因ル日、支軍衝突関係)/善後措置関係/国際連盟支那調査員関係　第五巻(外務省外交史料館)

86. 矢野参事官致内田外务大臣的函电
(1932 年 7 月 22 日)

昭和七年　一六五七四　暗　北平　　　　七月二十二日下午发送

外务省　　　七月二十二日下午收到

第三八二号

来自吉田

第二七四号

阁下夫妇赠送调查团的礼物已经收到,其中遗漏的有希爱姆、开脱盎葛林诺等专家委员。为表示我方好意,对来访的各位有所区别是不合适的。除希爱姆(已回加拿大)、开脱盎葛林诺夫妇外,还有彭道夫门(Ben Dorfman,ドルフマン)、波古罗夫斯基(Pokrowski,ボグロフスキー)、特拉(Taylor,テイラー)、达伊比斯特(タイビスト,音译)、罗帕茨(David Roberts)、梅纳德、诺克斯女士、拉贝尔皮斯(Laberbis,ラベルビス)女士等,对他们以什么名义赠送什么样纪念品为好?

资料来源:JACAR(アジア歴史資料センター)Ref. B02030449200(第138 画像目から)満洲事変(支那兵ノ満鉄柳条溝爆破ニ因ル日、支軍衝突関係)/善後措置関係/国際連盟支那調査員関係　第五巻(外務省外交史料館)

87. 矢野参事官致内田外务大臣的函电
（1932 年 7 月 22 日）

昭和七年　一六五八一　暗　北平　　　　　七月二十二日下午发送
　　　　　　　　　　　　外务省　　　　　七月二十二日下午收到

第三八三号（极秘）

来自吉田

第二七五号

21 日，南京国民政府当局谈话内容如下：

一、政府委派顾维钧陪同调查团赴日内瓦，又任命顾为驻法国公使。政府害怕会产生对调查团不够重视的误解，目前还在商议中。

二、汪精卫关于日中问题解决的方案好像并未成型。

三、关于外交总长一职，蒋介石推荐顾维钧，汪精卫希望国民党员郭泰祺担任，因此无所适从，仍由罗文干兼任总长。

四、关于俄中关系，南京国民政府中极左派人物提议两国同盟，汪精卫不赞成，希望同俄方缔结不侵略条约。中国希望恢复外交关系，但对不承认"满洲国"没有任何提议。

五、政府尚未考虑以强力将张学良从北平驱出，如果张离开北平，汪精卫希望阎锡山接任。蒋视阎为敌人关系，不喜欢阎，希望韩复榘出任。

六、蒋介石身染微毒，深入骨内，时时闹头痛病，甚至到了特意从上海请医生的地步，健康状况不佳。

转发：中、奉天、南京、济南、长春。

资料来源：JACAR（アジア歴史資料センター）Ref. B02030449200（第139 画像目から）満洲事変（支那兵ノ満鉄柳条溝爆破ニ因ル日、支軍衝突関係）/善後措置関係/国際連盟支那調査員関係　第五巻（外務省外交史料館）

88. 冈田总领事致内田外务大臣的函电
(1932 年 7 月 22 日)

昭和七年　一六五六二　平　间岛　　　七月二十二日下午发送
　　　　　　　　　　外务省　　　七月二十二日下午收到

第四三八号

21 日晚,杨格到达当地,出发日期变更,原来预计停留三日。现改为明天23 日早乘飞机经由长春(从长春乘汽车)前往大连。

转发:吉林、奉天、朝鲜总督、关东长官。

资料来源:JACAR(アジア歴史資料センター)Ref. B02030449200(第140 画像目から)満洲事変(支那兵ノ満鉄柳条溝爆破ニ因ル日、支軍衝突関係)/善後措置関係/国際連盟支那調査員関係　第五巻(外務省外交史料館)

89. 内田外务大臣致北平矢野参事官的函电
(1932 年 7 月 22 日)

电报传送第 14089 号

昭和七年七月二十二日

第一五〇号

向国际联盟调查团提交外务大臣谈话之件

致吉田大使

另一封电文第一五一号是本大臣谈话大要,另一封电文第一五二号附封面,请贵馆交付国际联盟调查团(另以小册子邮送)……①

转发:日内瓦、美、中、奉天。

由日内瓦转发除土耳其外驻欧各大使。

由中转发南京。

奉天转发长春。

---

① 编者按:以下涂改,字迹不清。

资料来源：JACAR（アジア歴史資料センター）Ref. B02030449200（第143画像目から）満洲事変（支那兵ノ満鉄柳条溝爆破ニ因ル日、支軍衝突関係）/善後措置関係/国際連盟支那調査員関係　第五卷（外務省外交史料館）

90. 田代领事致内田外务大臣的函电
（1932 年 7 月 23 日）

昭和七年　一六六四二　暗　长春　　　　七月二十三日下午发送
　　　　　　　　　　　外务省　　　　七月二十三日下午收到

第四二七号

23 日下午，杨格博士从间岛乘飞机到达当地，16 时 30 分乘汽车前往大连。25 日乘"长平号"船赴天津，再赴北平。

转发：中、北平、天津、关东长官。

　资料来源：JACAR（アジア歴史資料センター）Ref. B02030449200（第161画像目から）満洲事変（支那兵ノ満鉄柳条溝爆破ニ因ル日、支軍衝突関係）/善後措置関係/国際連盟支那調査員関係　第五卷（外務省外交史料館）

91. 石射总领事致内田外务大臣的函电
（1932 年 7 月 23 日）

昭和七年　一六六四一　平　吉林　　　　七月二十三日下午发送
　　　　　　　　　　　外务省　　　　七月二十三日下午收到

第三四四号

关于间岛致阁下之第四三八号电

23 日正午，杨格乘飞机经过该地前往长春。

转发：奉天、长春、间岛、朝鲜总督、关东长官。

　资料来源：JACAR（アジア歴史資料センター）Ref. B02030449200（第161画像目から）満洲事変（支那兵ノ満鉄柳条溝爆破ニ因ル日、支軍衝突関係）/善後措置関係/国際連盟支那調査員関係　第五卷（外務省外交史料館）

92. 冈田总领事致内田外务大臣
(1932 年 7 月 23 日)

昭和七年　一六六三二　平　间岛　　　　七月二十三日下午发送
　　　　　　　　　　　　外务省　　　　七月二十三日下午收到

第四四〇号

关于往电第四三八号

今早 11 时半?①,杨格与小田翻译官同乘飞机从当地出发前往长春。

转发:奉天、吉林、长春、朝鲜总督、关东长官。

资料来源:JACAR(アジア歴史資料センター)Ref. B02030449200(第162 画像目から)満洲事変(支那兵ノ満鉄柳条溝爆破ニ因ル日、支軍衝突関係)/善後措置関係/国際連盟支那調査員関係　第五巻(外務省外交史料館)

93. 内田外务大臣致北平矢野参事官的函电
(1932 年 7 月 23 日)

电报传送第 14193 号

昭和七年七月二十三日

第一五七号

致吉田大使

14 日,本大臣与国联调查团谈之际,说明关于"满洲国"聘用现役军人问题时做出适当保留,本件作为本大臣之回答,如第一五八号电,望传达给调查团。

转发:中、奉天、日内瓦、美国。

由中转发南京,奉天转发长春、日内瓦转发除土耳其外驻欧各大使。

资料来源:JACAR(アジア歴史資料センター)Ref. B02030449200(第169 画像目から)満洲事変(支那兵ノ満鉄柳条溝爆破ニ因ル日、支軍衝突関係)/善後措置関係/国際連盟支那調査員関係　第五巻(外務省外交史料館)

---

①　编者按:问号为原文。

94. 矢野参事官致内田外务大臣的函电
（1932 年 7 月 25 日）

昭和七年　一六七五〇　暗　北平　　　　　七月二十五日下午发送
　　　　　　　　　　　　　　外务省　　　七月二十五日下午收到

第四九二号

来自吉田

第二八〇号

25 日，派斯塔柯夫谈话内容如下：

一、8 月 31 日德国议会选举，四周后就开会，因会议及会议后有事需要处理，德国议会工作很忙。我想国联大会将在 9 月 26 日开会。

二、在最终报告书完成之前，日本如果承认"满洲国"，还需要中间报告。不承认的话，也就不会发生此事了。

三、报告书标准纸 100 页，此报告书决定大体 200 页（附录除外）。

四、报告书完成估计在九月初。

转发：中、南京、奉天、长春、国际联盟。

资料来源：JACAR（アジア歴史資料センター）Ref. B02030449200（第 162 画像目から）満洲事変（支那兵ノ満鉄柳条溝爆破ニ因ル日、支軍衝突関係）/善後措置関係/国際連盟支那調査員関係　第五卷（外務省外交史料館）

95. 村井总领事致内田外务大臣的函电
（1932 年 7 月 25 日）

昭和七年　一六七一六　暗　上海　　　　　七月二十五日下午发送
　　　　　　　　　　　　　　外务省　　　七月二十五日下午收到

第八六七号

国际联盟调查团制成的法文版会见录中，有关于福岛原市参事会员的内容，该人已转任三井总公司，请依 7 月 8 日附文要求订正后寄送，望以直接照会方式处理。吉田大使最迟于 8 月 5 日前到达北平，如回复方来电，福岛未有回答，望火速订正并发送给该大使。

转发：北平。

资料来源：JACAR(アジア歴史資料センター)Ref. B02030449200(第163画像目から)満洲事変(支那兵ノ満鉄柳条溝爆破ニ因ル日、支軍衝突関係)/善後措置関係/国際連盟支那調査員関係　第五巻(外務省外交史料館)

96. 山冈长官致内田外务大臣的函电
(1932 年 7 月 25 日)

昭和七年　一六七二九　暗　关东厅　　　七月二十五日下午发送
　　　　　　　　　　　　　外务省　　　七月二十五日下午收到

第七四号

24 日早，杨格来大连，25 日乘"长平丸"轮船前往安东。

转发：中、北平、天津。

资料来源：JACAR(アジア歴史資料センター)Ref. B02030449200(第164画像目から)満洲事変(支那兵ノ満鉄柳条溝爆破ニ因ル日、支軍衝突関係)/善後措置関係/国際連盟支那調査員関係　第五巻(外務省外交史料館)

97. 朝鲜军参谋长致参谋次长的函电
(1932 年 7 月 25 日)

昭和七年七月二十五日

(秘)陆同文[①]

朝参报第五二七号

总督府翻译官在与杨格同行期间，对其进行观察，并有谈话情况如下：

一、非常同情顾维钧和张学良，总之，有关满洲问题的解释对他们有利。

二、极其反对"满洲国"，这是日本的傀儡，是一个怪胎。

三、日本的满洲政策非常坚决，很是棘手，甚至内田外相、新渡户博士这样

---

①　编者按："陆同文"为日文原文，指朝鲜军参谋长致参谋次长的同时，也发给陆军省同一电报。日本陆军省掌管军政，参谋本部负责军令，此电文在呈报参谋本部的同时，也呈报给陆军省，"陆同文"应为略语。下同。

的聪明人都如此决心，实在遗憾之至。

四、朝鲜人是没有自制能力的国民，让朝鲜人移住满洲，徒增"日满"两国之间的麻烦问题，没有任何好处。

五、让日本人移住满洲，鉴于日本人的国民性，失败是明显的，徒耗费金钱。

六、日本以武力夺取满洲，将来满洲人，尤其是从中国本土移入的中国人把握经济势力是明显的，今天的满洲附属地也是同样。

七、"满洲国"限制从中国本土移民是最大的错误，因为他们才是满洲地方发达的要素。

资料来源：JACAR（アジア歴史資料センター）Ref. B02030449200（第165 画像目から）満洲事変（支那兵ノ満鉄柳条溝爆破ニ因ル日、支軍衝突関係）/善後措置関係/国際連盟支那調査員関係　第五卷（外務省外交史料館）

98. 内田外务大臣致北平矢野参事官的函电
（1932 年 7 月 25 日）

电报传送第 14237 号

昭和七年七月二十五日

王正廷关于驻东北日本军的不负责任言论之件

第一五九号

谷局长致吉田大使

据阁下报，关于王正廷信口开河说要以实力驱除驻东北日本军之件，按去年 2 月杭州发给本大臣之第 2 号电、本大臣发给驻华公使第 45 号电，以及发给南京驻华公使第 66、68、80 号电，2 月 5 日杭州发给本大臣附函机密第 30 号（当时，是否转发或者抄送北平）之内容，望予以查明。

资料来源：JACAR（アジア歴史資料センター）Ref. B02030449300（第174 画像目から）満洲事変（支那兵ノ満鉄柳条溝爆破ニ因ル日、支軍衝突関係）/善後措置関係/国際連盟支那調査員関係　第五卷（外務省外交史料館）

99. 内田外务大臣致北平矢野参事官的函电
（1932 年 7 月 26 日）

昭和七月二十六日

第一六四号

关于"满洲国"疆域之件

14 日，与国际联盟调查团会见之际，基于调查团委员们的希望，询问"满洲国"疆域的领土问题，该"国"领域南边以长城为界，所属蒙古盟旗包括呼伦贝尔、哲里木、昭乌达、卓索图各盟及附属各旗（以上各盟在"新国家"成立当时包括在东北四省之内，"新国家"成立同时在边境地带新建了兴安省）。以上回答，望通告国际联盟调查团。

此外，传达给渡大佐。

以上，已与陆军方面商议。

资料来源：JACAR（アジア歴史資料センター）Ref. B02030449300（第175 画像目から）満洲事変（支那兵ノ満鉄柳条溝爆破ニ因ル日、支軍衝突関係）/善後措置関係/国際連盟支那調査員関係　第五巻（外務省外交史料館）

100. 吉田伊三郎致外务省条约局第三课长
佐藤庄四郎的函电
（1932 年 7 月 26 日）

号外

昭和七年七月二十六日

关于转交李顿卿书信之件

呈上国际联盟调查团团长李顿卿致松冈洋右及安田（经前外相芳泽介绍，向各委员及秘书长赠送自画像之人）的两封书信，受委托方嘱托，望转呈为盼。

资料来源：JACAR（アジア歴史資料センター）Ref. B02030449300（第177 画像目から）満洲事変（支那兵ノ満鉄柳条溝爆破ニ因ル日、支軍衝突関

係)/善後措置関係/国際連盟支那調査員関係　第五卷(外務省外交史料館)

101. 日本朝鲜军参谋长致参谋次长的函电
(1932 年 7 月 26 日)

陆同文(秘)　昭和七年七月二十六日

朝参报第五三三号

22 日上午,杨格在间岛与驻间岛总领事会见,针对日本对间岛朝鲜人的政策、朝鲜人对日本官宪的态度、间岛将来特殊地域的考虑、朝鲜人依据《间岛条约》对土地所有权的解释、朝鲜人土地占有面积等问题提出质问。对此,总领事列举历史事实及统计数字予以说明。下午,朝鲜人代表进行陈情说明,杨格为调查需要对被害者进行了拍照。

另外,该人变更了行程,未去局子街与中国方面及派遣队会见。23 日上午 11 时从龙井乘机飞往长春。

资料来源:JACAR(アジア歴史資料センター)Ref. B02030449300(第178 画像目から)満洲事変(支那兵ノ満鉄柳条溝爆破ニ因ル日、支軍衝突関係)/善後措置関係/国際連盟支那調査員関係　第五卷(外務省外交史料館)

102. 上海公使馆致电参谋次长的函电
(1932 年 7 月 26 日)

陆同文(秘)　昭和七年七月二十六日

中第四五五号(其一二)

夏希峰之通报

一、汪精卫、蒋介石、罗文干联名发出问候李顿病情电报,据顾维钧电告,李顿病情基本痊愈,近日出院赴北戴河,报告书可在 8 月末完成。

二、据北平电,24 日,韩复榘、石友三、吴佩孚、商震等人拜访张学良,张学良称患感冒,未会见。24 日,徐永昌从太原赴北平,杨爱源中止赴北平。

三、24 日,张学良顾问端纳(William Henry Donald)乘飞机来沪,与宋子文讨论热河问题发生后的财政问题。结果是宋子文近日将与罗文干北上。

转发:北平、天津、济南、奉天、汉口、南京。

资料来源：JACAR（アジア歴史資料センター）Ref. B02030449300（第179画像目から）満洲事変（支那兵ノ満鉄柳条溝爆破ニ因ル日、支軍衝突関係）/善後措置関係/国際連盟支那調査員関係 第五巻（外務省外交史料館）

103. 出渊大使致电内田外务大臣的函电
（1932 年 7 月 27 日）

昭和七年 一六九二四 平 华盛顿 二十七日下午发送
外务省 七月二十八日上午收到

第三四〇号

26 日，日内瓦发给《纽约时报》及《斯特雷特》（ストレイト，音译）的特别信函记录：

一、当地消息，预测李顿调查团在报告书中可能宣布以下内容：

1. 日本在满洲树立傀儡政权。

2. 日本至少侵犯了《九国公约》。

3. 承认满洲之无秩序，但不认可日本政府采取的大规模行动。

二、该调查团对事件解决方案尝试了各种交涉，日本政府全部拒绝，因此提出报告书没有理由延迟到 9 月中旬。另外，国际联盟希望全体委员参加审议调查团报告书的国际联盟会议。

三、审议调查团报告书之际，可以想见日本与国际联盟之间会发生困难的事态，日本可能轻易地考虑退出国际联盟。眼下，给予国际联盟的印象是，日本可能正在研究阿根廷退出国际联盟之例。

四、但是，鉴于有可能丧失委托统治的地域和常任理事国地位之虞，日本若退出国际联盟必须做好充分的考虑。

转发：国际联盟。

资料来源：JACAR（アジア歴史資料センター）Ref. B02030449300（第180画像目から）満洲事変（支那兵ノ満鉄柳条溝爆破ニ因ル日、支軍衝突関係）/善後措置関係/国際連盟支那調査員関係 第五巻（外務省外交史料館）

104. 川岛公使致内田外务大臣的函电
（1932 年 7 月 28 日）

昭和七年　一七〇四四　平　雅典　　　　　七月二十八日下午发送

外务省　　　　　　七月三十日上午收到

第五四号

据日内瓦当地新闻电讯，国际联盟调查团报告书的内容对日本不利，包括日本违反《九国公约》、"满洲国"的成立系日本所为、日本在满洲采取的措施超出了程度等。对此，布罗伊（ブロイ，音译）认为，在讨论报告书之际，日本将与国际联盟产生争执，或许可能退出国际联盟。在下一次国际联盟理事会及 9 月的国联大会上，日本违反《国联盟约》之行为或使理事会态度变得恼怒，难免遭受攻击。

资料来源：JACAR（アジア歴史資料センター）Ref. B02030449300（第 181 画像目から）満洲事変（支那兵ノ満鉄柳条溝爆破二因ル日、支軍衝突関係）/善後措置関係/国際連盟支那調査員関係　第五巻（外務省外交史料館）

105. 矢野参事官致内田外务大臣的函电
（1932 年 7 月 28 日）

昭和七年　一六九六四　略　北平　　　　　七月二十八日下午发送

外务省　　　　　　七月二十八日下午收到

第三九五号

来自吉田第二八一号

关于致北平之贵电第一五〇号

27 日，已经寄给李顿卿。

资料来源：JACAR（アジア歴史資料センター）Ref. B02030449300（第 181 画像目から）満洲事変（支那兵ノ満鉄柳条溝爆破二因ル日、支軍衝突関係）/善後措置関係/国際連盟支那調査員関係　第五巻（外務省外交史料館）

106. 内田外务大臣致北平矢野参事官的函电
（1932 年 7 月 29 日）

昭和七年七月二十九日

第一七〇号

中国方面关于满洲改善行政之声明

谷局长致吉田大使

据此前报告，中国方面关于满洲改善行政之声明在本年 1 月 14 日于当地发表。根据日清会议录约束事项之一（第十项），关于该声明的复杂情况涉及对会议录第一号附属书第一号、第二号前半部及第十二条前半部。

关于以上情况，本省已做成参考书，待邮送之。

资料来源：JACAR（アジア歴史資料センター）Ref. B02030449300（第182 画像目から）満洲事変（支那兵ノ満鉄柳条溝爆破ニ因ル日、支軍衝突関係）/善後措置関係/国際連盟支那調査員関係　第五巻（外務省外交史料館）

107. 内田外务大臣致北平日本公使馆吉田大使的函电
（1932 年 7 月 30 日）

昭和七年七月三十日

普通第一〇二号

发送国际联盟调查团一行照片之件

贵电要求将国际联盟调查团一行在本国滞留期间所拍照片全部发送，计有：

一、到达东京车站

二、秩父宫家大门前

三、访问陆相

四、访问外相

五、箱根芙蓉阁

六、箱根芦湖之上

七、日光阳明门前

八、日光华严瀑布前

资料来源：JACAR（アジア歴史資料センター）Ref. B02030449300（第183画像目から）満洲事変（支那兵ノ満鉄柳条溝爆破ニ因ル日、支軍衝突関係）/善後措置関係/国際連盟支那調査員関係　第五卷（外務省外交史料館）

108. 北平盐崎书记官致国际联盟调查团
外务省准备委员会喜多事务官的函电
（1932 年 7 月 31 日）

昭和七年七月三十一日

拜启，酷暑之际谨祝清祥。另附满铁调查之《从国际问题看附属地自治问题》，已从满铁借阅，特此寄送复印件两份，敬具。

资料来源：JACAR（アジア歴史資料センター）Ref. B02030449600（第305画像目から）満洲事変（支那兵ノ満鉄柳条溝爆破ニ因ル日、支軍衝突関係）/善後措置関係/国際連盟支那調査員関係　第五卷（外務省外交史料館）

109. 矢野参事官致内田外务大臣的函电
（1932 年 7 月 31 日）

昭和七年　一七一四六　略　北平　　　七月三十一日下午发送

外务省　　　七月三十一日下午收到

第三九八号

来自吉田

第二八二号

国际联盟调查团要求以下统计数字，望迅速做成回电：

（一）日本本土大豆、豆饼的生产量、消费量及输出量。

（二）日本本土及朝鲜的粟之生产量、消费量，以及由满洲输入日本本土及朝鲜的数量。

（三）满洲输入日本本土的高粱数量。

以上统计限于 1927 年到最近年度的数量，计量单位以吨标示。

资料来源：JACAR(アジア歴史資料センター)Ref. B02030449300(第184画像目から)満洲事変(支那兵ノ満鉄柳条溝爆破二因ル日、支軍衝突関係)/善後措置関係/国際連盟支那調査員関係　第五巻(外務省外交史料館)

110. 国际联盟调查团停留东京期间日志
(1932 年 7 月)

7 月 4 日(周一)

上午 8 时,从下关乘特别列车到达东京,入住帝国宾馆(李顿卿入住英国大使馆)。

15 时 30 分,前往皇宫,拜会天皇,然后去大宫御所,拜会秩父宫亲王。

李顿因病在英国大使馆卧床休息。

7 月 5 日(周二)

18 时 30 分,全体随员出席永井大使在筑地常磐召开的招待会。

7 月 6 日(周三)

14 时 30 分,前往斋藤总理大臣官邸拜访。

16 时 30 分,总理大臣赴帝国宾馆回访,与哈斯会谈。

18 时 30 分,哈斯夫妇及杨格夫妇出席永井大使在红叶馆举办的招待会。

21 时,马柯迪伯爵及麦考益夫妇参观新歌舞伎座。

7 月 7 日(周四)

上午 11 时,四国委员(除李顿卿)及哈斯书记长前往外务省,拜会内田外相。

15 时,马柯迪及希尼博士参观歌舞伎座。

19 时 20 分,调查团(除李顿外)及随员前往赤坂离宫,出席秩父宫亲王举办的晚餐会。

7 月 8 日(周五)

上午 11 时,调查团前往警视厅,参观柔道、剑道对抗。

7 月 9 日(周六)

上午 10 时,调查团赴陆军大臣官邸拜会荒木陆军大臣(李顿缺席)。

15 时 30 分,调查团及随员从东京站乘列车前往箱根,入住宫下富士屋宾馆。

7月10日(周日)

上午 10 时离开富士屋宾馆,经长尾峠到达湖尻,乘索道横跨芦湖到达箱根,在箱根宾馆就餐后,到湖边钓鱼,16 时左右返回富士屋宾馆。

7月11日(周一)

上午,进行高尔夫、网球、游泳等活动,19 时 8 分返京。

7月12日(周二)

克劳德将军出席闲院宫殿下(兼任日法协会总裁)的招待午餐。

15 时,在外务省会晤内田外务大臣(李顿缺席)。

7月13日(周三)

麦考益夫妇出席闲院宫殿下(兼任日本红十字社总裁)的招待午餐。

7月14日(周四)

上午 10 时 30 分,内田外相在外务省会见李顿等各委员。

14 时 30 分,调查团及随员从上野乘列车前往日光游览(李顿缺席)。

13 时,克劳德将军乘东武电车前往日光,当日返回。

19 时 10 分,希尼博士从上野乘列车前往日光。

入住金谷宾馆(一宿)。

7月15日(周五)

上午 9 时离开宾馆,游览东照宫、华严瀑布,经中禅寺湖畔至战场之原遗址,在龙头瀑布附近钓鱼。16 时 20 分乘日光发的列车返回东京。

李顿卿中午从横滨乘船前往青岛。

7月16日(周六)

21 时 25 分,调查团及随员离京,从东京乘列车前往神户。

7月17日(周日)

上午 8 时 30 分,到达三宫,随即搭乘"秩父丸"轮船,中午时分驶往青岛。

资料来源:JACAR(アジア歴史資料センター)Ref. B02030449500(第 247 画像目から)満洲事変(支那兵ノ満鉄柳条溝爆破ニ因ル日、支軍衝突関係)/善後措置関係/国際連盟支那調査員関係　第五卷(外務省外交史料館)

111. 国际联盟调查团接待费用收支书
(1932 年 7 月)

一、收入　1 500 元

一、支出　1 142.43 元

余额：357.57 元

外务省事务官石川实

外务大臣官房会计课

具体内容如下：

一、下关迎接费用　272.46 元

包括：

山阳宾馆费用　25.40 元

山阳宾馆小费　3.00 元

特别列车食堂小费　40.00 元

特别列车乘务员小费　30.00 元

下关车站搬运工人费用　15.00 元

下关英、日文报刊费用　4.60 元

特别列车接待用雪茄香烟费用　120.00 元

特别列车食堂菜单用纸及印刷费　18.06 元

下关汽车费用　1.40 元

东京站搬运工人费用　5.00 元

帝国宾馆搬运费用　10.00 元

二、在东京的费用　315.88 元

包括：

杨格与哈斯两夫妇离开时东京站搬运费用　2.10 元

爱斯托名片费用　2.70 元

歌舞伎座门票(白天一等座 9 张)　22.50 元

歌舞伎座门票(夜间一等座 10 张)　33.00 元

歌舞伎座门票(一等 5 张)　10.00 元

随员招待宴会(赤坂春都)　32.60 元

随员招待宴会(筑地山喜费用)　86.00元

随员招待宴会(福井楼)　112.48元

活动照片材料　2.20元

活动照片用品(游览箱根时在富士屋宾馆的摄影)　12.30元

三、在箱根的费用　29.11元

包括:

东京站搬运工人费用　5.00元

列车内茶费及小费　2.50元

长尾峠茶费及小费　4.50元

富士屋宾馆搬运小费　3.50元

东京站搬运工人费用(回程)　5.00元

情报部摄影师箱根随行费用　8.61元

四、日光费用　237.09元

包括:

东武电车增挂特别列车费用(至日光)　130.00元

列车内茶费(回程)小费(50钱)　2.18元

龙头茶馆及用人小费　12.00元

金谷宾馆搬运游艇用人小费　3.00元

内胁事务官费用(陪伴克劳德将军)　23.15元

华严瀑布照片费用(13张)　7.50元

上野车站搬运工人费用　2.50元

宇都宫车站搬运工人费用　2.00元

日光站搬运工人(希尼博士一行)费用　1.00元

华严瀑布索道费用(每人40钱,15人)　6.00元

日光站搬运工人(回程)费用　2.00元

金谷宾馆雇员小费　1.50元

上野车站搬运工人费用　2.00元

希尼博士一行列车内伙食费及小费(特别料理)　27.26元

东照宫参观门票(15人)　15.00元

五、神户送别之际费用　134.43元

包括:

帝国宾馆雇员小费　20.00 元

列车特别食堂费用　80.63 元

列车特别食堂小费　8.00 元

从三宫车站到"秩父丸"轮船行李搬运费用　23.10 元

神户出租车费用　2.70 元

六、送别李顿去横滨费用　13.85 元

包括:

爱斯托、卡尔利二人午餐招待费(横滨宾馆)　11.15 元

爱斯托、卡尔利二人午餐招待小费　1.50 元

从横滨打给东京英国大使馆电话费用　0.20 元

在横滨的汽车费用　1.00 元

七、接待员旅途补助(箱根之行)　39.61 元

姓名	每日费用及宿费	实际消费额	补助额
鹤见事务官	28.90 元	35.40 元	6.50 元
真木事务官	28.90 元	34.15 元	5.25 元
吉冈事务官	28.90 元	39.51 元	10.61 元
后藤顾问(情报部)	11.05 元	28.30 元	17.25 元

八、观光所谢礼　100.00 元

资料来源:JACAR(アジア歴史資料センター)Ref. B02030449500(第250 画像目から)満洲事変(支那兵ノ満鉄柳条溝爆破ニ因ル日、支軍衝突関係)/善後措置関係/国際連盟支那調査員関係　第五巻(外務省外交史料館)

112. 矢野参事官致内田外务大臣的函电
(1932 年 8 月 1 日)

昭和七年　一七二〇七　平　北平　　　　　八月一日下午发送

　　　　　　　　　　　外务省　　　　　　八月一日下午收到

第四〇一号

来自吉田第二八三号

1 日,顾问丕平抵达北平。

资料来源:JACAR(アジア歴史資料センター)Ref. B02030449300(第

185 画像目から)満洲事変(支那兵ノ満鉄柳条溝爆破ニ因ル日、支軍衝突関
係)/善後措置関係/国際連盟支那調査員関係　第五卷(外務省外交史料館)

113. 内田外务大臣致北平矢野参事官的函电
(1932 年 8 月 1 日)

昭和七年八月一日
第一四七号

关于国际联盟调查团动向之件

致吉田大使

有关国际联盟调查团一行的动向,以及撰写报告书的进展情况,特别是报
告书发表的日期,希望您尽可能频繁地与国际联盟调查团保持接触,并随时电
报。另外,调查团一行人中的法国人台纳雷起草了对我方非常不利的报告。
可能是受到了他聘用的日本人高桥的影响,该人具有共产倾向。希望在查明
真相后回电。

　　资料来源:JACAR(アジア歴史資料センター)Ref. B02030449300(第
186 画像目から)満洲事変(支那兵ノ満鉄柳条溝爆破ニ因ル日、支軍衝突関
係)/善後措置関係/国際連盟支那調査員関係　第五卷(外務省外交史料館)

114. 矢野参事官致内田外务大臣的函电
(1932 年 8 月 2 日)

昭和七年　一七二九一　暗　北平　　　　　八月二日下午发送
　　　　　　　　　　　外务省　　　　　　八月三日上午收到
第四〇三号
来自吉田的第二八四号电
关于贵电合第一五八九号
英国大使与他人(我想是法国大使)交谈时,提到如何执行本国政府愚蠢
的命令。经此人助言,英国大使向阁下提出的申请可能在某种程度上与训令
有别。消息来自极可信之人的私下报告。

转发:中、奉天、国际联盟。

由中转报南京。

资料来源:JACAR(アジア歴史資料センター)Ref. B02030449300(第187画像目から)満洲事変(支那兵ノ満鉄柳条溝爆破ニ因ル日、支軍衝突関係)/善後措置関係/国際連盟支那調査員関係 第五巻(外務省外交史料館)

115. 矢野参事官致内田外务大臣的函电
(1932年8月2日)

昭和七年　一七二九三　暗　北平　　　　　　　八月二日下午发送

　　　　　　　　　　　　　　外务省　　　　　　八月三日上午收到

第四〇四号

来自吉田

第二八五号

受李顿之命,2日哈斯来访,谈话大要如下:

哈斯:你是否知道满洲四头政治①的统一,以及大使任命问题的情况?

本使:知道特派大使②一事(向其说明致北平贵电合第1604号),其他事情除新闻报道之外,一概不知。

哈斯:是不是关于上述问题的方针已经确定,只是尚未实施?

本使:如同内田外务大臣向调查团委员们说明的那样,政府正在研究中,尚没有决定特派大使之外的事情,任何公报都没有(说明大使的官制及先例)。

哈斯:武藤大将已经被任命为关东军司令官了吗?

本使:不清楚8月陆军大变动时是否被任命。我想,有此任命的同时,也必须会实行相一致的方针。

哈斯:如外相所讲的那样,国内问题有什么见闻时,还望予以通报。听说"满洲国"参议府里有水町、筑紫等3位日本名士的加入,这是事实吗?

本使:这还真没有听说,但外国人可以进入参议府里,这在《"满洲国"概

---

① 编者按:指关东州长官、关东军司令、"满铁"总裁、驻"满洲国"特命全权大使四种职务同时由一人担任。

② 编者按:这里的"特派大使"当指日本承认伪满洲国时派出的全权大使。

观》里有记载,你没看过吗?

哈斯:是的。

本使:阁下的感想如何?

哈斯:上述人物进入"满洲国",与现在处于满洲的日本人大有不同,这些名士比起现在之人更熟知日本的政策,有助于促进日"满"之间的密切关系。

本使:他们并不是为日本服务,而是为"满洲国"服务。

哈斯:我想两"国"的关系如同英国与埃及。我认为,与其说"满洲国"是个独立国家,倒不如说是一个"保护国"。

本使:日本并非将"满洲国"当作保护国对待,而是承认其是一个国家,如同我国内田外相讲的那样。

哈斯:关于日本必须承认"满洲国"一事,就算应该承认,到时候也会产生种种问题。通过签订条约等其他办法,使"满洲国"保障日本各项权益。即使法律上不能称之为日本的保护国,我认为从事实上则已经是保护国。另外,有关任命"满洲国"参议的公报,请予以通报。

本使:好的。阁下对《"满洲国""建国"小史》的感想如何?

哈斯:说明得很好。

转发:驻华公使、奉天、国际联盟。

由公使转发南京,奉天转发长春。

资料来源:JACAR(アジア歴史資料センター)Ref. B02030449300(第187画像目から)満洲事変(支那兵ノ満鉄柳条溝爆破ニ因ル日、支軍衝突関係)/善後措置関係/国際連盟支那調査員関係　第五卷(外務省外交史料館)

116. 西田总领事致内田外务大臣的函电
(1932 年 8 月 2 日)

昭和七年　一七二八四　略　济南　　　　　　八月二日下午发送

　　　　　　　　　　　外务省　　　　　　　八月二日下午收到

第一九九号

据本月 2 日当地中国报纸所报道:

东北义勇军在各地抵抗日军,武器弹药缺乏,义勇军总监朱霁青特前赴南京,申请予以补给。军政部交付给大量武器弹药类。昨天(1 日),上海抗日救国队队长郭中兴率队员 50 余人,利用津浦线通过当地向北方输送。输送的武器弹药包括轻机关枪 12 挺、迫击炮 6 门、炮弹 900 发、手榴弹 180 个、其他弹药 30 万发。朱霁青总监随车北上。以上供参考。

转发:中、北平、奉天、天津、南京,秘送青岛、芝罘。

由中转报上海。

资料来源:JACAR(アジア歴史資料センター)Ref. B02030449300(第 189 画像目から)満洲事変(支那兵ノ満鉄柳条溝爆破ニ因ル日、支軍衝突関係)/善後措置関係/国際連盟支那調査員関係　第五卷(外務省外交史料館)

117. 矢野参事官致内田外务大臣的函电
(1932 年 8 月 2 日)

昭和七年　一七二九二　暗　北平　　　　　八月二日下午发送

　　　　　　　　　外务省　　　　　八月三日上午收到

第四〇五号

来自吉田

第二八六号

李顿尚在医院住院,调查团由马柯迪担任临时委员长,召开了两三次会议,决定了一些主要事项。麦考益数日前来访,对本官称,李顿在医院想召集会议,但委员们以各种借口拒绝参加,会议未成。意大利、法国委员要去北戴河避暑,两天后返回北平。克劳德好像去了天津。调查团尚未开始认真地讨论,只是秘书处工作人员在处理所分担的事项。

另外,2 日,哈斯对本官的谈话如下:

1. 调查团在本月内完成报告书,预定下个月早些时候经西伯利亚赴欧洲。哈斯本人稍迟一些,参观游览后返回日内瓦。

2. 调查团尚未进行讨论。

3. 报告书中是否记载建议(recommendation)①尚不详。

4. 没有关于南京国民政府阁僚来否的任何通报,有宋子文来北平的传

---

① 编者按:外文 recommendation 为原文。该"建议"指的是调查团为中日冲突提出的解决方案。

闻,可能是为了国际联盟以外的事项。

5. 报告书发送日内瓦前是否让参与员过目,不详。

本使指出关于翻译报告书地点与中国主张在北平有不同看法,因为北平没有便利的日文翻译,本使认为应该寄送东京。调查团称需要考虑一下,哈斯表示当然可以。

转发:中、奉天、国际联盟事务局局长。

由中转发南京,奉天转发长春。

资料来源:JACAR(アジア歴史資料センター)Ref. B02030449300(第191画像目から)満洲事変(支那兵ノ満鉄柳条溝爆破ニ因ル日、支軍衝突関係)/善後措置関係/国際連盟支那調査員関係　第五卷(外務省外交史料館)

118. 佐藤条约第三课长致北平公使馆盐崎书记官的函电
(1932 年 8 月 2 日)

昭和七年八月二日发

半公　无电文号

关于闲院宫殿下赠送麦考益将军夫妇礼品之件

拜启者,此前国际联盟调查团东京停留期间,日本红十字社总裁、闲院宫殿下招待麦考益将军夫妇午宴,席间赠送将军夫妇书画,将军希望予以裱装。如今裱装已经完成,以邮包寄出,万望面呈将军本人。

资料来源:JACAR(アジア歴史資料センター)Ref. B02030449300(第192画像目から)満洲事変(支那兵ノ満鉄柳条溝爆破ニ因ル日、支軍衝突関係)/善後措置関係/国際連盟支那調査員関係　第五卷(外務省外交史料館)

119. 矢野参事官致内田外务大臣的函电
(1932 年 8 月 3 日)

昭和七年　一七三九五　暗　北平　　　　八月三日上午发送
　　　　　　　　　　外务省　　　　　八月三日上午收到

第四〇六号

来自吉田

第二八七号

关于致矢野参事官贵电第一七四号的后半部分

目前,台纳雷正在起草报告书中有关日"满"经济关系的部分(正如您所知,台纳雷和派尔脱、彭道夫门共同分担报告书中有关经济方面的内容),两三天之内就可以完稿。该人对《日本与"满蒙"》中有关日"满"经济关系的问题以十二月决议案为中心并无异议。其他特别对我方不利的意见不能接受。另外,台纳雷在当地没有使用日本人。贵电提出的姓高桥的日本人,应是台纳雷来本国时曾委托该人翻译本国的杂志、论文等,系九州帝国大学经济学副教授高桥正雄(不能判明该教授是否有共产倾向)。5年前,台纳雷来本国之际,经东京帝国大学博士矢矧介绍,从那时开始二人交往密切,此次来日本又同该教授探讨经济问题,但意见并不一定相同。

订正通知

3日,北平来电第406号第5行《关于日"满"经济关系》以下订正为:"对于所论主要情节没有异议"。

资料来源:JACAR(アジア歴史資料センター)Ref. B02030449300(第193画像目から)満洲事変(支那兵ノ満鉄柳条溝爆破ニ因ル日、支軍衝突関係)/善後措置関係/国際連盟支那調査員関係　第五巻(外務省外交史料館)

120. 内田外务大臣致北平矢野参事官的函电
(1932年8月3日)

电报传送第11707号

昭和七年八月三日

第一七五号

致吉田大使

本日的阁议决定,8月22日召开临时国会(会期8天),必要时可向调查团方面通报。

资料来源:JACAR(アジア歴史資料センター)Ref. B02030449300(第

195 画像目から)満洲事変(支那兵ノ満鉄柳条溝爆破ニ因ル日、支軍衝突関係)/善後措置関係/国際連盟支那調査員関係　第五卷(外務省外交史料館)

121. 矢野参事官致内田外务大臣的函电
(1932 年 8 月 3 日)

昭和七年　无电报号码　暗　北平　　　　　八月三日下午发送
　　　　　　　　　　外务省　　　　　　八月四日上午收到

第四一〇号
本官发给天津之电报
第七一号
来自吉田
请林出领事尽快依计划行事。
转发:外务大臣。

资料来源:JACAR(アジア歴史資料センター)Ref. B02030449600(第305 画像目から)満洲事変(支那兵ノ満鉄柳条溝爆破ニ因ル日、支軍衝突関係)/善後措置関係/国際連盟支那調査員関係　第五卷(外務省外交史料館)

122. 矢野参事官致内田外务大臣的函电
(1932 年 8 月 4 日)

昭和七年　一七四三五　暗　北平　　　　　八月四日下午发送
　　　　　　　　　　外务省　　　　　　八月四日下午收到

第四一二号
来自吉田
第二九〇号
关于热河问题,此前不仅希尼曾经询问,而且调查团可能任何时候亦会来打听。为中国方面对抗调查团的宣传,我方应在适当场合进一步阐明我方之态度。以上拙见望采纳通报。

资料来源:JACAR(アジア歴史資料センター)Ref. B02030449300(第196 画像目から)満洲事変(支那兵ノ満鉄柳条溝爆破ニ因ル日、支軍衝突関

係)/善後措置関係/国際連盟支那調査員関係　第五卷(外務省外交史料館)

123. 矢野参事官致电内田外务大臣的函电
(1932年8月4日)

　　昭和七年　一七四三二　暗　北平　　　　　　八月四日下午发送
　　　　　　　　　　　　　　　外务省　　　　　　八月四日下午收到

第四一四号

来自吉田

第二九二号

　　8月4日,调查团预定于9月2日从北平出发,经由西伯利亚前往日内瓦,正办理申请苏联的签证手续。

　　转发:驻华公使、奉天、长春、国际联盟、苏联。

　　资料来源:JACAR(アジア歴史資料センター)Ref. B02030449300(第196画像目から)満洲事変(支那兵ノ満鉄柳条溝爆破ニ因ル日、支軍衝突関係)/善後措置関係/国際連盟支那調査員関係　第五卷(外務省外交史料館)

124. 内田外务大臣致北平矢野参事官的函电
(1932年8月4日)

　　昭和七年八月四日

第一七六号

致吉田大使

第四八号

　　一、7月14日,本大臣与调查团会谈之时,被问到国际联盟和平机制(Peace Machinery)的功能(Function)问题,以及往电第一五一号之(三)的末尾近代各国实行的例子没来得及列举,以上事项考虑可请贵参与员向国际联盟调查团提出,参考资料近一两日内邮送。

　　二、7月14日会谈时,李顿委员长质问1905年及1915年条约中关于中国本土条款的效力(参照会谈录结尾部分),对此回答会在一两日内电报告之。

　　资料来源:JACAR(アジア歴史資料センター)Ref. B02030449300(第

197 画像目から)満洲事変(支那兵ノ満鉄柳条溝爆破ニ因ル日、支軍衝突関
係)/善後措置関係/国際連盟支那調査員関係　第五巻(外務省外交史料館)

125. 佐藤条约第三课长致北平公使馆盐崎书记官的函电
（1932 年 8 月 5 日）

昭和七年八月五日发

发送书籍之件

　　拜启，国际联盟调查团在本国停留期间，将让博士编写的《博爱之日本》一
书分发给各委员，以邮包寄出。另，对哈斯等其他随员也适当发放为盼。

　　资料来源：JACAR(アジア歴史資料センター)Ref. B02030449300(第
199 画像目から)満洲事変(支那兵ノ満鉄柳条溝爆破ニ因ル日、支軍衝突関
係)/善後措置関係/国際連盟支那調査員関係　第五巻(外務省外交史料館)

126. 驻英特命全权大使松平恒雄致外务大臣
内田康哉的函电
（1932 年 8 月 5 日）

普通第二八七号

昭和七年八月五日

　　李顿卿访问东京之际，在美国驻日大使格鲁(Joseph C. Grew)举办的欢
迎会上，石井子爵发表了演讲，《早报》(Morning Post)特派员对此做了通信
报道。

　　8 月 2 日，《早报》发表东京特派员的通信报道。该特派员报告李顿第二
次访问东京时极严密的警戒情况。如今日本判断：李顿报告书已经意识到，日
本在满洲造成的既成事实，无论如何都无法改变。另外，在美国新任驻日大使
格鲁的欢迎会上，石井子爵演讲称，"如果美日之间爆发战争，其唯一诱因就是
美国插手远东问题"。该报道评论这是从日本高官处听到的最直率的言辞。
该报道又认为，今日日本在经济方面面临日甚一日的窘况，且在满洲投入大量
的费用，对日本之将来感到担忧。

以上供参考。

资料来源：JACAR（アジア歴史資料センター）Ref. B02030449300（第
201 画像目から）満洲事変（支那兵ノ満鉄柳条溝爆破ニ因ル日、支軍衝突関
係）/善後措置関係/国際連盟支那調査員関係　第五巻（外務省外交史料館）

127. 佐藤条约第三课长致北平公使馆盐崎书记官的函电
（1932 年 8 月 6 日）

昭和七年八月六日发

赠送国际联盟调查团随员纪念品之件

拜启，7 月 22 日，吉田参与员发给外务大臣的题为《关于赠送国际联盟调
查团随员礼品之件》电报，当即与上司接洽，对来日本与外务大臣见面之随员
赠送礼品……①

资料来源：JACAR（アジア歴史資料センター）Ref. B02030449300（第
198 画像目から）満洲事変（支那兵ノ満鉄柳条溝爆破ニ因ル日、支軍衝突関
係）/善後措置関係/国際連盟支那調査員関係　第五巻（外務省外交史料館）

128. 中山书记官致电内田外务大臣的函电
（1932 年 8 月 6 日）

昭和七年　一七五九六　暗　北平　　　　　八月六日下午发送
　　　　　　　　　　　　外务省　　　　　八月六日下午收到

第四二二号
来自吉田
第二九九号
5 日，希尼谈话内容如下：

1. 调查团一行返回欧洲，途经山海关、奉天。
2.《"满洲国""建国"小史》做了很好的说明，我冒昧说一句，竟没有列举

---

① 　编者按：以下手写字迹不清。

一个日本人的名字(对此,本使回答,"满洲国"不过是列举他们认为的主要人物)。

转发:中、奉天、长春。

资料来源:JACAR(アジア歴史資料センター)Ref. B02030449300(第203画像目から)満洲事変(支那兵ノ満鉄柳条溝爆破ニ因ル日、支軍衝突関係)/善後措置関係/国際連盟支那調査員関係 第五卷(外務省外交史料館)

129. 内田外务大臣致北平矢野参事官的函电
(1932 年 8 月 6 日)

昭和七年八月六日

第一八一号

致吉田大使

第五一号

关于往电第一七六号之二

关于 1905 年条约及 1915 年条约,本大臣的回答如第一六二号电,望提交调查团方面。

资料来源:JACAR(アジア歴史資料センター)Ref. B02030449300(第204画像目から)満洲事変(支那兵ノ満鉄柳条溝爆破ニ因ル日、支軍衝突関係)/善後措置関係/国際連盟支那調査員関係 第五卷(外務省外交史料館)

130. 内田外务大臣致北平矢野参事官的函电
(1932 年 8 月 6 日)

昭和七年八月六日发

第一八四号

向吉田大使提供情报之件

收到所报,连同其他情报迅速请吉田大使阅览,其他当竭力并提供方便,协助大使完成任务。

资料来源:JACAR(アジア歴史資料センター)Ref. B02030449300(第

205 画像目から）満洲事変（支那兵ノ満鉄柳条溝爆破ニ因ル日、支軍衝突関
係）/善後措置関係/国際連盟支那調査員関係　第五巻（外務省外交史料館）

131. 中山书记官致内田外务大臣的函电
（1932 年 8 月 9 日）

昭和七年　一七七四〇　略　北平　　　　　　八月九日下午发出
　　　　　　　　　　　　外务省　　　　　　　八月九日下午收到

第四三三号

吉田致电佐藤条约三课长

在下拍摄的 6 张关于派斯塔柯夫的照片，已邮寄出。

　　资料来源：JACAR（アジア歴史資料センター）Ref. B02030449400（第
230 画像目から）満洲事変（支那兵ノ満鉄柳条溝爆破ニ因ル日、支軍衝突関
係）/善後措置関係/国際連盟支那調査員関係　第五巻（外務省外交史料館）

132. 三谷人事课长致大分县知事官房主事的函电
（1932 年 8 月 9 日）

昭和七年八月九日

（电文号不清）

　　此次，贵县勤务智原喜太郎为与在北平的国联调查团会合，预定提前约一
个月，于 8 月 8 日与大使馆参事官伊藤述史同行，乘神户出发的"长江丸"轮船
奔赴该地……①

　　资料来源：JACAR（アジア歴史資料センター）Ref. B02030449400（第
231 画像目から）満洲事変（支那兵ノ満鉄柳条溝爆破ニ因ル日、支軍衝突関
係）/善後措置関係/国際連盟支那調査員関係　第五巻（外務省外交史料館）

---

①　编者按：以下字迹不清。

133. 内田外务大臣致天津桑岛总领事的函电
(1932 年 8 月 9 日)

昭和七年八月九日

第八七号

人事课长通知,乘坐"长江丸"客轮于 12 日到达当地的伊藤参事官报告
如下:

智原喜太郎赴北平旅行之费用及津贴……①拜托电告大分县知事及官房
主事……

资料来源:JACAR(アジア歴史資料センター)Ref. B02030449400(第
232 画像目から)満洲事変(支那兵ノ満鉄柳条溝爆破ニ因ル日、支軍衝突関
係)/善後措置関係/国際連盟支那調査員関係　第五卷(外務省外交史料館)

134. 中山书记官致内田外务大臣的函电
(1932 年 8 月 9 日)

昭和七年　暗　　北平　　　　　　　　八月九日下午发送

　　　　　　　　外务省　　　　　　　八月十日上午收到

第四四一号

来自吉田

第三〇五号

久保田大佐致电海军省军务局长

本月 9 日,国际联盟调查团随员中负责调查军事问题的万考芝向下官提
出,急于了解 2 月 1 日南京事件时我海军的行动。因没有时间请示您的旨意,
只好依据 2 月 2 日日本驻华公使馆致国民政府备忘录的主要意旨,另附以中
国特报第二号之三以及第三号之一的事实,予以简单之回答,如有特别需要注
意之事项,望火速指示。

时逢酒井武官到外地办事而不在,为此电报外务省。

———————

①　编者按:以下字迹不清。本条下同。

资料来源：JACAR(アジア歴史資料センター)Ref. B02030449400(第240画像目から)満洲事変(支那兵ノ満鉄柳条溝爆破ニ因ル日、支軍衝突関係)/善後措置関係/国際連盟支那調査員関係　第五巻(外務省外交史料館)

135. 中山书记官致内田外务大臣的函电
(1932 年 8 月 10 日)

昭和七年　一七八一一　暗　北平　　　　　　八月十日下午发送
　　　　　　　　　　　　　外务省　　　　　　八月十日下午收到

第四四四号(极秘)

来自吉田

第三〇六号

秘密报告另一封电文第三〇七号之通报

　　据上述报告，承认"满洲国"的时机具有重大关系，因此本件绝不能泄露，望特别严格保密。

资料来源：JACAR(アジア歴史資料センター)Ref. B02030449400(第234画像目から)満洲事変(支那兵ノ満鉄柳条溝爆破ニ因ル日、支軍衝突関係)/善後措置関係/国際連盟支那調査員関係　第五巻(外務省外交史料館)

136. 中山书记官致内田外务大臣的函电
(1932 年 8 月 10 日)

昭和七年　一七八〇五　暗　北平　　　　　　八月十日下午发送
　　　　　　　　　　　　　外务省　　　　　　八月十日下午收到

第四四六号

来自吉田

第三〇八号

　　李顿的病情虽有所恢复，但未出席在"秩父丸"轮船上继续进行的调查团会议。10 日，调查团讨论了上海事件及九一八事变，记载了日中双方的报告(也包括往电第二五七号王以哲的"荒谬"说明)，看样子颇为顺利。

　　转发：驻华公使、奉天、长春、国际联盟。

资料来源：JACAR(アジア歴史資料センター)Ref. B02030449400(第234画像目から)満洲事変(支那兵ノ満鉄柳条溝爆破ニ因ル日、支軍衝突関係)/善後措置関係/国際連盟支那調査員関係　第五卷(外務省外交史料館)

137. 中山书记官致内田外务大臣的函电
(1932年8月10日)

昭和七年　一七八二九　暗　北平　　　　　　八月十日下午发送
　　　　　　　　　　　外务省　　　　　　八月十一日上午收到

第四四七号

来自吉田

第三〇九号

10月6日，联合社发表来自东京的往电第二九二号内容，调查团责备秘书处成员不够谨慎，获得日本情报极为不便，特提请注意。

　　资料来源：JACAR(アジア歴史資料センター)Ref. B02030449400(第235画像目から)満洲事変(支那兵ノ満鉄柳条溝爆破ニ因ル日、支軍衝突関係)/善後措置関係/国際連盟支那調査員関係　第五卷(外務省外交史料館)

138. 大分县官房主事致三谷人事课长的函电
(1932年8月10日)

昭和七年　一七七八四　平　大分　　　　　　八月十日下午发送
　　　　　　　　　　　外务省　　　　　　八月十日下午收到

关于本县勤务智原喜太郎，尊贵照会，该人已于昨日受命前往台北，望承知。

　　资料来源：JACAR(アジア歴史資料センター)Ref. B02030449400(第235画像目から)満洲事変(支那兵ノ満鉄柳条溝爆破ニ因ル日、支軍衝突関係)/善後措置関係/国際連盟支那調査員関係　第五卷(外務省外交史料館)

139. 内田外务大臣致北平中山书记官的函电
(1932 年 8 月 11 日)

昭和七年八月十一日

第一八七号

致吉田大使

第五四号

关于贵电第三〇五号

海军省军务局长致久保田大佐

关于国际联盟调查团对南京事件的质问,我已知晓所做出的回答。但望追加以下内容:当夜,中国军袭击日清会社,我军重伤一名(后死亡),轻伤一名,轻微伤两名。

资料来源:JACAR(アジア歴史資料センター)Ref. B02030449400(第238画像目から)満洲事変(支那兵ノ満鉄柳条溝爆破ニ因ル日、支軍衝突関係)/善後措置関係/国際連盟支那調査員関係 第五巻(外務省外交史料館)

140. 内田外务大臣致天津桑岛总领事的函电
(1932 年 8 月 11 日)

昭和七年八月十一日

第九〇号

人事课长致电伊藤参事官

据大分县官房主事电报,智原喜太郎已于 8 月 9 日受命前往台北。

资料来源:JACAR(アジア歴史資料センター)Ref. B02030449400(第241画像目から)満洲事変(支那兵ノ満鉄柳条溝爆破ニ因ル日、支軍衝突関係)/善後措置関係/国際連盟支那調査員関係 第五巻(外務省外交史料館)

141. 内田外务大臣致中山书记官的函电
（1932 年 8 月 11 日）

昭和七年　一七九一〇　暗　北平　　　　　　八月十一日下午发送
　　　　　　　　　　　　　外务省　　　　　　八月十二日上午收到

第四四九号（极秘）

来自吉田

第三一〇号

8 月 10 日，与代理委员长马柯迪伯爵谈话内容大要如下：

马柯迪：日中参与员提出的印刷物将作为最终报告书的附件，需要与阁下商谈。

本使：调查团是否打算把"劝告"记载其中？

马柯迪：本人一直考虑能够获得全会一致通过、永久解决日中问题的方法，想得出一个不强制两国执行的方案，在两国间架起桥梁。

本使：虽然日本很想渡过该桥，但如果方案脱离现实，日本是不会接受的。

马柯迪：中国方面也是这样。

本使：因此，不要架起一座两国都无法通过的桥梁。比如是否要建议国际联盟在满洲开展工作，或者赋予其种种职权？

马柯迪：没有（回答说没有，空洞的回答）。

本使：日本不能接受这样的方案。

8 月 11 日，与该人再次会谈，内容大要如下：

本使：如果报告书否认"满洲国"的存在，无论如何我方不能接受。

马柯迪：据新闻报道，日本将在两三年后承认之，贵意见如何？

本使：完全是虚构的报道，但何时承认我也不知。

苏联方面在哈尔滨接受过国际联盟调查团的询问，并做了回答。

转发：中国、奉天、长春。

资料来源：JACAR（アジア歴史資料センター）Ref. B02030449400（第242 画像目から）満洲事変（支那兵ノ満鉄柳条溝爆破ニ因ル日、支軍衝突関係）/善後措置関係/国際連盟支那調査員関係　第五巻（外務省外交史料館）

142. 中山书记官致内田外务大臣的函电
(1932 年 8 月 11 日)

昭和七年　一七九五六　暗　北平　　　　　八月十一日下午发送

　　　　　　　　　　　外务省　　　　　八月十二日下午收到

第四五〇号(极秘)

来自吉田

第三一一号

8 月 11 日,派斯塔柯夫与本使谈话内容大要如下:

李顿接受医师的劝告,准备本月末乘船返回,征求委员们的同意,考虑到秘书处和参与员的关系,表示同意。在李顿缺席的今天,讨论了由哈斯负责起草的第六章的大纲。为了日本顺利接受,明天讨论结论部分,但因李顿不在,克劳德受李顿委托,讨论第四章满洲之现状,修改其中对日本极为不利之内容。关于结论部分,李顿与麦考益都尽力尊重中国主权,没有国际联盟的机构干预满洲问题的话语。

另外,调查团考虑到不能无视"满洲国"的存在,看样子无论如何要讨论该问题,现今仍不明朗。如果报告书的内容对日本不利,尽早承认方为良策;如果各委员对日本抱有好感,而日本在报告书写完以前就承认"满洲国",会引起他们的反感,对我方不利。以上均是以协助理事会解决本案为目的,并非站在劝告的角度。去年 1 月 19 日,理事会关于利比亚奴隶问题的议事录没有意义(理事会指令调查团提出劝告,利比亚政府攻击调查团超越权限)。

史汀生(Henry Lewis Stimson,スチムソン)为了美国的利益任意说大话,唆使国际联盟,这是不利于美国的不负责任行为。

转发:中国、奉天、长春。

资料来源:JACAR(アジア歴史資料センター)Ref. B02030449500(第 244 画像目から)満洲事変(支那兵ノ満鉄柳条溝爆破ニ因ル日、支軍衝突関係)/善後措置関係/国際連盟支那調査員関係　第五巻(外務省外交史料館)

143. 高裁案①
（1932 年 8 月 11 日）

昭和七年八月十一日

关于对日本邮船会社的"秩父丸"轮船为国际联盟调查团一行
绕道青岛予以费用补助之件

国际联盟调查团一行赴中国之际，委托日本邮船会社，特别安排该社"秩父丸"轮船返回青岛，该会社再三申请经费补助，经特别审议，从外务省机密经费中支付 1 000 元予以补助，请审批。②

资料来源：JACAR（アジア歴史資料センター）Ref. B02030449500（第 245 画像目から）満洲事変（支那兵ノ満鉄柳条溝爆破ニ因ル日、支軍衝突関係）/善後措置関係/国際連盟支那調査員関係　第五巻（外務省外交史料館）

144. 中山书记官致内田外务大臣的函电
（1932 年 8 月 13 日）

昭和七年　一七九九五　暗　北平　　　　　八月十三日上午发送
　　　　　　　　　　　外务省　　　　　　八月十三日上午收到

第四五八号

本官发给奉天、哈尔滨、长春之电报

合第二八四号

来自吉田

国际联盟调查团发来备忘录，简单提及与日中纷争有关的满洲货币问题的概况，该备忘录所涉质问内容如下：

一、在满洲租界地之外的日元纸币流通是基于条约的权利，或者基于日中双方的谅解。

---

①　编者按："高裁案"应是向上级申请经费预算之方案。下同。
②　编者按：后附英文账单，从略。

二、日本人及其他外国人在满洲租界地外虽可以使用日元或者记账货币（money of account），但实际上颇受阻碍。

三、中国地方官宪滥用纸币发行权情况。

四、由于纸币的滥行，对日本人在法律上的权利以及在经济上的利益造成影响。

针对以上有关材料及回答，望火速调查并回电。

转发：奉天、哈尔滨、长春、大臣。

资料来源：JACAR（アジア歴史資料センター）Ref. B02030449500（第256画像目から）満洲事変（支那兵ノ満鉄柳条溝爆破ニ因ル日、支軍衝突関係）/善後措置関係/国際連盟支那調査員関係　第五巻（外務省外交史料館）

145. 中山书记官致内田外务大臣的函电
（1932 年 8 月 14 日）

昭和七年　暗　无电报号码　北平　　　　　八月十四日下午发送

外务省　　　　　八月十四日下午收到

第四六五号

来自吉田

第三一八号

8 月 13 日，调查团方面通报日内瓦，关于 105 000 瑞士法郎的调查团费用，中国方面分担 25 000 法郎，已经汇至事务局。日本方面分担的费用如何支付，调查团方面希望得知。对于此事，前次回东京之际，调查团方面也提出希望，已应答对方，正在外务省履行手续之中。以上烦请回电。

资料来源：JACAR（アジア歴史資料センター）Ref. B02030449500（第259画像目から）満洲事変（支那兵ノ満鉄柳条溝爆破ニ因ル日、支軍衝突関係）/善後措置関係/国際連盟支那調査員関係　第五巻（外務省外交史料館）

146. 中山书记官致内田外务大臣的函电
（1932 年 8 月 14 日）

昭和七年 一八〇九九 暗 北平 　　　八月十四日下午发送
　　　　　　　　　　　　外务省 　　　八月十四日下午收到

第四六八号

本官发给长春之电报

第一〇号

来自吉田

8 月 2 日，李顿之外的调查团委员及其他随员经由满洲前往欧洲，望给予方便，沿途是否有障碍，望通报。

转发：外务大臣、奉天、哈尔滨。

资料来源：JACAR（アジア歴史資料センター）Ref. B02030449500（第 260 画像目から）満洲事変（支那兵ノ満鉄柳条溝爆破ニ因ル日、支軍衝突関係）/善後措置関係/国際連盟支那調査員関係 第五卷（外務省外交史料館）

147. 田中代理总领事致内田外务大臣的函电
（1932 年 8 月 16 日）

昭和七年 一八二〇二 暗 长春 　　　八月十六日下午发送
　　　　　　　　　　　　外务省 　　　八月十六日下午收到

第四九九号之一

本官发给北平之电报第八号之一

关于贵电合第二八四号

致吉田大使

对于满洲通货问题，本领事馆并未发现日中之间在主张上有纠纷。另外，对质问的回答如下：

一、1. 苏联在原来中东铁路附属地的行政权限内，可以解释为具有自由选择通货的自由。日本完全继承其行政权以来，依照惯例以卢布价格确定铁路运费及课税，而在满铁附属地以本国货币为本位币使用，这些不能说没有任何根据。

2. 在日本势力范围内使用日本金圆。在附属地之外，金圆的流通是专门基于经济上的实际需要，为了使用者的方便而自然流行，并未有什么条约根据或者日中之间的谅解。

二、1. 附属地处于日本行政权下，因此不成为问题。

2. 附属地之外，旧政权自行发行纸币，为了掩盖纸币暴跌，维持不当的价格，时常有意强制压低日本金圆，否认日本金圆的存在，排斥日本金圆的流通。尽管没有直接出台阻碍日本人使用日本金圆的措置，但对于与日本人交易的中国人，予以极其严重且阴险的惩罚，事实上朝着灭绝使用日本金圆的方向用力。（待续）

资料来源：JACAR（アジア歴史資料センター）Ref. B02030449500（第260画像目から）満洲事変(支那兵ノ満鉄柳条溝爆破ニ因ル日、支軍衝突関係)/善後措置関係/国際連盟支那調査員関係　第五巻(外務省外交史料館)

148. 田中代理总领事致内田外务大臣的函电
（1932年8月16日）

昭和七年　一八二〇一　暗　长春　　　　　八月十六日下午发送
　　　　　　　　　　　外务省　　　　　　八月十六日下午收到

第四九九号之二

本官发给北平之电报

第八号之二

同时动用警察权非法压迫金融市场，使日本金圆不能兑换地方货币。当然，这不可能带来持久的效果。

三、滥发奉天票及吉林官帖，最甚时，最初一美元兑换官帖二吊二百文，十数年间跌落数百吊。依据最近的昭和六年(1931年)与大正九年(1920年)对比，下跌至1/10左右。然而，旧军阀以官商手段囤积特产物，替换成日本金圆或庄票充当军费，或者对外结算时购买军需品及铁道器材等。

四、纸币滥用的结果是破坏了金融经济的原则，出现通货的极端贬值，普通民众遭受的损害极其深刻，直接或间接地阻碍了日本人正当的经济发展。中国商人也因此逃匿。事实上，日本银行及其他行业也无法行使对中国的债务权利,这样的事例屡出不鲜。最大的影响是利用滥发的货币形成优势地位,成为官商不正当活动的基础。

转发:外务大臣、奉天、哈尔滨。

资料来源:JACAR(アジア歴史資料センター)Ref. B02030449500(第262画像目から)満洲事変(支那兵ノ満鉄柳条溝爆破ニ因ル日、支軍衝突関係)/善後措置関係/国際連盟支那調査員関係　第五巻(外務省外交史料館)

149. 中山书记官致内田外务大臣
(1932年8月16日)

昭和七年　一八二三二　暗　北平　　　　　八月十六日下午发送
　　　　　　　　　　　　外务省　　　　　八月十七日上午收到

第四八〇号

来自吉田

第三二一号

派斯塔柯夫向盐崎吐露,最近日内瓦向哈斯通报,调查团最终报告书的讨论将在国际联盟接受后的约一个月后进行。推测可能是在国联大会一般会期的末尾进行审议。一般大会继续进行,此时关于临时大会如何召开尚无情报。根据7月1日关于延长《国联盟约》第12条第2项期间的决议,最终报告书当在10月中旬至10月末前,首先由理事会或大会讨论。另外,哈斯避讳详细说明日内瓦的通报,只称报告书预定9月中旬送到日内瓦,印刷等需要一周时间。为了其后的研究,隔三周后予以审议。

转发:中国、奉天、长春、国际联盟。

资料来源:JACAR(アジア歴史資料センター)Ref. B02030449500(第263画像目から)満洲事変(支那兵ノ満鉄柳条溝爆破ニ因ル日、支軍衝突関係)/善後措置関係/国際連盟支那調査員関係　第五巻(外務省外交史料館)

150. 山崎领事致内田外务大臣的函电
(1932 年 8 月 16 日)

昭和七年　一八二四九　开普敦　　　　　　　八月十六日下午发送
　　　　　　　　　　　　外务省　　　　　　　　八月十七日上午收到

第三一号

发去关于国联调查团在日本期间视察的照片数张。

资料来源:JACAR(アジア歴史資料センター)Ref. B02030449500(第264 画像目から)満洲事変(支那兵ノ満鉄柳条溝爆破ニ因ル日、支軍衝突関係)/善後措置関係/国際連盟支那調査員関係　第五卷(外務省外交史料館)

151. 出渊大使致电内田外务大臣的函电
(1932 年 8 月 17 日)

昭和七年　一八二六八　华盛顿　　　　　　　八月十七日上午发送
　　　　　　　　　　　　外务省　　　　　　　　八月十七日下午收到

第四二二号

8 月 16 日,本大使会见卡斯托(William Castle),双方就满洲问题交换意见。对方谈及国联调查团时,言及调查团开展调查的情况等。根据美国官方的报道,指出关于麦考益少将受国际联盟派遣而实则受美国政府指挥的言论绝非事实。国际舆论认为,该调查团应该为解决日中问题向国联提出一些建议,美国政府也深知这一点。调查团不仅应向国际联盟提供可供参考的有关事实的报告,而且应该包括建议,确信此乃调查团绝对之方针。

以上供参考。

转发:英,并通过英转发除土耳其之外的驻欧各大使,及巴黎、日内瓦联盟。

资料来源:JACAR(アジア歴史資料センター)Ref. B02030449500(第265 画像目から)満洲事変(支那兵ノ満鉄柳条溝爆破ニ因ル日、支軍衝突関係)/善後措置関係/国際連盟支那調査員関係　第五卷(外務省外交史料館)

152. 田中代理总领事致内田外务大臣的函电
（1932 年 8 月 17 日）

昭和七年　一八二七三　暗　长春　　　　　八月十七日下午发送
　　　　　　　　　　　　　外务省　　　　　八月十七日下午收到

第五〇三号之一

本官发给北平之电报第九号之一

关于贵电第十号

致吉田大使

据当地满铁调查，眼下道路不通之处，计有：1. 中东铁路南部线柴家沟至双城堡间；2. 中东铁路西部线庙台子至对青山站间；3. 昂昂溪以西两处；4. 洮昂线数处。

以上之第 3 处，限于欧亚间通行客人，或徒步通行。对于第 2 处，恢复需要四五日时间，因为"匪贼"的活动，工事无法进行。对于第 1 处，眼下中东铁路正处于施工中，如果交由满铁经手，预计本月 25 日前可以完成。对于第 4 处，列车全部开通当在 9 月中旬左右，或者徒步通行。预计本月 25 日之前可以通车。在列车全通之前，国际联盟调查团一行利用满铁列车牵引运行有一定困难。（待续）

資料来源：JACAR（アジア歴史資料センター）Ref. B02030449500（第 266 画像目から）満洲事変（支那兵ノ満鉄柳条溝爆破ニ因ル日、支軍衝突関係）/善後措置関係/国際連盟支那調査員関係　第五巻（外務省外交史料館）

153. 田中代理总领事致内田外务大臣的函电
（1932 年 8 月 17 日）

昭和七年　一八二七五　暗　长春　　　　　八月十七日下午发送
　　　　　　　　　　　　　外务省　　　　　八月十七日下午收到

第五〇三号之二

本官发给北平之电报第九号之二

关于上述问题，据"满洲国"森田铁道司长称，中东铁路西部线不通的地点,因为被水淹没,只能用船联络。且沿线"匪贼"横行,旅行危险,线路恢复时日不好估计。长哈路的运行需尽快恢复,已向中东铁路方面严重交涉,要求两周内恢复通车,现在工事正在进行中,尚需一个月时间。如果9月5日依靠船只可以通行,也许中途需要留宿一夜。鉴于当地"匪贼"状况,特别危险,特别列车必然不能运行。预计尚需要一周时间方可明了结果,届时再电告。

转发:外务大臣、奉天、哈尔滨。

资料来源:JACAR(アジア歴史資料センター)Ref. B02030449500(第267画像目から)満洲事変(支那兵ノ満鉄柳条溝爆破ニ因ル日、支軍衝突関係)/善後措置関係/国際連盟支那調査員関係　第五巻(外務省外交史料館)

154. 内田外务大臣致北平中山书记官的函电
(1932年8月17日)

昭和七年八月十七日

刊载会见录报告之件

第一九二号

致吉田大使

第五八号

关于贵电第三一四号

同有关方面协商的结果,对有关本大臣及其他日本方面会见录报告之附录没有异议,若调查团方面提议之时可以应诺,但贵电末尾部分适当予以删除,阁下可相机处理之。另,有关"满洲国"的部分不应只考虑日本是否应允,必要时由调查团方面直接照会"满洲国"(应特别表达我方对"满洲国"的部分没有异议)。

与贵电一起转电长春、转报大桥。

资料来源:JACAR(アジア歴史資料センター)Ref. B02030449500(第269画像目から)満洲事変(支那兵ノ満鉄柳条溝爆破ニ因ル日、支軍衝突関係)/善後措置関係/国際連盟支那調査員関係　第五巻(外務省外交史料館)

155. 中山书记官致内田外务大臣的函电
（1932 年 8 月 18 日）

昭和七年　一八三八九　暗　北平　　　　　　八月十八日下午发送
　　　　　　　　　　　　　外务省　　　　　八月十八日下午收到

第四八三号（极秘）

来自吉田三二三号电

一、本月 17 日，同助佛兰谈话内容如下：

助佛兰：调查团一次也没有讨论报告书的结论部分，在承认日本于满洲重大利益的同时，提议允许在该地实行最广泛的自治。

本使：无视"满洲国"存在的方案，日本方面不能接受。是否有人提议未来由国际联盟的机构参与对满洲的管理呢？

助佛兰：没有。

本使：作为我本人不能向国联理事会提议解决问题的方案，必须由调查团或者其他方面提出来。如果提出妨碍日本承认"满洲国"的方案（极端的情况，比如提议日本不能承认"满洲国"），我方能期待克劳德将军的帮助吗？

助佛兰：将军是调查团委员，不是裁判官。将军经常说应该这样做，不应该这样做。但我不是说这些话的人。当然，如同阁下讲的那样，我相信将军的主张与阁下的所见相同。

关于往电第三二〇号"ス"的解释①，本月 17 日，希尼表示已经传达给公使，与此同时，13 日的《大阪每日新闻》发表了其中主要内容。

关于往电第三一一号，据丕平的情报，李顿提出不利于日本的内容概要，但并未经由调查团全体之审议。

转发：中国、奉天。

资料来源：JACAR（アジア歴史資料センター）Ref. B02030449500（第271 画像目から）満洲事変(支那兵ノ満鉄柳条溝爆破ニ因ル日、支軍衝突関係)/善後措置関係/国際連盟支那調査員関係　第五卷(外務省外交史料館)

---

① 编者按：这里的"ス"所指人物不明，有可能是指史汀生（Henry Lewis Stimson，スチムソン）。

156. 中山书记官致内田外务大臣的函电
(1932 年 8 月 18 日)

昭和七年　一八三九〇　暗　北平　　　　　八月十八日下午发送
　　　　　　　　　　　　　外务省　　　　　八月十八日下午收到

第四八四号

来自吉田

第三二四号

当地新闻报道,据顾维钧身边亲近者言,下月 5 日,顾维钧将从上海乘船,与调查团一行同行赴欧,出席国际联盟大会。意大利委员或许经由海参崴前往。另外,最近顾维钧向调查团提出了二十多份备忘录,正着手准备总括性结论的备忘录。

转发:驻华公使。

资料来源:JACAR(アジア歴史資料センター)Ref. B02030449500(第272 画像目から)満洲事変(支那兵ノ満鉄柳条溝爆破ニ因ル日、支軍衝突関係)/善後措置関係/国際連盟支那調査員関係　第五巻(外務省外交史料館)

157. 森岛代理总领事致内田外务大臣的函电
(1932 年 8 月 19 日)

昭和七年　无电报号码　暗　奉天　　　　　八月十九日下午发送
　　　　　　　　　　　　　外务省　　　　　八月十九日下午收到

第一一九四号之一

本官发给北平之电报

第一五五号之一

关于贵电合第二八四号

致吉田大使

一、关于我方纸币在满洲的流通。为回收日俄战争时发行的军用票,正金银行在牛庄设立支店,发行银本位纸币,其后在关东州内流通金本位纸币。满洲实行金本位的结果是形成了日本侨民居住区域与关东州外日元纸币的自然流通,并非依据条约或相互谅解,中国纸币也逐渐在日本行政权下的满铁附属地内流通。

二、大正十三年(1924年)第二次直奉战争以来,奉天票兑换百元金票落到150元以下。大正十四年(1925年)秋第三次直奉战争及郭松龄之乱,奉天票继续暴跌,东北政权为支付巨额的军费和扩大兵工厂,乱发奉票,以至不知底线。(待续)

资料来源:JACAR(アジア歴史資料センター)Ref. B02030449500(第273画像目から)満洲事変(支那兵ノ満鉄柳条溝爆破ニ因ル日、支軍衝突関係)/善後措置関係/国際連盟支那調査員関係　第五卷(外務省外交史料館)

158. 森岛代理总领事致内田外务大臣的函电
(1932年8月19日)

昭和七年　一八四七一　　暗　奉天　　　　　　　八月十九日下午发送
　　　　　　　　　　　　　外务省　　　　　　　八月十九日下午收到

第一一九四号之二

本官发给北平之电报

第一五五号之二

进入大正十五年(1926年),华北政情不稳定,民众对东北政权的一般信任下降,奉票急剧下跌(关于奉票的下跌参考《满蒙与日本》)。由于货币交换市场的不安定,对商界的打击甚大。为此,中国方面在附属地内设置货币交换所及交换商,使得日本金票高涨。同年8月,为安定奉票市场,中国方面人为地阻断日本金票的流通,同时压制钱庄业者。

一、8月12日以来,禁止商人以手中的日本金票与现大洋交易,只能使用奉票。因此,同日本商人的日本金票期货交易也不得进行。东北官宪解释是以总商会的名义出台金融办法,实际上是下达了严格的金融取缔办法密令。

二、同月9日以后,出台并非依据市价的奉票官定兑换价格,限制每日只能兑换5万元日本金票,日本商人受此兑换率之影响,除接受奉票替代日本金票外没有其他出路,以至商业活动停止。当时,排斥日本金票的手段是在城门口设置巡警,检查往来之中国人,尤其要对中国人搜身,若发现携带之日本金票,甚至采取撕碎日本金票的极端措施。(待续)

资料来源：JACAR(アジア歴史資料センター)Ref. B02030449500(第274画像目から)満洲事変(支那兵ノ満鉄柳条溝爆破ニ因ル日、支軍衝突関係)/善後措置関係/国際連盟支那調査員関係　第五巻(外務省外交史料館)

159. 森岛代理总领事致内田外务大臣的函电
(1932 年 8 月 19 日)

昭和七年　一八四七二　暗　奉天　　　　　八月十九日下午发送
　　　　　　　　　　　　外务省　　　　　八月十九日下午收到

第一一九四号之三

本官发给北平之电报

第一五五号之三

另外，关于压迫钱庄业者事项，中国宪兵逮捕了满洲各大城市的 17 名实力雄厚的钱庄从业者，其中有 5 人于 8 月 19 日以扰乱金融的罪名在奉天被枪杀，执行取缔行动极其苛刻。还逮捕了数名被附属地经营机构或日本从业者雇佣的中国人，这引起中国从业者的恐慌。8 月 13 日、14 日，奉天营业所不得不停业。为了人为地防止奉票的下跌，使日本金票不能流通，而且压迫兑换日本金票经营者，阻止其使用日本金票的事例也不鲜见。

三、东北政权为了军备滥发纸币。大正十一年(1922 年)第一次直奉战争之时，奉票流通量估计达 3 600 万元。到大正十三年(1924 年)末第二次直奉战争前，流通量为 1 亿 5 000 万元，翌年末，估计为 4 亿 4 000 万元(据当时商工会议所调查)。东北官宪以不兑换的奉票纸币囤积大豆、小麦等特产品，再销售这些产品以获得金银票。官银号在特产品上市期间增发奉票，通过御用粮栈从农民手中收购特产品，再通过大连销售换取金银票。到翌年春，预计奉票市价回落时，再回收奉票，仅换算差额每年就获数百万元，此乃平常之事。(待续)

资料来源：JACAR(アジア歴史資料センター)Ref. B02030449500(第275画像目から)満洲事変(支那兵ノ満鉄柳条溝爆破ニ因ル日、支軍衝突関係)/善後措置関係/国際連盟支那調査員関係　第五巻(外務省外交史料館)

160. 森岛代理总领事致电内田外务大臣的函电
(1932 年 8 月 19 日)

昭和七年　一八四七三　暗　奉天　　　　　八月十九日下午发送
　　　　　　　　　　　　　外务省　　　　　八月十九日下午收到

第一一九四号之四

本官发给北平之电报

第一五五号之四

四、1. 日本商人为对抗官银号在农作物未成熟时提前购买或在上市时购买，采取期货购买的方式，但必须换取内地农民需要的奉票。由于奉票市场的不安定，又无一个月以上的期货交易，在购买特产品之时，往往因奉票融通不及时而失去商机，这样的事例屡屡发生。而且，官银号是任意增发不兑换纸币的机关，无论如何难以对抗，因此，日本的特产商年年衰退。

2. 由于奉票的滥发，金票暴跌，一般的日本商人回收债权困难，或者通过协商解约，蒙受损失的事例不鲜。因此购买力下降，加之排斥日本金票的结果，日本对东北地区的进口业激减，行业遭受重大打击。

3. 因奉票下跌，满铁的运费亦显著下跌，加之中国方面的铁路剥夺了特产品的运输，满铁收入减少。满铁深刻地认识到并行铁路线的危害性。这是日本利益受损的原因之一。

转发：外务大臣。

资料来源：JACAR(アジア歴史資料センター)Ref. B02030449500(第276画像目から)満洲事変(支那兵ノ満鉄柳条溝爆破ニ因ル日、支軍衝突関係)/善後措置関係/国際連盟支那調査員関係　第五卷(外務省外交史料館)

161. 盐崎书记官致外务省条约局第三课长佐藤的函电
(1932 年 8 月 19 日)

8 月 5 日，贵函附送辻博士编纂的 5 部《博爱之日本》，已转交下列 5 位随员，望承知。

哈斯

开脱盎葛林诺

派斯塔柯夫

派尔脱

助佛兰

昭和七年八月十九日

资料来源：JACAR（アジア歴史資料センター）Ref. B02030449500（第277画像目から）満洲事変(支那兵ノ満鉄柳条溝爆破ニ因ル日、支軍衝突関係)/善後措置関係/国際連盟支那調査員関係　第五巻(外務省外交史料館)

162. 内田外务大臣致北平中山书记官的函电
（1932 年 8 月 19 日）

昭和七年八月十九日

关于李顿调查团所定任务之件

一、帝国政府对贵调查团提呈国际联盟理事会之报告书中，关于日中纷争的解决有提议（recommendation）乃至建议（suggestion）之打算。若果真如此，帝国政府将阐明对贵调查团所定任务之见解，特提醒调查团予以注意。

二、我方提议组建国联调查团，是为了使理事会对中国有正确的认知，是以调查整个中国弥漫着的特殊而且异常的事态为目的，绝非以提出前述之类的劝告为目的。本着此宗旨，当时我方对国际联盟予以充分之说明，在去年11 月 21 日，芳泽理事在提议理事会组建该调查团的演说时指出：

基于《国联盟约》第 11 条和 9 月 30 日决议案，我们必须对现实状况有一个清楚的认知，我相信所有人都会同意要对当地状况有一个公平的观察，所以，日本政府认为，从根源上解决问题的基本条件，是真正地了解满洲和中国本身的整体情况。因此，我建议国联应派遣一个调查团前往现场。

同时，规定了国联调查团的设置及其所定任务。12 月 10 日的决议第五项也规定，决定任命一个由 5 人组成的调查团赴现场，研究并向理事会汇报影响国际关系，扰乱中日和平或者破坏中日两国和平所系之良好谅解的任何情况。该项规定根本没有提交劝告之类的意思。

三、调查团的活动不能超越所定任务之范围，不能超越所定调查事项，没有命其提交劝告之类的报告,这不仅在法理上是理所当然的,而且依照调查团的前例也是毫无异议的。比如,1931年1月2日,理事会审议利比亚奴隶问题调查团的报告书之际,利比亚代表陈述,该报告书在论及该国一般政策问题上属于越权行为。吾人也表示不赞同议论本国的政策(参照附件第一号)。还有,1930年10月的鸦片问题调查团、1925年10月的希波纷争实地调查团,以及1924年9月土耳其、伊朗国境问题调查团报告书,以上各调查团的所定任务中特别规定了提出劝告的意思(参照附件第二号)。关于设置利比亚奴隶问题调查团的理事会决议中,规定了应该提出劝告的任务(参照附件第三号)①。所以,该调查团的报告中包括了劝告的内容。利比亚政府于1929年10月14日向理事会提出书函,赋予调查团提出劝告之权利。可见,调查团提出劝告是包含在所定任务之中,即在所定任务中规定了提出劝告。而此次国联调查团的所定任务中并没有规定提出劝告之内容,即不具备上述权限。

　　四、鉴于国联调查团的任务及设立宗旨,其所定任务仅仅是为国际联盟审议中国问题提供事实调查报告,自行提出关于解决日中纷争的劝告等,并非属于该调查团的权限。

　　资料来源:JACAR(アジア歴史資料センター)Ref. B02030449600(第287画像目から)満洲事変(支那兵ノ満鉄柳条溝爆破ニ因ル日、支軍衝突関係)/善後措置関係/国際連盟支那調査員関係　第五卷(外務省外交史料館)

163. 国际联盟调查团及其随员名单
(1932年8月)

昭和七年六月中旬至今
甲号:调查团委员姓氏及简历
乙号:调查团随员的姓氏、国籍、地位、职务
丙号:调查团委员及随员座次表②
日本方面

---

　　①　编者按:上述三个附件为英文与法文原文,可在档案资料来源中进行查看,此处从略。
　　②　编者按:关于调查团各成员的简历等个人信息从略。具体可在档案中自行查看。

特别全权大使、参与员	吉田伊三郎
大使馆一等书记官	盐崎观三
大使馆二等书记官	森乔
外务省事务嘱托（原副领事）	贵布根康吉
陆军步兵大佐	渡久雄
陆军炮兵中佐	澄田睐四郎
海军大佐	久保多久晴
南满铁道会社嘱托	金井清
外务书记生	木村勇佑
外务书记生	陈新座
大使馆理事官	森山隆介
外务书记生	中泽泰助
打字员	早崎政子
打字员	木岛贞子
联合社记者	岩村
满铁职员	金尼①
上海《远东评论》主笔	李亚

资料来源：JACAR（アジア歴史資料センター）Ref. B02030449500（第278画像目から）満洲事変（支那兵ノ満鉄柳条溝爆破ニ因ル日、支軍衝突関係）/善後措置関係/国際連盟支那調査員関係　第五巻（外務省外交史料館）

164. 田中代理总领事致电内田外务大臣的函电
（1932年8月20日）

昭和七年　一八五〇六　暗　长春　　　　八月二十日下午发送
　　　　　　　　　　　　　外务省　　　　八月二十日下午收到

---

① 编者按：金尼（Henry Walsworth Kinney，1879年7月15日—1958年9月25日），美国作家。曾获得日本神宝勋章，以奖励其协助建立伪满洲国。1925－1935年担任满铁公司的顾问，此期间曾服务于李顿调查团的日本参与员吉田大使。1932年，金尼跟随日本代表团参加了有关满洲问题的国际联盟会议。

第五一五号

本官发给北平之电报

第十一号

关于往电第九号

中东铁路南部线修复出现意外,据满铁观察,从本日开始徒步联络,大约25、26日开通。西部线庙台子及对青山区间于22日开始联通。昂昂溪以西的恢复期尚不能判明。经过多方联络,如果没有特别事情发生,调查团一行的通过大体上没有障碍。

转发:外务大臣、奉天、哈尔滨。

资料来源:JACAR(アジア歴史資料センター)Ref. B02030449500(第285画像目から)満洲事変(支那兵ノ満鉄柳条溝爆破ニ因ル日、支軍衝突関係)/善後措置関係/国際連盟支那調査員関係　第五卷(外務省外交史料館)

165. 中山书记官致电内田外务大臣的函电
(1932年8月20日)

昭和七年　一八五四七　略　北平　　　　　　八月二十日下午发送

　　　　　　　　　　外务省　　　八月二十一日上午收到

第四九五号

来自吉田

第三三〇号

8月19日,修鲁纳尔·德·贝坎(ジュールナル·ド·ベカン,音译)对出渊大使表示,关于本月13日《大阪每日新闻》报道的史汀生的解释,日本政府对于此事件不再追究,吾人也对外闭口,不过史汀生的自我解释过于随便云云。

转发:中国、奉天、长春。

资料来源:JACAR(アジア歴史資料センター)Ref. B02030449600(第286画像目から)満洲事変(支那兵ノ満鉄柳条溝爆破ニ因ル日、支軍衝突関係)/善後措置関係/国際連盟支那調査員関係　第五卷(外務省外交史料館)

166. 中山书记官致内田外务大臣的函电
（1932 年 8 月 22 日）

昭和七年　一八五七三　暗　北平　　　　　八月二十二日上午发送

　　　　　　　　　　　　　外务省　　　　　八月二十二日上午收到

第五〇三号

来自吉田

第三三七号

希望将阁下在国会之演说通报给调查团，特提早电报请示。

　　资料来源：JACAR（アジア歴史資料センター）Ref. B02030449600（第 301 画像目から）満洲事変（支那兵ノ満鉄柳条溝爆破ニ因ル日、支軍衝突関係）/善後措置関係/国際連盟支那調査員関係　第五巻（外務省外交史料館）

167. 中山书记官致内田外务大臣的函电
（1932 年 8 月 22 日）

昭和七年　一八六五二　暗　北平　　　　　八月二十二日下午发送

　　　　　　　　　　　　　外务省　　　　　八月二十三日上午收到

第五〇七号

来自吉田

第三四〇号

外务省整理中的对杨格质问的回答，何时寄送，请回复。

　　资料来源：JACAR（アジア歴史資料センター）Ref. B02030449600（第 302 画像目から）満洲事変（支那兵ノ満鉄柳条溝爆破ニ因ル日、支軍衝突関係）/善後措置関係/国際連盟支那調査員関係　第五巻（外務省外交史料館）

168. 中山书记官致电内田外务大臣的函电
（1932 年 8 月 22 日）

昭和七年　一八六三五　暗　北平　　　　八月二十二日下午发送

外务省　　　八月二十二日下午收到

第五○九号（火速极秘）

来自吉田

第三四二号

关于往电第三三二号

往电第三二八号前段的决定及其之后非常缓和，大致方向是不反对我方方针，假如必须向对方提出贵电第六○号，应再次重复贵命令之和缓语调，有必要将该电之通告文在日内瓦提出，望商议之。

资料来源：JACAR（アジア歴史資料センター）Ref. B02030449600（第302 画像目から）満洲事変（支那兵ノ満鉄柳条溝爆破ニ因ル日、支軍衝突関係）/善後措置関係/国際連盟支那調査員関係　第五巻（外務省外交史料館）

169. 中山书记官致电内田外务大臣的函电
（1932 年 8 月 23 日）

昭和七年　一八七○五　暗　北平　　　　八月二十三日下午发送

外务省　　　八月二十三日下午收到

第五一一号

来自吉田

第三四三号

据丕平密报，日本因满洲，特别是铁路沿线洪水及高粱等原因，不便对"土匪"进行扫荡，给予调查团不利之印象。值此之际增兵，不管多少都不会构成问题。中国方面宣传中国无法扫荡"土匪"，日本也是同样宣传。（参照往电第二七二号）

资料来源：JACAR（アジア歴史資料センター）Ref. B02030449600（第303 画像目から）満洲事変（支那兵ノ満鉄柳条溝爆破ニ因ル日、支軍衝突関

係)/善後措置関係/国際連盟支那調査員関係　第五巻(外務省外交史料館)

170. 内田外务大臣致北平中山书记官的函电
(1932 年 8 月 24 日)

昭和七年八月二十四日

第二〇一号

非常火速

致吉田大使

第六二号

关于贵电第三三三号

向调查团提出要求之件

最近,调查团方面的态度对我方多少有些有利之倾向,值此之际,如同往电第六〇号之意见,我方之策略却有些不够得当。我方一直要坚持针对调查团权限开展论争,以唤起调查团方面之注意,作为以后争论之把柄。但当今有些过于刺激调查团方面,今后当不以明确的表示至为重要。为此,贵电第三三五号丕平案的末尾修正为……①

另,该案其他部分依照另一封电文第二〇二号予以修正为要。

转发:中国、奉天、巴黎国际联盟及美,由中国转电南京,奉天转电长春,巴黎联盟转电除土耳其之外驻欧各大使。

资料来源:JACAR(アジア歴史資料センター)Ref. B02030449600(第312 画像目から)満洲事変(支那兵ノ満鉄柳条溝爆破ニ因ル日、支軍衝突関係)/善後措置関係/国際連盟支那調査員関係　第五巻(外務省外交史料館)

---

① 编者按:原文为手写法文字体,难以辨认。

171. 内田外务大臣致北平中山书记官的函电
（1932 年 8 月 24 日）

昭和七年八月二十四日

第二〇二号

非常火速

对调查团要求之件

致吉田大使

第六三号

一、关于贵电第三三五号丕平案第一节内容，可以。

二、关于贵电一之第二节……①，修改为……

三、关于贵电一的……修改为……另外，备忘录的内容（即阿巴斯［アバス，音译］提出的部分）按照致巴黎国际联盟第四九号电修改。

四、关于贵电二全部文本按如下内容予以修改：本月 20 日，武藤大使从东京出发前往满洲，到达满洲后与"满洲国"政府缔结树立日"满"友好关系之基本条约，关于此已经开始交涉。帝国政府将依据该条约正式承认"满洲国"。帝国政府考虑，为了让调查团根据事实情况撰写报告书，要将上述内容充满信心地告知调查团，这样对我方是有利的。另外，关于承认"满洲国"问题，以及帝国政府关于满洲与中国的其他方针及态度，在外务大臣 25 日于帝国国会的演说有详述（附致北平往电合第 1716 号）。希望调查团参考此项内容，按照上述趣旨写成报告书。

五、关于贵电三末尾的……修改为……

六、最后一节按本电记载修改。

资料来源：JACAR（アジア歴史資料センター）Ref. B02030449600（第315 画像目から）満洲事変（支那兵ノ満鉄柳条溝爆破ニ因ル日、支軍衝突関係）/善後措置関係/国際連盟支那調査員関係　第五巻（外務省外交史料館）

---

①　编者按：省略号指代针对丕平方案内容的修正内容，原文为手写法文字体，难以辨认。此条下同。

172. 北平来电第五一七号
(1932 年 8 月 25 日)

昭和七年八月二十五日

译文①

关于前电提及之眼下商议中的日"满"协约,特火速通告陈述私见。调查团随员一方对该协议之内容不知,只是以今天到手的情报提出详细的提议,尤其以下两点提醒外务省注意:

一、日本对国际联盟显示关爱之心,至少要在利益方面做出样子。对于日本的反驳及承认"满洲国",为预防日内瓦方面必然表示的不满(即所谓轻视国际联盟及所属机关),以下三个规定插入协约文本之中,具有巩固日本立场之效用。

(一)协约中关于解决日"满"之间的悬案问题,由于"新国家"的成立,可以预想到解决中国与"满洲国"之间的悬案不太可能,为何拒绝日本的斡旋呢?为何不采用更好的办法,不明确记载其他机关,比如国际联盟的斡旋呢?(比如,是否加上以下条文:"'满洲国'独立宣言后,为解决遗留在中国与'满洲国'之间的诸悬案,日本当援助之,单独或协同他国政府,或者与国际联盟合作斡旋之。")

以上条文表示国际共同努力的愿望,而且,也便于驻日内瓦的日本代表进行情况说明及答辩。

(二)对日本的指责与攻击(指责日本导致国际联盟组织崩溃),对此的回答是,为何不能预见"满洲国"加入国际联盟呢?以及为何不能说更好的办法是日本援助"满洲国"加入国际联盟呢?(比如,可否加入以下条文:"日本尽快地援助'满洲国'实现加入国际联盟,为此予以斡旋。")

设置上述条文后,很容易被反驳说:如果日本退出国际联盟,或者有使国际联盟组织崩溃的企图,难道还应该设置上述条文吗?可以如此下结论:退出国际联盟是迫不得已的情况,是日本在国联大会的逼迫下采取的最后手段。

---

① 编者按:这份文档标有"译文"二字,似为日本以外国家或个人的文书资料,从内容看是站在日本外务省的立场,详情不明。

（三）承认"满洲国"及公开日"满"协议，恐怕会迎来不快之批评，会派遣观察员前往现场，为此日本在理事会的活动将受到拘束，谋策也会遭到指责。因此，在确定立即承认"满洲国"的同时，在日内瓦会议开始讨论或者讨论结束之前，经过日"满"双方同意，延迟协约发生效力的日期。如果这种方式无效，在该协议里另设定一项，规定可以根据两方的同意予以修正。这一条文可以唤起国际联盟各国代表之希望，即容纳理事会有理之劝告。而且，作为日本也显示并无压制理事会不变更片面行为之意图，即在协议中设这一项是有益的安全办法（比如，列入该条文：本协议由日本政府向国际联盟秘书处登记，作为第某某条，即"满洲"承认条款，登记后直接产生效力）。

其他条款：

（比如）在理事会召开审议调查团报告书会议之前不发生效力。

（比如）报告书讨论终结前不发生效力。

（比如）在两缔约"国"决定的日期之前不发生效力。

以上条款可基于两缔约"国"之间的同意予以修正之。

以上第三种方式（效力发生日期由两当事"国"以后决定）最富有弹性。总之，在日内瓦讨论形势不利于日本之时，不仅协约可以即时发生效力，而且，一方面在日内瓦未确立有关该协议各条款之时，日本可以首先听取报告书以及关于报告书的讨论情况，另一方面为保持远东之和平，希望能够向国联大会说明该协议的有用性。

二、对"满洲国"的创立，英、美、德各国抱有很大的畏惧感，可以说是看到了对日本所设置的特惠制度。因此这些国家的调查员屡屡表明，其起源系本日路透社伦敦发出的电报。如果协议中加入体现门户开放机会均等之原则，表现协议双方善意之条款，美国暂且另当别论，至少可以在某种程度上排除英德对"满洲国"的恶感，这是可以明了的。而且，重复"满洲国"政府及内田外相的屡次声明，将这些声明放入条文之中，对于日内瓦更为有效。

资料来源：JACAR（アジア歴史資料センター）Ref. B02030449600（第319画像目から）満洲事変（支那兵ノ満鉄柳条溝爆破ニ因ル日、支軍衝突関係）/善後措置関係/国際連盟支那調査員関係　第五卷（外務省外交史料館）

173. 中山书记官致内田外务大臣的函电
（1932 年 8 月 25 日）

昭和七年　一八八四三　暗　北平　　　　八月二十五日下午发送
　　　　　　　　　　　外务省　　　　八月二十六日上午收到
第五二二号
来自吉田
第三五三号

下月初，调查团中的法、意、德委员踏上经由满洲返欧的路程，其中有人在报告书做成之时对我方抱有好意。有关护卫及其他方面，希望"满洲国"及我方官宪对一行提供特别优厚之便利。

转发：奉天、长春、哈尔滨、齐齐哈尔。

资料来源：JACAR（アジア歴史資料センター）Ref. B02030449600（第324 画像目から）満洲事変（支那兵ノ満鉄柳条溝爆破ニ因ル日、支軍衝突関係）/善後措置関係/国際連盟支那調査員関係　第五巻（外務省外交史料館）

174. 内田外务大臣致电北平中山书记官的函电
（1932 年 8 月 25 日）

昭和七年八月二十五日
第二〇五号
关于国际联盟调查团报告书结论内容
致吉田大使
第六五号
关于贵电第三三二号

调查团方面以"满洲国"为基础的结论意见已经形成，关于该意见之内容待判明后详细电报告之。

资料来源：JACAR（アジア歴史資料センター）Ref. B02030449600（第325 画像目から）満洲事変（支那兵ノ満鉄柳条溝爆破ニ因ル日、支軍衝突関係）/善後措置関係/国際連盟支那調査員関係　第五巻（外務省外交史料館）

175. 中山书记官致电内田外务大臣的函电
（1932 年 8 月 26 日）

昭和七年　一八九二二　暗　北平　　　　八月二十六日下午发送
　　　　　　　　　　　　外务省　　　　八月二十七日上午收到

第五二四号之一

来自伊藤

到达北平以来，小官与欧美人士会面会谈，大体印象如下（得到满铁金井①之指导和帮助）：

一、小官对欧美人士说明，国联调查团报告书中不可附加建议之内容，理由如下：

1. 调查团不具有此项义务。去年 12 月 10 日，理事会给予调查团的任务中不具有此意向，当时小官作为起草委员是了解的。

2. 无论何种建议，由于日中两国间已呈现出交恶的状态，建议只能带来更恶劣的结果。

二、许多调查团委员与小官意见相反，认为调查团一方负有建议之权利，并非义务。如今，正在考虑采取何等方法进行建议，由于日内瓦的议论完全不适合东亚的事情，许多意见基于这一观点认为需要防止日本不接受建议。

三、调查团形成什么样的建议，获取这方面的情报几乎是不可能的。或者，由于调查团的极其保密而不予泄露。为使日本与中国之间围绕各种问题进行对话，建议进行一系列的会谈（series of conferences）。（在某种程度上这是没有意义的，大体上是荒谬的。）

（待续）

资料来源：JACAR（アジア歴史資料センター）Ref. B02030449600（第326 画像目から）満洲事変(支那兵ノ満鉄柳条溝爆破ニ因ル日、支軍衝突関係)/善後措置関係/国際連盟支那調査員関係　第五卷(外務省外交史料館)

---

① 编者按：指金井章次，原满铁职员，九一八事变后积极协助关东军炮制伪满洲国，任伪满协和会要员。

176. 中山书记官致内田外务大臣的函电
(1932 年 9 月 26 日)

昭和七年　一八九二三　暗　北平　　　　　八月二十六日下午发送
　　　　　　　　　　　　外务省　　　八月二十七日上午收到

第五二四号之二

四、报告书除建议之内容外,关于方法问题,据最亲日的一名专家(エキスパート)对小官言,日中两国间可以就满洲的一些问题予以交涉,需遵从 1931 年 12 月 10 日的国联理事会决议。如此,应能够让调查团倾向于不提出建议。关于这一点,有吉公使的上海之行有重大意义。

五、调查团之报告书大体上接近完成,目前正由李顿和哈斯起草结论部分,取得调查团同意后出发回欧洲。多数人的意见是 9 月 2 日出发的时间可能多少会延期。

六、报告书有专人经由西伯利亚送至日内瓦。9 月下旬提交国联的同时会正式交付日中两国。我方表示因日本的距离远,能否提前交付,或者由调查团交付日本,回答是难以保证媒体不予以报道。

七、据称,报告书送至日内瓦后,9 月的国联大会将开始讨论。

或者,是否有必要对亲日的委员采取一些方法。

以上,是小官的一些印象,26 日发电后直接返回东京,详细情况等回到东京后再述。

资料来源:JACAR(アジア歴史資料センター)Ref. B02030449700(第 327 画像目から)満洲事変(支那兵ノ満鉄柳条溝爆破ニ因ル日、支軍衝突関係)/善後措置関係/国際連盟支那調査員関係　第五巻(外務省外交史料館)

177. 内田外务大臣致奉天代理总领事森岛的函电
（1932 年 8 月 26 日）

昭和七年八月二十六日

关于向国际联盟调查团提供方便之件

第四四八号

致武藤大使

关于北平发给本大臣之第五二二号电

吉田大使提出，望"满洲国"、关东军及满铁我方其他官宪，能给予国际联盟调查团特别优厚便利，望筹划之。

转发：长春、哈尔滨、齐齐哈尔。

资料来源：JACAR（アジア歴史資料センター）Ref. B02030449700（第329 画像目から）満洲事変（支那兵ノ満鉄柳条溝爆破ニ因ル日、支軍衝突関係）/善後措置関係/国際連盟支那調査員関係　第五卷（外務省外交史料館）

178. 内田外务大臣致北平中山书记官的函电
（1932 年 8 月 26 日）

昭和七年八月二十六日

关于向国际联盟调查团申明热河问题之件

第二〇六号

致吉田大使

关于贵电第三五二号

关于石本事件①，在答复的同时需要强调热河是"满洲国"的一部分，维持治安是"满洲国"的内政问题，当地出现扰乱治安问题，将对整个满蒙产生重大

----

① 编者按：指石本权四郎，日本占据"关东州"后委任的大连第一届市长石本鑨太郎之弟。时为关东军嘱托、间谍。1932 年 7 月潜入辽西刺探情报，被抗日义勇军擒获处决。

影响。眼下，维持"满蒙"治安乃是重要任务。日本对热河之事态不能不予以关注，务将此意传递给调查团方面。

　　资料来源：JACAR（アジア歴史資料センター）Ref. B02030449700（第330画像目から）満洲事変（支那兵ノ満鉄柳条溝爆破ニ因ル日、支軍衝突関係）/善後措置関係/国際連盟支那調査員関係　第五巻（外務省外交史料館）

179. 内田外务大臣致中山书记官的函电
（1932 年 8 月 27 日）

　　昭和七年　一八九五八　略　北平　　　　八月二十七日上午发送
　　　　　　　　　　　　　　外务省　　八月二十七日下午收到
第五二七号
本官发给长春之电报
第一四号
来自吉田
关于本使发给大臣之第三五三号电报
　　9 月 1 日、2 日，调查团中的法、意、德委员以及助佛兰、爱斯托计划从当地出发，乘 5 日的列车返回欧洲，望拜托"满洲国"方面在乘坐奉山线及中东铁路时提供方便，如"满洲国"需要日本政府的正式呈文，以大臣电文示之。
　　本使一行计划陪同至奉天，然后经由朝鲜回东京。
　　转发：外务大臣、奉天、哈尔滨。
　　资料来源：JACAR（アジア歴史資料センター）Ref. B02030449700（第332画像目から）満洲事変（支那兵ノ満鉄柳条溝爆破ニ因ル日、支軍衝突関係）/善後措置関係/国際連盟支那調査員関係　第五巻（外務省外交史料館）

180. 中山书记官致内田外务大臣的函电
（1932 年 8 月 27 日）

　　昭和七年　一九〇〇五　暗　北平　　　　八月二十七日下午发送
　　　　　　　　　　　　　　外务省　　八月二十七日下午收到
第五二八号

本官发给长春之电报

第一五号

往电第一四号转发满洲里。

转发：外务大臣、奉天、哈尔滨。

　　资料来源：JACAR（アジア歴史資料センター）Ref. B02030449700（第333画像目から）満洲事変（支那兵ノ満鉄柳条溝爆破ニ因ル日、支軍衝突関係）/善後措置関係/国際連盟支那調査員関係　第五卷（外務省外交史料館）

181. 田中代理总领事致内田外务大臣的函电
（1932 年 8 月 29 日）

　　昭和七年　一九一○七　暗　长春　　　　　八月二十九日下午发送

　　　　　　　　　　　　　　外务省　　　　　八月二十九日下午收到

第五四四号

本官发给北平之电报

第一三号

关于贵电第一四号

致吉田大使

　　关于向国际联盟调查团一行提供方便之事，已经照会"满洲国"方面，该方表示接受。在保护和优待方面当下正与有关方面协商。另外，关于列车运行的时机，调查团一行通过"满洲国"境内的预定时日，望立即回电告知。

　　由奉天转报驻"满洲国"特命全权大使。①

　　转发：外务大臣、奉天。

　　资料来源：JACAR（アジア歴史資料センター）Ref. B02030449700（第336画像目から）満洲事変（支那兵ノ満鉄柳条溝爆破ニ因ル日、支軍衝突関係）/善後措置関係/国際連盟支那調査員関係　第五卷（外務省外交史料館）

---

　　①　编者按：当时的日本驻"满洲国"全权大使由关东军司令官兼任。下同。

182. 内田外务大臣致北平中山书记官的函电
（1932 年 8 月 29 日）

昭和七年八月二十九日

调查团与中国参与员顾维钧同船赴日内瓦之件

第二一四号

致吉田大使

第七〇号

关于贵电第三五五号

李顿等与当事国一方的参与员同船渡欧，如此甚是不够谨慎，我方是否应正式表示异议。而且故意抛开我方外交官，帝国的威严何在。此际当采取以上措施。他日，调查团之报告书如有不公正主张，此事连同报告书起草地问题可以一并利用，作为追究调查团行动的例证。

与贵电一并转发国际联盟。

资料来源：JACAR（アジア歴史資料センター）Ref. B02030449700（第337 画像目から）満洲事変（支那兵ノ満鉄柳条溝爆破ニ因ル日、支軍衝突関係）/善後措置関係/国際連盟支那調査員関係　第五巻（外務省外交史料館）

183. 中山书记官致内田外务大臣的函电
（1932 年 8 月 30 日）

昭和七年　一九一七〇　暗　北平　　　　　　八月三十日下午发送

　　　　　　　　　　外务省　　　　八月三十日下午收到

第五三七号

本官发给长春之电报

第一六号

往电第一四号"5 日从当地出发"的下面，遗漏"满洲里"几字，望订正。

转发：长春。

资料来源：JACAR（アジア歴史資料センター）Ref. B02030449700（第338 画像目から）満洲事変（支那兵ノ満鉄柳条溝爆破ニ因ル日、支軍衝突関

係)/善後措置関係/国際連盟支那調査員関係　第五卷(外務省外交史料館)

184. 上村代理总领事致内田外务大臣的函电
(1932 年 8 月 30 日)

昭和七年　一九二四九　暗　南京　　　　　八月三十日下午发送
　　　　　　　　　　　　　外务省　　　　八月三十一下午收到

第六〇二号

来自矢野

30 日,据外交部工作人员吐露,顾维钧与颜德庆、钱泰、王卓然、戈公振等四人将于 9 月 5 日乘上海发往意大利的船只,与国联调查团的委员同行渡欧。

转发:中国、北平。

　　资料来源:JACAR(アジア歴史資料センター)Ref. B02030449700(第338 画像目から)満洲事変(支那兵ノ満鉄柳条溝爆破ニ因ル日、支軍衝突関係)/善後措置関係/国際連盟支那調査員関係　第五卷(外務省外交史料館)

185. 田中代理总领事致内田外务大臣的函电
(1932 年 8 月 30 日)

昭和七年　一九一八六　暗　长春　　　　　八月三十日下午发送
　　　　　　　　　　　　　外务省　　　　八月三十日下午收到

第五四五号

本官发给奉天之电报

第八四号

关于本官发给北平之电报第一三号

外交部与警务司协商的结果,因奉山线地方"匪贼"猖獗,不出动大量警备军人乘坐装甲车或先导车,难以保证安全,因此没有日本的援助,列车运行存在困难。望贵地军方与奉山线铁路局及满铁协商,考虑援助事宜。另外需要考虑的是,中东铁路线水害故障虽然逐渐改善,但对"匪贼"尚有顾虑,望在这一点上加以考虑。另外,外务省川崎前往山海关迎接调查团一行。

转报驻"满洲国"特命全权大使。

转发:外务大臣、北平。

资料来源:JACAR(アジア歴史資料センター)Ref. B02030449700(第339 画像目から)満洲事変(支那兵ノ満鉄柳条溝爆破ニ因ル日、支軍衝突関係)/善後措置関係/国際連盟支那調査員関係　第五巻(外務省外交史料館)

186. 武藤大使致内田外务大臣的函电
(1932 年 8 月 31 日)

昭和七年　一九二九三　暗　奉天　　　　八月三十一日下午发送

外务省　　　　八月三十一日下午收到

第一二号

本使发给北平之电报

第一号

关于致长春之贵电第一四号

致吉田参与员

中东铁路线庙台子附近铁桥被洪水淹没,安达车站附近铁路(30 日被"匪贼"袭击)遭到破损。另外,洮昂线也被水淹,有数处桥梁破损(利用船只摆渡)。以上线路正紧急抢修,何时能够通车待满铁方面调查结果后再电告。

倘若铁路不通之时,不得不利用飞机飞抵齐齐哈尔,望确认调查团方面的意向。

转发:外务大臣、长春、哈尔滨。

转报奉天。

资料来源:JACAR(アジア歴史資料センター)Ref. B02030449700(第340 画像目から)満洲事変(支那兵ノ満鉄柳条溝爆破ニ因ル日、支軍衝突関係)/善後措置関係/国際連盟支那調査員関係　第五巻(外務省外交史料館)

187. 中山书记官致内田外务大臣的函电
（1932 年 8 月 31 日）

昭和七年　一九二一七　暗　北平　　　　　　八月三十一日上午发送
　　　　　　　　　　　　外务省　　　　　　八月三十一日上午收到

第五四〇号

来自吉田

第三六〇号

调查团英、美、意三国委员将于 9 月 4 日早乘飞机前往上海，换乘 5 日出发的"甘奇号（Gange）"轮船前往欧洲。法、德两委员于 4 日从当地出发，乘坐由塘沽 5 日出发的华山丸（かざん丸）轮船，经由大连北上，然后换乘 12 日满洲里发的列车。报告书由法国委员一行携带。到达日内瓦大约 24 日，比预定大约推迟一周。

另外，哈斯与派尔脱两周后出发，经由西伯利亚。派斯塔柯夫整理资料后携带之，乘 9 月中旬上海发的船只经印度洋返欧。

转发：中国、奉天、长春、哈尔滨、国际联盟。

资料来源：JACAR（アジア歴史資料センター）Ref. B02030449700（第341 画像目から）満洲事変(支那兵ノ満鉄柳条溝爆破ニ因ル日、支軍衝突関係)/善後措置関係/国際連盟支那調査員関係　第五巻(外務省外交史料館)

188. 中山书记官致内田外务大臣的函电
（1932 年 8 月 31 日）

昭和七年　一九二五一　暗　北平　　　　　　八月三十一日上午发送
　　　　　　　　　　　　外务省　　　　　　八月三十一日下午收到

第五四三号

来自吉田

第三六三号

关于往电第三六〇号

本使与德、法委员同行，预定乘 5 日塘沽发的轮船前往大连，在该地送别一行后返回东京。

转发：奉天、长春。

资料来源：JACAR（アジア歴史資料センター）Ref. B02030449700（第342画像目から）満洲事変（支那兵ノ満鉄柳条溝爆破ニ因ル日、支軍衝突関係）/善後措置関係/国際連盟支那調査員関係　第五巻（外務省外交史料館）

189. 中山书记官致内田外务大臣的函电
（1932 年 8 月 31 日）

昭和七年　一九三一五　暗　北平　　　　　八月三十一日下午发送
　　　　　　　　　　　　　　外务省　　　　　九月一日上午收到

第五四五号

来自吉田

第三六四号

关于往电第三六三号

法、德两委员从大连前往哈尔滨时，预定澄田中佐陪伴同行。

资料来源：JACAR（アジア歴史資料センター）Ref. B02030449700（第342画像目から）満洲事変（支那兵ノ満鉄柳条溝爆破ニ因ル日、支軍衝突関係）/善後措置関係/国際連盟支那調査員関係　第五巻（外務省外交史料館）

190. 中山书记官致内田外务大臣的函电
（1932 年 8 月 31 日）

昭和七年　一九二九九　暗　北平　　　　　八月三十一日下午发送
　　　　　　　　　　　　　　外务省　　　　八月三十一日下午收到

第五四七号

本官发给奉天之电报

第八五号

来自吉田

关于本官发给大臣之第三六〇号电报

法、德两委员希望务必搭乘 12 日满洲里出发的列车，因铁路不时发生故障,考虑两地间可以利用飞机,望委托军方予以准备。

转发:外务大臣、长春、哈尔滨、齐齐哈尔、满洲里。

资料来源:JACAR(アジア歴史資料センター)Ref. B02030449700(第343画像目から)満洲事変(支那兵ノ満鉄柳条溝爆破ニ因ル日、支軍衝突関係)/善後措置関係/国際連盟支那調査員関係　第五巻(外務省外交史料館)

191. 田中代理总领事致内田外务大臣的函电
(1932年8月31日)

昭和七年　一九二六六　暗　长春　　　八月三十一日下午发送
　　　　　　　　　　　　外务省　　　八月三十一日下午收到

第五五一号

本官发给北平之电报

第一六号

关于往电第一五号

中东铁路南部线已于昨天(30日)开通,客货车可直通运转,但因修复地点基础不牢,旅客列车每日只通一班,上午由长春发车,待地基坚固方能恢复正常。中东铁路西部线昂昂溪与富拉尔基之间仍利用舟船摆渡,欧亚之间的交通联络无障碍。

转发:外务大臣、驻"满洲国"特命全权大使。

由驻"满洲国"特命全权大使转报奉天。

资料来源:JACAR(アジア歴史資料センター)Ref. B02030449800(第344画像目から)満洲事変(支那兵ノ満鉄柳条溝爆破ニ因ル日、支軍衝突関係)/善後措置関係/国際連盟支那調査員関係　第五巻(外務省外交史料館)

192. 长冈代理总领事致内田外务大臣的函电
(1932年8月31日)

昭和七年　一九二六九　略　哈尔滨　　　八月三十一日下午发送
　　　　　　　　　　　　外务省　　　　八月三十一日下午收到

第八三二号

本官发给北平之第四二四号电报

致吉田大使

中东铁路西部线状况如同本官发给莫斯科的第四七号电报那样,尚未恢复。鉴于这样的状态,国际联盟调查团一行预定经由西伯利亚返回欧洲,但经由线路的恢复尚需要相当时日,除了在当地滞留别无他策,望转达调查团各位。

转发:外务大臣、俄罗斯、奉天、长春、国际联盟。

资料来源:JACAR(アジア歴史資料センター)Ref. B02030449800(第345 画像目から)満洲事変(支那兵ノ満鉄柳条溝爆破ニ因ル日、支軍衝突関係)/善後措置関係/国際連盟支那調査員関係　第五巻(外務省外交史料館)

193. 中山书记官致内田外务大臣的函电
(1932 年 9 月 1 日)

昭和七年　一九三七六　平　北平　　　　　　九月一日下午发送

　　　　　　　　　　　　　外务省　　　　　　九月一日下午收到

第五五四号

来自吉田

第三六九号

31 日,丕平从北平出发,踏上返回东京之路。

资料来源:JACAR(アジア歴史資料センター)Ref. B02030449800(第345 画像目から)満洲事変(支那兵ノ満鉄柳条溝爆破ニ因ル日、支軍衝突関係)/善後措置関係/国際連盟支那調査員関係　第五巻(外務省外交史料館)

194. 中山书记官致内田外务大臣的函电
(1932 年 9 月 1 日)

昭和七年　一九三九〇　暗　北平　　　　　　九月一日下午发送

　　　　　　　　　　　　　外务省　　　　　　九月一日下午收到

第五五六号

盐崎致吉泽书记官

关于 8 月 13 日机密信之后一段

哈斯希望与我方的会见录不要另行印刷。我方为了准备之用，阁下可印刷之。

资料来源：JACAR（アジア歴史資料センター）Ref. B02030449800（第346 画像目から）満洲事変（支那兵ノ満鉄柳条溝爆破ニ因ル日、支軍衝突関係）/善後措置関係/国際連盟支那調査員関係　第五巻（外務省外交史料館）

195. 海军省军务局长致久保田海军大佐的函电
（1932 年）

军务机密第五六九号电

如国际联盟调查团的有关任务告一段落，考虑在旅顺仍有任务，望迅速回归该地。

资料来源：JACAR（アジア歴史資料センター）Ref. B02030449800（第347 画像目から）満洲事変（支那兵ノ満鉄柳条溝爆破ニ因ル日、支軍衝突関係）/善後措置関係/国際連盟支那調査員関係　第五巻（外務省外交史料館）

196. 中山书记官致内田外务大臣的函电
（1932 年 9 月 3 日）

昭和七年　一九五五一　略　北平　　　　九月三日下午发送
　　　　　　　　　　　外务省　　　　　九月三日下午收到

第五六〇号

来自吉田

第三七四号

2 日，渡久雄离开北平。3 日，盐崎观三、贵布根康吉、陈新座、井上、鸭田离开北平，从塘沽乘"长安丸"轮船回国。

资料来源：JACAR（アジア歴史資料センター）Ref. B02030449800（第347 画像目から）満洲事変（支那兵ノ満鉄柳条溝爆破ニ因ル日、支軍衝突関係）/善後措置関係/国際連盟支那調査員関係　第五巻（外務省外交史料館）

197. 中山书记官致内田外务大臣的函电
（1932年9月3日）

昭和七年　一九五四九　略　北平　　　　　九月三日下午发送

外务省　　　　　九月三日下午收到

第五六一号

来自吉田

盐崎书记官一行携带文书，预定6日到达门司，望予以便利通关。

资料来源：JACAR（アジア歴史資料センター）Ref. B02030449800（第348画像目から）満洲事変（支那兵ノ満鉄柳条溝爆破ニ因ル日、支軍衝突関係）/善後措置関係/国際連盟支那調査員関係　第五巻（外務省外交史料館）

198. 中山书记官致内田外务大臣的函电
（1932年9月4日）

昭和七年　一九六四五　略　北平　　　　　九月四日下午发送

外务省　　　　　九月五日上午收到

第五六六号

关于往电第五四三号

吉田大使、久保多大佐、澄田中佐、中泽、木村一行，4日从北平当地出发。

资料来源：JACAR（アジア歴史資料センター）Ref. B02030449800（第348画像目から）満洲事変（支那兵ノ満鉄柳条溝爆破ニ因ル日、支軍衝突関係）/善後措置関係/国際連盟支那調査員関係　第五巻（外務省外交史料館）

199. 太田代理总领事致内田外务大臣的函电
（1932年9月4日）

昭和七年　无电报号码　暗　天津　　　　　九月四日下午发送

外务省　　　　　九月五日上午收到

第三五五号

来自吉田大使

第？号①

最终报告书由李顿携带，从新加坡乘飞机送往日内瓦。

转发：国际联盟。

　资料来源：JACAR（アジア歴史資料センター）Ref. B02030449800（第349画像目から）満洲事変（支那兵ノ満鉄柳条溝爆破ニ因ル日、支軍衝突関係）/善後措置関係/国際連盟支那調査員関係　第五巻（外務省外交史料館）

200. 上村代理总领事致内田外务大臣的函电
（1932 年 9 月 5 日）

昭和七年　一九七二二　略　南京　　　　　　九月五日下午发送

　　　　　　　　　　　外务省　　　　　　　九月五日下午收到

第六一三号

关于往电第六〇八号

　4 日，罗文干乘船从汉口返回南京，随即赴上海，该人在汉口与顾维钧错过，未能相见，为此赴上海会面，同时也为送别李顿。

　转发：中国、上海。

　资料来源：JACAR（アジア歴史資料センター）Ref. B02030449800（第350画像目から）満洲事変（支那兵ノ満鉄柳条溝爆破ニ因ル日、支軍衝突関係）/善後措置関係/国際連盟支那調査員関係　第五巻（外務省外交史料館）

201. 田中代理总领事致电内田外务大臣的函电
（1932 年 9 月 5 日）

昭和七年　一九六七八　暗　长春　　　　　　九月五日下午发送

　　　　　　　　　　　外务省　　　　　　　九月五日下午收到

第五六五号

本官发给驻"满洲国"特命全权大使之电报

---

①　编者按：问号为原文，指原电文无号码。

第二〇号

来自大桥

关于国际联盟调查团通过中东铁路线一事,该铁路西部线不仅难以恢复,而且"满洲国"警务部门也对警卫问题报以担心,需要装甲列车及日本军方的援助。建议在当地以北通行的一切事务由日本方面指导安排为妥,包括:

一、当地以北的全部或部分行程可否利用飞机,以及日程的决定。

二、如利用飞机,如何筹备飞机等事情。

三、利用铁路的警备。

其他问题由军方与调查团一行商议。另外,决定之结果以及"满洲国"方面可以安排的诸点,望回电。

此外,通过当地时,内定由"执政"提供午餐。

驻"满洲国"特命全权大使转报奉天。

哈尔滨转电齐齐哈尔、满洲里。

转发:外务大臣、哈尔滨。

资料来源:JACAR(アジア歴史資料センター)Ref. B02030449800(第350画像目から)満洲事変(支那兵ノ満鉄柳条溝爆破ニ因ル日、支軍衝突関係)/善後措置関係/国際連盟支那調査員関係 第五巻(外務省外交史料館)

202. 村井总领事致内田外务大臣的函电
(1932 年 9 月 5 日)

昭和七年　一九七二一　略　上海　　　　　九月五日下午发送
　　　　　　　　　　　外务省　　　　　　　九月五日下午收到

第九八〇号

4 日 15 时,李顿一行乘飞机到达当地,受到郭代表及中国多数官民的欢迎。当日,在宾馆接受汪精卫、宋子文、罗文干等人来访。5 日上午 9 时乘意大利"甘奇号"邮船返欧,顾维钧、颜德庆等同船,并谢绝了新闻记者的采访。

转发:北平、奉天、南京。

转报:中国。

资料来源:JACAR(アジア歴史資料センター)Ref. B02030449800(第351画像目から)満洲事変(支那兵ノ満鉄柳条溝爆破ニ因ル日、支軍衝突関

係)/善後措置関係/国際連盟支那調査員関係　第五卷(外務省外交史料館)

203. 武藤关东长官致内田外务大臣的函电
(1932 年 9 月 6 日)

昭和七年　一九七七一　暗　旅顺　　　　　九月六日下午发送
　　　　　　　　　　　　外务省　　　　　九月六日下午收到

第八九号

5 日 21 时,国际联盟调查团德、法委员及吉田大使一行从塘沽到达大连,投宿星浦宾馆。德、法委员一行 3 人的行程如下:

7 日上午 9 时乘大连发的列车,15 时 20 分抵达奉天,住宿一晚。

8 日上午 6 时 45 分奉天发车,13 时到达长春,当日 14 时 29 分发车,当日 22 时 10 分抵达哈尔滨。

9 日,停留哈尔滨。

10 日早从哈尔滨乘坐飞机,14 时到达齐齐哈尔,当日夜里乘列车,11 日 13 时到达满洲里。

预定 12 日(时间未定)从当地出发。

奉天转报驻"满洲国"特命全权大使。

转发:中国、北平、奉天、长春、满洲里、哈尔滨、齐齐哈尔。

资料来源:JACAR(アジア歴史資料センター)Ref. B02030449800(第 352 画像目から)满洲事变(支那兵ノ満鉄柳条溝爆破ニ因ル日、支軍衝突関係)/善後措置関係/国際連盟支那調査員関係　第五卷(外務省外交史料館)

204. 吉田大使致电内田外务大臣的函电
(1932 年 9 月 6 日)

昭和七年　无电报号码　暗　大连　　　　　九月六日下午发送
　　　　　　　　　　　　外务省　　　　　九月六日下午收到

第三七八号

关于本人自天津发出之电报,报告书将于本月 19 日到达日内瓦,随即进行印刷。21 日,助佛兰赴该地校对。哈斯一周后返回,若印刷完毕,克劳德将军亲自赶到当地,严密检查有无谬误。

资料来源:JACAR(アジア歴史資料センター)Ref. B02030449800(第353画像目から)満洲事変(支那兵ノ満鉄柳条溝爆破ニ因ル日、支軍衝突関係)/善後措置関係/国際連盟支那調査員関係　第五巻(外務省外交史料館)

205. 武藤关东长官致内田外务大臣的函电
(1932年9月7日)

昭和七年　一九八二五　暗　旅順　　　　　九月七日上午发送
　　　　　　　　　　　外务省　　　　　　　九月七日下午收到

第九〇号

关于往电第八九号

本日上午9时,国际联盟调查团德、法委员从大连出发。

另,奉天以北之路程多少有些变更。

转发同前电。

资料来源:JACAR(アジア歴史資料センター)Ref. B02030450100(第414画像目から)満洲事変(支那兵ノ満鉄柳条溝爆破ニ因ル日、支軍衝突関係)/善後措置関係/国際連盟支那調査員関係　第五巻(外務省外交史料館)

206. 武藤大使致内田外务大臣的函电
(1932年9月7日)

昭和七年　一九八五四　暗　奉天　　　　　九月七日下午发送
　　　　　　　　　　　外务省　　　　　　　九月七日下午收到

第? 号①

本使发给长春之电报

第五号

关于贵电第二〇号

致大桥次长

---

①　编者按:问号为原文,指原电文无号码。

国际联盟调查团到达贵地后的旅程由当地决定。另外，调查团方面的意向是拒绝我方及"满洲国"的一切招待。

转发：外务大臣。

资料来源：JACAR(アジア歴史資料センター)Ref. B02030450100(第414画像目から)満洲事変(支那兵ノ満鉄柳条溝爆破ニ因ル日、支軍衝突関係)/善後措置関係/国際連盟支那調査員関係　第五卷(外務省外交史料館)

207. 武藤大使致内田外务大臣的函电
(1932年9月7日)

昭和七年　一九八七〇　暗　奉天　　　　　　九月七日下午发送
　　　　　　　　　　　　　外务省　　　　　　九月七日下午收到

第四九号

本使发给长春之电报

第六号

8日15时30分，国际联盟调查团委员克劳德、希尼及随员助佛兰从当地乘列车出发，前往贵地，住宿一晚。9日早乘飞机前往齐齐哈尔(预定途中在哈尔滨休息一二小时)，当日在齐齐哈尔住宿一晚。预定10日乘列车或飞机前往满洲里。

转发：外务大臣、哈尔滨、齐齐哈尔。

资料来源：JACAR(アジア歴史資料センター)Ref. B02030450100(第415画像目から)満洲事変(支那兵ノ満鉄柳条溝爆破ニ因ル日、支軍衝突関係)/善後措置関係/国際連盟支那調査員関係　第五卷(外務省外交史料館)

208. 中山书记官致电内田外务大臣的函电
(1932年9月7日)

昭和七年　一九八七四　暗　北平　　　　　　九月七日下午发送
　　　　　　　　　　　　　外务省　　　　　　九月七日下午收到

第五六九号

来自森

　　昨日,哈斯及夫人从当地前往上海,停留二三日后从陆路经天津赴"满"(卡尔利在天津加入)。9日,一行人从塘沽乘"长平丸"轮船赴大连,与派尔脱在哈尔滨碰头,19日预定搭乘满洲里发车的国际列车。

　　转发:中国、驻"满洲国"特命全权大使、关东长官、长春、哈尔滨、齐齐哈尔、满洲里。

　　资料来源:JACAR(アジア歴史資料センター)Ref. B02030450100(第415画像目から)満洲事変(支那兵ノ満鉄柳条溝爆破ニ因ル日、支軍衝突関係)/善後措置関係/国際連盟支那調査員関係　第五巻(外務省外交史料館)

209. 中山书记官致电内田外务大臣的函电
(1932年9月7日)

昭和七年　一九八五三　略　北平　　　　九月七日下午发送
　　　　　　　　　　　　　外务省　　　　九月七日下午收到

第五七三号

　　7日,森书记官从当地出发,经由塘沽回国。

　　资料来源:JACAR(アジア歴史資料センター)Ref. B02030450100(第416画像目から)満洲事変(支那兵ノ満鉄柳条溝爆破ニ因ル日、支軍衝突関係)/善後措置関係/国際連盟支那調査員関係　第五巻(外務省外交史料館)

210. 森岛代理总领事致内田外务大臣的函电
(1932年9月8日)

昭和七年　一九九四〇　暗　奉天　　　　九月八日下午发送
　　　　　　　　　　　　　外务省　　　　九月八日下午收到

第一二五〇号

致吉田大使

关于北平发给本官之第八七号电报

　　因电文中引用贵大使发给外务大臣之电报号码不明,不能处理。如系哈尔滨寄送之件(致张景惠的"行政院"密令),当时已经交付贵大使。

　　资料来源:JACAR(アジア歴史資料センター)Ref. B02030450100(第

416 画像目から)满洲事变(支那兵ノ满铁柳条沟爆破ニ因ル日、支军衝突关系)/善後措置关係/国際連盟支那調査員関係　第五卷(外務省外交史料館)

211. 长冈代理总领事致内田外务大臣的函电
(1932年9月8日)

昭和七年　一九九一五　暗　哈尔滨　　　　　九月八日上午发送
　　　　　　　　　　　　外务省　　　　　　九月八日下午收到

第八六〇号

满洲里发给本官之电报

第五五号

本官发给奉天之电报

第八号

致吉田大使

关于免除联盟委员痢疾隔离的拙电发出后,1日,本官与当地后贝加尔铁路代表库利乌(クリッウ,音译)交涉,库利乌表示向有关官宪传达,于2日告知结果。其后接连督促,库利乌再三来电照会,要求暂时迟缓。4日深夜接北平中山书记官发给外务大臣之第五四〇号电报,遂要求5日早会面,但对方以监督工事整日出差在外为由推托。直到6日早才与库利乌见面,向其通报前贵电,并做以种种说明,力求予以提供方便。库利乌不断出示数份照会之类电报,1日会谈时还以为是很简单的事情,但直到现在仍没有任何回答。推测苏联有关地方当局担心万一发生事端,承担责任,或者正向莫斯科中央请示之中。即使本日再度通电照会,亦希望不大。请阁下拜托驻莫斯科日本大使出面交涉,内容如已准备好的致驻俄大使第二二号电报。

转发:外务大臣、驻"满洲国"特命全权大使、奉天、长春、北平。

资料来源:JACAR(アジア歴史資料センター)Ref. B02030450100(第417 画像目から)满洲事变(支那兵ノ满铁柳条沟爆破ニ因ル日、支军衝突关系)/善後措置关係/国際連盟支那調査員関係　第五卷(外務省外交史料館)

212. 桑折代理总领事致内田外务大臣的函电
(1932 年 9 月 8 日)

昭和七年　一九九〇七　暗　香港　　　　　　九月八日上午发送
　　　　　　　　　　　　　外务省　　　　　　九月八日下午收到

第一五六号

昨天(7 日),国际联盟调查团团长李顿搭乘意大利"甘奇号"邮船返英。在港期间拜访了代理总督,当日下午乘船离港。李顿对船上采访的新闻记者称:"吾等为调查起见与'满洲国'当政者有所接触,但并非给予'新国家'承认之机会。事实上,'新国家'并不被其他国家承认,作为调查团也不能承认。"关于报告书之内容则什么都没有谈及。

驻华公使转报上海、南京。

转发:中国、北平、奉天。

秘送广东。

奉天转报驻"满洲国"特命全权大使。

资料来源:JACAR(アジア歴史資料センター)Ref. B02030450100(第418 画像目から)満洲事変(支那兵ノ満鉄柳条溝爆破ニ因ル日、支軍衝突関係)/善後措置関係/国際連盟支那調査員関係　第五卷(外務省外交史料館)

213. 长冈代理总领事致内田外务大臣的函电
(1932 年 9 月 9 日)

昭和七年　一九九九二　略　哈尔滨　　　　　九月九日下午发送
　　　　　　　　　　　　　外务省　　　　　　九月九日下午收到

第八六五号

本官发给驻"满洲国"特命全权大使之电报

第九号

本月 9 日上午 10 时,调查团法、德委员乘飞机到达哈尔滨,天气适宜,稍事休息后飞往齐齐哈尔。

转发:外务大臣、长春、齐齐哈尔、满洲里。

资料来源：JACAR（アジア歴史資料センター）Ref. B02030450100（第421画像目から）満洲事変（支那兵ノ満鉄柳条溝爆破ニ因ル日、支軍衝突関係）/善後措置関係/国際連盟支那調査員関係　第五巻（外務省外交史料館）

214. 田中代理总领事致内田外务大臣的函电
（1932 年 9 月 9 日）

昭和七年　一九九九〇　暗　长春　　　　　　九月九日下午发送
　　　　　　　　　　　　外务省　　　　　　九月九日下午收到

第五八二号

本官发给驻"满洲国"特命全权大使之电报

第三三号

昨天（8 日）20 时 30 分，国际联盟调查团法、德委员到达当地，今日早 8 时乘飞机前往齐齐哈尔，然后从该地前往满洲里。该一行人在飞机上的行李需要立即送上列车。一行人到达之际，"满洲国"的谢介石（代表"执政"问候，并赠送执政照片、记载"满洲国"财政状况的英文说帖，以及展现"新京"新气象的十余枚照片等）、张实业总长、金市长、大桥次长等多数要员在车站迎接。日本方面的官民代表、在乡军人、妇人会等各种团体也出面欢迎，一行人颇为满意。

另外，据助佛兰向川崎吐露，调查团中的克劳德委员对日"满"两国抱有好意，进行了种种斡旋。日本新闻对此进行了大量的报道。这些报道反被中国和国际联盟方面利用，对日"满"两国不利。克劳德内心忧虑苦楚，因此此次路过满洲之时，拒绝了日"满"两方的招待，当是此番考虑的结果。

转报奉天。

转发：外务大臣、中国、北平。

资料来源：JACAR（アジア歴史資料センター）Ref. B02030450100（第421画像目から）満洲事変（支那兵ノ満鉄柳条溝爆破ニ因ル日、支軍衝突関係）/善後措置関係/国際連盟支那調査員関係　第五巻（外務省外交史料館）

215. 田中代理总领事致内田外务大臣的函电
(1932 年 9 月 9 日)

昭和七年　二〇〇四　暗　长春　　　　　　　九月九日下午发送
　　　　　　　　　　外务省　　　　　　　九月九日下午收到

第五三八号(极秘)

来自金井

据我所悉的国际联盟调查团态度,对日本在满洲的行动,单纯从法律论和条约论而言,是持指责之态度。从事实论方面,也有可以肯定之意见。李顿卿倾向于法律论,克劳德将军是以事实论为基础,据说双方进行了激烈的争辩。对于最后结论是否从中产生的询问,助佛兰称并不一定,结论部分并非作为正式的建议(recommendation),而只是作为评述(remark)供国联参考。上述评述的篇幅有几十页,记载了有关解决九一八事变的几个方案。记录有他国毫无承认余地(unacceptable)的情况,以及有承认余地(could be acceptable)(这是其原文的用语)的情况。有将满洲完全归还中国的方案,以及与之相反,完全成为日本领土,且前者的自治权被后者中?[①] 承认的方案。总之,报告书所写远比一般预期更有利于日本。以上是昨天夜里二人的谈话,仅供参考。

另外,克劳德闲谈时曾称李顿是"慢悠悠的事务佬",对其颇有反感。

资料来源:JACAR(アジア歴史資料センター)Ref. B02030450100(第422 画像目から)満洲事変(支那兵ノ満鉄柳条溝爆破ニ因ル日、支軍衝突関係)/善後措置関係/国際連盟支那調査員関係　第五巻(外務省外交史料館)

---

① 编者按:问号为原文。所谓"前者"指"满洲","后者"指日本。"中"疑为衍文,因而原文有"?"。

216. 内田外务大臣致电北平中山书记官的函电
（1932 年 9 月 9 日）

昭和七年九月九日

关于派斯塔柯夫行程之件

第二二四号

关于贵电第五七〇号

将派斯塔柯夫到达东京日期、停留时日以及返回欧洲线路确认后电告。

资料来源：JACAR（アジア歴史資料センター）Ref. B02030450100（第424 画像目から）満洲事変（支那兵ノ満鉄柳条溝爆破ニ因ル日、支軍衝突関係）/善後措置関係/国際連盟支那調査員関係　第五巻（外務省外交史料館）

217. 田中代理总领事致内田外务大臣的函电
（1932 年 9 月 10 日）

昭和七年　二〇〇八二　略　长春　　　　九月十日下午发送
　　　　　　　　　　　　外务省　　　　九月十日下午收到

第五八七号

齐齐哈尔发给本官之电报

第一六号

致大臣之电报

第一四四号

本月 9 日上午 11 时 30 分，国际联盟调查团法、德委员等 3 人与角田中佐及"满洲国"3 名官员到达当地，住宿一晚后，预定 10 日乘飞机前往满洲里。

驻"满洲国"特命全权大使转报奉天。

长春转报驻"满洲国"特命全权大使、驻华公使、奉天、哈尔滨。

转电满洲里。

转电长春。

资料来源：JACAR（アジア歴史資料センター）Ref. B02030450100（第

425 画像目から)満洲事変(支那兵ノ満鉄柳条溝爆破ニ因ル日、支軍衝突関係)/善後措置関係/国際連盟支那調査員関係　第五巻(外務省外交史料館)

218. 中山书记官致内田外务大臣的函电
(1932 年 9 月 10 日)

　　昭和七年　二〇一三六　暗　北平　　　　　　　九月十日下午发送
　　　　　　　　　　　　　　　外务省　　　　　　九月十一日上午收到

第五八一号

关于贵电第二二四号

派斯塔柯夫希望在本月 20 日以后前往日本，于东京会见丕平。关于丕平的时间安排情况请回电告知。另外，派斯塔柯夫归欧预定搭乘 10 月 7 日上海发的意大利邮船，经由瑞士，来日本后从当地携带行李直接赴上海。

　　资料来源：JACAR(アジア歴史資料センター)Ref. B02030450100(第426 画像目から)満洲事変(支那兵ノ満鉄柳条溝爆破ニ因ル日、支軍衝突関係)/善後措置関係/国際連盟支那調査員関係　第五巻(外務省外交史料館)

219. 市川事务代理致内田外务大臣的函电
(1932 年 9 月 11 日)

　　昭和七年　二〇一五九　略　齐齐哈尔　　　　　九月十日上午发送
　　　　　　　　　　　　　　　外务省　　　　　　九月十一日下午收到

本月 10 日上午 7 时，国际联盟调查团法、德委员乘飞机从当地出发，前往满洲里。

奉天转报驻"满洲国"特命全权大使、驻华公使、长春。

转发：奉天、哈尔滨。

秘送满洲里。

　　资料来源：JACAR(アジア歴史資料センター)Ref. B02030450100(第426 画像目から)満洲事変(支那兵ノ満鉄柳条溝爆破ニ因ル日、支軍衝突関係)/善後措置関係/国際連盟支那調査員関係　第五巻(外務省外交史料館)

220. 武藤关东长官致内田外务大臣的函电
（1932 年 9 月 11 日）

昭和七年　二〇一六六　平　旅顺　　　　　　九月十一日下午发送
　　　　　　　　　　　　　外务省　　　　　九月十二日上午收到

第九二号

本日 21 时 30 分，国际联盟调查团随员皮特尔从大连出发，预定分别在奉天、长春各住宿一晚，然后前往哈尔滨。另外，哈斯一行从海路经由大连北上。

转发：奉天、长春、哈尔滨。

资料来源：JACAR（アジア歴史資料センター）Ref. B02030450100（第427 画像目から）满洲事变（支那兵ノ满铁柳条沟爆破ニ因ル日、支军衝突関係）/善後措置関係/国際連盟支那調査員関係　第五卷（外務省外交史料館）

221. 长冈代理总领事致内田外务大臣的函电
（1932 年 9 月 11 日）

昭和七年　二〇一五二　暗　哈尔滨　　　　　九月十一日下午发送
　　　　　　　　　　　　　外务省　　　　　九月十一日下午收到

第八七三号

满洲里发给本官之电报

合第四九号

本官发给驻"满洲国"特命全权大使之电报

第一号

本日上午 11 时 30 分，国际联盟调查团法、德委员一行 3 人乘飞机安全到达，同中东铁路方面就未检疫一事进行交涉，随后入住宾馆。原预定 12 日从当地出发进入苏联境内。苏联方面本定于 10 日正式回复检疫问题，却直到今天（11 日）仍未回音，但推测可以顺利进入苏联境内。

哈尔滨转电武藤全权大使、外务大臣、奉天、北平、长春、中国。

转发：哈尔滨、齐齐哈尔、俄。

资料来源：JACAR(アジア歴史資料センター)Ref. B02030450100(第427画像目から)満洲事変(支那兵ノ満鉄柳条溝爆破ニ因ル日、支軍衝突関係)/善後措置関係/国際連盟支那調査員関係　第五巻(外務省外交史料館)

222. 中山书记官致内田外务大臣的函电
(1932 年 9 月 11 日)

昭和七年　二〇一六四　暗　北平　　　　　九月十一日下午发送

外务省　　　　　　九月十二日下午收到

第五八二号

本官发给驻"满洲国"特命全权大使之电报

第五号

关于贵电合第八号

在上海的哈斯致电位于北平卡尔利，告知鉴于中东铁路的运行状况，其决定变更为经由美国返欧。卡尔利于 12 日从本地出发前往上海。

另外，派尔脱按照预定于 9 日从当地出发经由大连前往哈尔滨。

转报奉天。

转发：外务大臣、长春、哈尔滨。

资料来源：JACAR(アジア歴史資料センター)Ref. B02030450100(第428画像目から)満洲事変(支那兵ノ満鉄柳条溝爆破ニ因ル日、支軍衝突関係)/善後措置関係/国際連盟支那調査員関係　第五巻(外務省外交史料館)

223. 泽田局长致内田外务大臣的函电
(1932 年 9 月 12 日)

昭和七年　二〇一九九　暗　巴黎　　　　　九月十二日下午发送

外务省　　　　　　九月十二日下午收到

第八八号

致有田次官

关于北平发给大臣之第五七〇号电报

如阁下所知，派斯塔柯夫历来对日本抱有好感，给予各种方便。但国际联盟对该人给予之报酬比较少。此次来日之际,闻知差旅费等方面存在支付困难。如果可能,对该人来日的车船及宾馆费用,望以适当之形式予以援助,幸甚。

　　资料来源:JACAR(アジア歴史資料センター)Ref. B02030450100(第429画像目から)満洲事変(支那兵ノ満鉄柳条溝爆破ニ因ル日、支軍衝突関係)/善後措置関係/国際連盟支那調査員関係　第五巻(外務省外交史料館)

224. 有吉公使致内田外务大臣的函电
(1932 年 9 月 12 日)

　　昭和七年　二〇一七三　暗　上海　　　　　九月十二日下午发送
　　　　　　　　　　　　　　　外务省　　　　九月十二日下午收到

第一一五九号
本官发给驻"满洲国"特命全权大使之电报
第一号
关于贵电第七号
已向哈斯传达贵电主要内容。10 日,该人通知变更旅程,改经由美国回国(当下该人在平津旅行)。
　　连同贵电转电外务大臣。
　　转发:北平、天津、关东长官。
　　资料来源:JACAR(アジア歴史資料センター)Ref. B02030450100(第430画像目から)満洲事変(支那兵ノ満鉄柳条溝爆破ニ因ル日、支軍衝突関係)/善後措置関係/国際連盟支那調査員関係　第五巻(外務省外交史料館)

225. 有吉公使致内田外务大臣的函电
(1932 年 9 月 12 日)

　　昭和七年　二〇一七五　暗　上海　　　　　九月十二日下午发送
　　　　　　　　　　　　　　　外务省　　　　九月十二日下午收到

第一一六〇号
驻"满洲国"特命全权大使发给本官之电报

第七号

关于北平发给大臣之第五六九号电报

关于国际联盟调查团哈斯一行的旅程,因北满水灾,多处线路被毁,输送乘客尚无妨,但运送手提行李不可能。为此,一行的人行李除了以后运送别无他策,望迅即传达给在贵地之一行人。另外,从长春可以乘坐飞机,望提供方便,手提行李大体上每人一个手提旅行箱。

转发:北平、天津、驻华公使、关东厅。

资料来源:JACAR(アジア歴史資料センター)Ref. B02030450100(第430画像目から)満洲事変(支那兵ノ満鉄柳条溝爆破ニ因ル日、支軍衝突関係)/善後措置関係/国際連盟支那調査員関係 第五巻(外務省外交史料館)

226. 外务省致库页岛今村长官的函电
(1932 年 9 月 12 日)

电报传送第 17220 号

昭和七年九月十二日

关于国际联盟调查团随员派斯塔柯夫来日之件

拜托将另一封电文转达在贵地因公出差的外务省嘱托丕平。

资料来源:JACAR(アジア歴史資料センター)Ref. B02030450100(第432画像目から)満洲事変(支那兵ノ満鉄柳条溝爆破ニ因ル日、支軍衝突関係)/善後措置関係/国際連盟支那調査員関係 第五巻(外務省外交史料館)

227. 有田外务次官致久保田铁道次官的函电
(1932 年 9 月 16 日)

条三普通第一五四号

昭和七年九月十六日

拜托对国际联盟调查团随员派斯塔柯夫发放免费乘车券之件

本月 21 日,国际联盟调查团随员派斯塔柯夫携带国际联盟调查团做成的报告书来日,预定滞留两周左右,拜托对该人发放铁路免费乘车券。

资料来源:JACAR(アジア歴史資料センター)Ref. B02030450200(第439画像目から)満洲事変(支那兵ノ満鉄柳条溝爆破ニ因ル日、支軍衝突関係)/善後措置関係/国際連盟支那調査員関係 第五巻(外務省外交史料館)

228. 有吉公使致内田外务大臣的函电
(1932 年 9 月 17 日)

昭和七年 二〇七二八 暗 上海　　　　　九月十七日下午发送
　　　　　　　　　　外务省　　　　　九月十七日下午收到

第一一八二号

关于阁下发给北平之第二三〇号电报

哈斯预定本月 20 日搭乘从当地出发的"马其松号"(マチソン,音译)轮船,或者 25 号出发的"加奈陀号"轮船赴美(到 19 日能够确定)。卡尔利与之同行。

另外,已向该人传达贵电。该人原预定到达横滨之时,为寒暄计顺便去东京,现变更从神户登陆,然后前往东京,尽量安排其在东京停留的时间比较富余。

转发:北平。

资料来源:JACAR(アジア歴史資料センター)Ref. B02030450200(第438画像目から)満洲事変(支那兵ノ満鉄柳条溝爆破ニ因ル日、支軍衝突関係)/善後措置関係/国際連盟支那調査員関係 第五巻(外務省外交史料館)

229. 武藤长官致内田外务大臣的函电
(1932 年 9 月 18 日)

昭和七年 二〇七九〇 暗 旅顺　　　　　九月十八日下午发送
　　　　　　　　　　外务省　　　　　九月十八日下午收到

第九三号

本官发给奉天之第一八号电报

致驻"满洲国"特命全权大使

第一号

关于北平发给贵大臣之第六号电报

开脱盎葛林诺携夫人于本日乘"长平丸"轮船到达大连,其人希望能按照预定于 26 日搭乘从满洲里出发的列车返欧,希望从长春到齐齐哈尔,或者到满洲里能利用飞机。何时赴长春为好,为此特委托本厅官员火速询问。望迅即回电告知。

另外,该人预定于 19 日夜从大连出发前往奉天,当夜乘从奉天出发的列车,并于 21 日到达长春。如不能利用飞机,则经由朝鲜和日本回国。

转发:外务大臣、长春、哈尔滨、满洲里。

资料来源:JACAR(アジア歴史資料センター)Ref. B02030450200(第441 画像目から)満洲事変(支那兵ノ満鉄柳条溝爆破ニ因ル日、支軍衝突関係)/善後措置関係/国際連盟支那調査員関係　第五巻(外務省外交史料館)

230. 武藤关东长官致内田外务大臣的函电
(1932 年 9 月 19 日)

昭和七年　二〇八六一　　暗　旅顺　　　　　九月十九日下午发送

　　　　　　　　　　　　外务省　　　　　　九月十九日下午收到

第九四号

本官发给奉天之电报

第一九号

关于贵电第一二四号

20 日上午 9 时,开脱盎葛林诺夫妇搭乘大连直达长春之列车。21 日从长春乘飞机赴哈尔滨,在哈尔滨滞留一二日,然后乘机从哈尔滨飞赴满洲里。

转发:外务大臣、长春、满洲里、齐齐哈尔、奉天。

资料来源:JACAR(アジア歴史資料センター)Ref. B02030450200(第442 画像目から)満洲事変(支那兵ノ満鉄柳条溝爆破ニ因ル日、支軍衝突関係)/善後措置関係/国際連盟支那調査員関係　第五巻(外務省外交史料館)

231. 有田次官致铁道次官的函电
（1932 年 9 月 19 日）

条三机密第一五八号

昭和七年九月十九日

拜托发放铁路免费乘车券之件

　　此番,国际联盟调查团随员哈斯夫妇以及卡尔利,准备途经美国返回日内瓦,途中在本国小做停留。一行人于 22 日乘船出发,27 日到达神户,预定在本国逗留数日。在日期间,特拜托为一行人发放免费乘车券。

　　资料来源:JACAR(アジア歴史資料センター)Ref. B02030450200(第442 画像目から)満洲事変(支那兵ノ満鉄柳条溝爆破ニ因ル日、支軍衝突関係)/善後措置関係/国際連盟支那調査員関係　第五卷(外務省外交史料館)

232. 有田次官致大藏次官的函电
（1932 年 9 月 19 日）

条三机密第五八一号

昭和七年九月十九日

拜托对国际联盟调查团随员简易通关之件

　　此番,国际联盟调查团随员哈斯夫妇及卡尔利,准备从上海经由美国返回日内瓦,途中短暂滞留本国。一行人于 22 日搭乘前往神户之邮船,28 日到达神户。特拜托对一行人办理简易通关手续。另外,国际联盟调查团随员派斯塔柯夫亦同船,拜托对该人同样采取简易通关手续。

　　资料来源:JACAR(アジア歴史資料センター)Ref. B02030450200(第444 画像目から)満洲事変(支那兵ノ満鉄柳条溝爆破ニ因ル日、支軍衝突関係)/善後措置関係/国際連盟支那調査員関係　第五卷(外務省外交史料館)

233. 田中代理总领事致内田外务大臣的函电
（1932 年 9 月 20 日）

昭和七年　二〇九八七　暗　长春　　　　　九月二十日下午发送
　　　　　　　　　　　　外务省　　　　　九月二十日下午收到

第六二二号

关于贵电第二五六号

本月 13 日，调查书已经以机密第五六二号信件的附件形式发送。另外，旧调查书在本馆已没有余份，请外务省复制为盼。

　　资料来源：JACAR（アジア歴史資料センター）Ref. B02030450200（第443 画像目から）満洲事変（支那兵ノ満鉄柳条溝爆破ニ因ル日、支軍衝突関係）/善後措置関係/国際連盟支那調査員関係　第五巻（外務省外交史料館）

234. 铁道次官致有田八郎外务次官的函电
（1932 年 9 月 20 日）

条约局官文第一八九二号

昭和七年九月二十日

接 9 月 17 日条三普通第 154 号函，对国际联盟调查团随员派斯塔柯夫发放免费乘车券一事，特发放乘车证如下：

等级　一等

区间　一般省线

时间　9 月 21 日至 10 月 10 日

　　资料来源：JACAR（アジア歴史資料センター）Ref. B02030450200（第445 画像目から）満洲事変（支那兵ノ満鉄柳条溝爆破ニ因ル日、支軍衝突関係）/善後措置関係/国際連盟支那調査員関係　第五巻（外務省外交史料館）

235. 酒匂总领事致电内田外务大臣的函电
（1932 年 9 月 21 日）

昭和七年　二一〇九六　平　西姆拉　　　九月二十一日下午发送

　　　　　　　　　　　　外务省　　　九月二十一日下午收到

第一二二号

关于往电第一一六号

据报道刊载，调查团于 19 日乘船到达孟买。李顿称，希望调查团报告书带来满洲的和平成为永久解决纷争的基础。另，顾维钧称，即使驻"满"日军对实情调查施加了障碍，但经过李顿卿等人的努力，调查事业终得以完成。

邮报：孟买、兰贡。

资料来源：JACAR（アジア歴史資料センター）Ref. B02030450200（第 445 画像目から）満洲事変（支那兵ノ満鉄柳条溝爆破ニ因ル日、支軍衝突関係）/善後措置関係/国際連盟支那調査員関係　第五巻（外務省外交史料館）

236. 铁道次官久保田致外务次官有田八郎的函电
（1932 年 9 月 21 日）

条约局官文第一八九七号

昭和七年九月二十一日

9 月 19 日条三机密第一五八号函，关于向国际联盟调查团随员发放免费乘车券函收悉，决定发放下列通行证。

名字　哈斯夫妇、卡尔利

等级　一等

区间　一般省线

时间　9 月 22 日至 10 月 21 日

资料来源：JACAR（アジア歴史資料センター）Ref. B02030450200（第 446 画像目から）満洲事変（支那兵ノ満鉄柳条溝爆破ニ因ル日、支軍衝突関係）/善後措置関係/国際連盟支那調査員関係　第五巻（外務省外交史料館）

237. 铁道次官久保田致外务次官有田八郎的函电
(1932 年 9 月 21 日)

条约局官文第一九〇六号

昭和七年九月二十一日

9 月 21 日条三普通第一五九号函,关于向国际联盟调查团专家委员开脱盎葛林诺夫妇发放免费乘车券函收悉,特发放下列通行证。

等级　一等

时间　9 月 23 日至 10 月 5 日

区间　一般省线

资料来源:JACAR(アジア歴史資料センター)Ref. B02030450200(第 447 画像目から)満洲事変(支那兵ノ満鉄柳条溝爆破ニ因ル日、支軍衝突関係)/善後措置関係/国際連盟支那調査員関係　第五巻(外務省外交史料館)

238. 有田次官致久保田铁道次官的函电
(1932 年 9 月 21 日)

条三普通第一五九号

昭和七年九月二十一日

拜托向国际联盟调查团专家委员开脱盎葛林诺发放免费乘车券之件

国际联盟调查团专家委员开脱盎葛林诺夫妇,于本月 23 日乘"乌拉尔丸"轮船到达神户,在本国滞留 10 天左右,拜托向二人发放铁路免费乘车券为盼。

资料来源:JACAR(アジア歴史資料センター)Ref. B02030450200(第 448 画像目から)満洲事変(支那兵ノ満鉄柳条溝爆破ニ因ル日、支軍衝突関係)/善後措置関係/国際連盟支那調査員関係　第五巻(外務省外交史料館)

239. 有田外务次官致黑田大藏次官的函电
（1932 年 9 月 21 日）

条三普通第五八四号

昭和七年九月二十一日

国际联盟调查团专家委员开脱盎葛林诺夫妇于本月 23 日乘"乌拉尔丸"轮船从神户登陆来日，拜托对二人实施简易通关手续。

资料来源：JACAR（アジア歴史資料センター）Ref. B02030450200（第449 画像目から）満洲事変（支那兵ノ満鉄柳条溝爆破ニ因ル日、支軍衝突関係）/善後措置関係/国際連盟支那調査員関係　第五卷（外務省外交史料館）

240. 接待国联国际联盟调查团的费用预算
（1932 年 9 月 21 日）

高裁案

昭和七年九月二十一日

国际联盟调查团专家委员开脱盎葛林诺夫妇以及杨格夫妇在前往日内瓦途中，分别于 23 日及 22 日来日本短暂逗留。开脱盎葛林诺夫妇一周左右，杨格夫妇 3 日左右。其滞留期间接待费用金额附件呈上，请审批。

第一、开脱盎葛林诺夫妇接待费用预算　972 元（一周左右）

内容：

1. 帝国宾馆宿费（二人间、附洗浴间，一日 20 元）　140 元

2. 餐费（早 3 元、午晚餐各 5 元）　182 元

3. 看戏（一人 10 元以内，主客计 10 人）　100 元

4. 游览日光（金谷住宿费一日 20 元、车杂费 30 元）　50 元

5. 宴会费用（日本料理一次，主客 10 人，单价 30 元）　300 元

6. 滞留期间汽车及其他杂费　200 元

第二、杨格夫妇接待费用　498 元

内容：

1. 帝国宾馆宿费（二人间、附洗浴间，一日 20 元）　60 元

2. 餐费(早 3 元、午晚餐各 5 元)　78 元

3. 宴会费用(日本料理一次,主客 10 人)　300 元

4. 滞留期间汽车及其他杂费　60 元

以上合计　1 470 元

高裁案

关于向国际联盟调查团秘书长哈斯及其随员派斯塔柯夫、专家委员
开脱盎葛林诺支付接待费、补助费以及赠品之件

　　国际联盟调查调查团秘书长哈斯近日于归欧途中来本国小住,另有随员派斯塔柯夫携带交付我方的最终报告书,预定本月 20 日来京。关于二人的接待费用,尤其鉴于派斯塔柯夫始终与我方保持密切关系,并为帝国参与员获得准确情报提供了许多方便,为此据泽田国际联盟事务局局长发给有田次官第 88 号电,希望对该人予以旅差费补助以及赠送礼品等。另外,调查团专家委员开脱盎葛林诺亦对我方抱有极好之态度,特批准对开脱盎葛林诺的礼品费用(此前外务大臣曾向调查团及随员赠送了礼品,但其人未在日本,因而漏过),接待等费用具体如下:

　　一、哈斯接待费　1 782 元

　　内容(哈斯夫妇及秘书卡尔利,计三人三天):

　　1. 住宿费　282 元

　　哈斯房间双人房、含洗浴、客室,一日 40 元,三日。

　　卡尔利房间,含洗浴,单人间,一日 15 元,三日。

　　餐费(早 3 元、午晚餐各 5 元,三人三日)　117 元

　　2. 看戏(一人 10 元、主客计 12 人)　120 元

　　3. 宴会费用　1 080 元

　　日本料理晚餐一次(一人 30 元以内,主客计 20 人)　600 元

　　西餐一次(一人 15 元以内,主客计 12 人)　180 元

　　素烧(聚会,一人 15 元以内,20 人)　300 元

　　4. 杂费(汽车、小费等)　300 元

　　二、派斯塔柯夫接待费　1 740 元

　　内容(一人,十日左右)

　　1. 住宿费 330 元

房费(附洗浴、单人间,一日 20 元,十日)　200 元

餐费(早 3 元、午晚餐各 5 元,十日)　130 元

2. 日光旅行费用(住宿一晚、饮食计 30 元,汽车费及其他杂费 30 元) 60 元

3. 看戏(一人 10 元以内,计 6 人)　60 元

4. 宴会费用　990 元

日本料理两次(一次为一人 30 元以内,主客计 15 人;第二次主客计 10 人)　750 元

西餐一次(一人 15 元以内,计 6 人)　90 元

锄烧晚会(15 元以内,计 10 个)　150 元

5. 杂费(汽车、小费等)　300 元

三、派斯塔柯夫旅差费补助及礼品费　4 000 元

四、开脱盎葛林诺礼品费　500 元

总计　8 022 元

高裁案

关于支付国际联盟调查团随员派斯塔柯夫
本国滞留期间接待费用之件

国际联盟调查团撰写完成报告书,在提交日内瓦公开之前,其复写件寄存在英国驻日本大使馆。在报告书发表之同时,该复写件将提交帝国政府。本月 20 日,负责携带报告书复写件,目的是寄存在英国大使馆的国际联盟调查团随员派斯塔柯夫预定来日本。国际联盟调查团在中国、东北期间,该氏对我方参与员提供过方便……①该氏 9 月 10 日从上海乘意大利邮船返回欧洲途中,预定 9 月中旬在本国滞留数日,其停留期间费用见附件。

派斯塔柯夫本国停留期间接待费用(停留 10 日)

一、帝国宾馆住宿费(一日 20 元)　200 元

二、餐费(早 3 元,午晚餐各 5 员,一日 13 元)　130 元

三、游览日光费用(金谷宾馆一日 20 元,中禅寺湖游览汽车、杂费等 30

---

① 编者按:字迹模糊,难以辨认。

元）　50 元

游览热海（热海宾馆 20 元,汽车及其他杂费 30 元）　50 元

四、观看歌舞伎（一等座一人 6 元,主客 10 人）　60 元

五、宴会　300 元

六、各种杂费　200 元

总计　990 元

资料来源：JACAR（アジア歴史資料センター）Ref. B02030450200（第 450 画像目から）満洲事変（支那兵ノ満鉄柳条溝爆破ニ因ル日、支軍衝突関係）/善後措置関係/国際連盟支那調査員関係　第五巻（外務省外交史料館）

241. 泽田局长致内田外务大臣的函电
（1932 年 9 月 23 日）

昭和七年　二一二五六　暗　日内瓦　　　九月二十三日下午发送
　　　　　　　　　　　　外务省　　　　九月二十三日下午收到

第五六七号

据谍报人员秘密报告,在国际联盟秘书处内,看过李顿调查团报告书者除秘书长外,其他人不过沃尔特斯（Walters）、威捷（ウィジェー,音译）、考姆梅尔（コムメール,音译）等三人,严格守秘。国联内部风闻报告书概要的支持中国的人员认为,报告书虽未达到对日本有利的程度,但与一直以来的预期相反,并非完全有利于中国,对此点颇为失望。

资料来源：JACAR（アジア歴史資料センター）Ref. B02030450200（第 457 画像目から）満洲事変（支那兵ノ満鉄柳条溝爆破ニ因ル日、支軍衝突関係）/善後措置関係/国際連盟支那調査員関係　第五巻（外務省外交史料館）

242. 上村代理总领事致内田外务大臣的函电
（1932 年 9 月 23 日）

昭和七年　二一二六八　略　南京　　　　九月二十三日下午发送
　　　　　　　　　　　　外务省　　　　九月二十三日下午收到

第六五五号

关于贵电合第一八四八号

22 日的报刊登载,据日内瓦来电,理事会同意日本关于延期审查李顿调查团报告书之要求,称这表示中方在第一步就输了,颇引起中方的注意,23 日的报刊发表了中国外交部发言人的声明,大体如下:

国际联盟方面对发表报告书犹豫拖延,名义上给予日中双方考虑其内容及研究对策的机会,我政府历来不予赞成。国际联盟方面容忍日本单方面关于延期 6 周之要求,时间过长,吾等颇感意外,不能不表示遗憾。东北纷争发生以来已有一年有余,如今报告书已经完成,国际联盟方面理应速图解决事件之大计,不该迁就日本方面变来变去的主张。由于东北问题的拖延解决,中国人民的生命财产不知还要遭受多少损失。

转发:中国、驻"满洲国"特命全权大使。

由驻"满洲国"特命全权大使转报奉天。

资料来源:JACAR(アジア歴史資料センター)Ref. B02030450200(第458 画像目から)満洲事変(支那兵ノ満鉄柳条溝爆破ニ因ル日、支軍衝突関係)/善後措置関係/国際連盟支那調査員関係　第五卷(外務省外交史料館)

243. 长冈代理总领事致内田外务大臣的函电
(1932 年 9 月 24 日)

昭和七年　二一三一八　略　哈尔滨　　　九月二十四日下午发送
　　　　　　　　　　　　　外务省　　　　九月二十四日下午收到

第九四一号

满洲里发给本官之电报

合第五五号

转发驻"满洲国"特命全权大使

第七号

20 日,国联调查团随员派尔脱来到本地,因没有汽车,暂住本馆。为检疫问题而拜访苏联领事馆,同苏联领事馆联络……①22 日,从苏联领事馆出发。

---

①　编者按:原档漏字。

哈尔滨转电外务大臣、驻"满洲国"特命全权大使、长春、奉天、北平、中国。
转发：哈尔滨、俄。

资料来源：JACAR(アジア歴史資料センター) Ref. B02030450200(第459画像目から)満洲事変(支那兵ノ満鉄柳条溝爆破ニ因ル日、支軍衝突関係)/善後措置関係/国際連盟支那調査員関係　第五卷(外務省外交史料館)

244. 条约局第三课长佐藤致富士号一等
乘客大鹰外务书记官的函电
(1932 年 9 月 26 日)

昭和七年九月二十六日

关于国联理事会审查李顿报告书会期之件

国联理事会定于 11 月 24 日召开审查李顿调查团报告书的会议。

资料来源：JACAR(アジア歴史資料センター) Ref. B02030450200(第461画像目から)満洲事変(支那兵ノ満鉄柳条溝爆破ニ因ル日、支軍衝突関係)/善後措置関係/国際連盟支那調査員関係　第五卷(外務省外交史料館)

245. 有田次官致潮内务次官的函电
(1932 年 9 月 26 日)

昭和七年九月二十六日

条三普通第六六八号

拜托贴身警卫国际联盟调查团随员之件

此番，国际联盟调查团随员哈斯夫妇及卡尔利从上海经由美国前往日内瓦，途中暂停留本国。9 月 27 日到达神户，特拜托对其人等在日停留期间予以贴身警卫。

另外，携带李顿调查团报告书，准备交付帝国政府之国际联盟调查团随员派斯塔柯夫同船来日，停留 10 日左右，下月上旬返回上海，望对该人予以同样警卫为盼。

　　资料来源：JACAR（アジア歴史資料センター）Ref. B02030450200（第461画像目から）満洲事変（支那兵ノ満鉄柳条溝爆破ニ因ル日、支軍衝突関係）/善後措置関係/国際連盟支那調査員関係　第五巻（外務省外交史料館）

246. 小幡大使致内田外务大臣的函电
（1932 年 9 月 27 日）

　　昭和七年　　二一五八六　平　柏林　　　　　九月二十七日下午发送
　　　　　　　　　　　　　　　外务省　　　　　九月二十八日上午收到

第一五二号

　　26 日，在德国殖民协会、海外德国人协会等团体主持召开的欢迎会上，希尼就军备问题驳斥法国总理的最近演说，同时，关于恢复殖民地、修订国境等问题主张变革《凡尔赛条约》，引起相当的关注。但对李顿调查团报告书的内容拒绝提及，又称调查团在日本获得对方提供的便利。战后，德国参加如此国际规划尚属第一例，相信可以取得更大的宣传效果。

　　转发：国际联盟、英。

　　资料来源：JACAR（アジア歴史資料センター）Ref. B02030450200（第466画像目から）満洲事変（支那兵ノ満鉄柳条溝爆破ニ因ル日、支軍衝突関係）/善後措置関係/国際連盟支那調査員関係　第五巻（外務省外交史料館）

247. 有田外务次官致久保田铁道次官的函电
（1932 年 9 月 27 日）

条三普通第一六〇号
昭和七年九月二十七日

拜托对国际联盟调查团随员发放免费乘车券之件

　　之前阁下已对国际联盟调查团随员哈斯夫妇、卡尔利、派斯塔柯夫等发放了免费乘车券。今晨，据邮船会社东京支社通报，一行人乘船到达时间比预定提前，将于 27 日下午 4 时抵达神户（原预定该船 28 日早入港）。本省官员赴神户面交免费乘车券已来不及，特拜托临时发放代用的三宫至东京间的一等免费乘车券证明书,由三宫车站站长面交哈斯一行,特此拜托。

资料来源:JACAR(アジア歴史資料センター)Ref. B02030450200(第
468画像目から)満洲事変(支那兵ノ満鉄柳条溝爆破ニ因ル日、支軍衝突関
係)/善後措置関係/国際連盟支那調査員関係　第五巻(外務省外交史料館)

248. 爱知县知事远藤柳作致内务大臣山本达雄等的函电
(1932年9月28日)

亚细亚局特秘收外第九一〇八号

昭和七年九月二十八日

发送方:爱知县知事远藤柳作

接收方:内务大臣山本达雄

　　　　外务大臣内田康哉

　　　　警视总监

　　　　静冈、神奈川、岐阜、大阪、京都、兵库各府县长官

关于国际联盟调查团随员前往东京之件

国际联盟调查团随员哈斯夫妇、卡尔利

今日13时11分,一行人从名古屋乘列车前往东京。按照内务省警保局
长通牒,对其人等进行最严密之警戒,未发现异常,离开本县。

另外,准备交付帝国政府之调查团报告书,由同车国际联盟调查团派斯塔
柯夫携带,对此予以严密警戒,未出现异常。

以上特此通报。

资料来源:JACAR(アジア歴史資料センター)Ref. B02030450200(第
471画像目から)満洲事変(支那兵ノ満鉄柳条溝爆破ニ因ル日、支軍衝突関
係)/善後措置関係/国際連盟支那調査員関係　第五巻(外務省外交史料館)

249. 神奈川县知事横山助成致内务大臣山本达雄等的函电
(1932 年 9 月 30 日)

亚细亚局外秘第一七三九号

昭和七年九月三十日

发送方：神奈川县知事横山助成

接收方：内务大臣山本达雄

　　　　外务大臣内田康哉

　　　　警视总监

　　　　静冈各县厅长官

关于国际联盟调查团随员来往之件

荷兰人、医学博士开脱盍葛林诺

　　本月 27 日正午，该人从静冈热海到达本县管辖范围的箱根町宫下富士屋宾馆，午餐后，于 14 时 50 分乘小田原发车的列车前往东京，其间没有异常言论及行动。

　　以上通报。

　　资料来源：JACAR(アジア歴史資料センター)Ref. B02030450200(第 472 画像目から)満洲事変(支那兵ノ満鉄柳条溝爆破ニ因ル日、支軍衝突関係)/善後措置関係/国際連盟支那調査員関係　第五卷(外務省外交史料館)

250. 警视总监藤沼庄平致内务大臣山本达雄等的函电
(1932 年 10 月 1 日)

亚细亚局外秘第二六二一号

昭和七年十月一日

发送方：警视总监藤沼庄平

接收方：内务大臣山本达雄

　　　　外务大臣内田康哉

　　　　神奈川县知事

关于国际联盟调查团随员一行离开东京之件

国际联盟调查团法国人哈斯夫妇及随员意大利人卡尔利,国际联盟荷兰专家委员开脱盎葛林诺投宿于帝国宾馆。

国际联盟调查团委员、随员及开脱盎葛林诺夫妇入京警戒业已通报。10日零时30分,哈斯夫妇及卡尔利乘汽车,开脱盎葛林诺夫妇同日凌晨1时22分从东京站乘车,前往横滨。

以上通报。

资料来源:JACAR(アジア歴史資料センター)Ref. B02030450200(第473画像目から)満洲事変(支那兵ノ満鉄柳条溝爆破ニ因ル日、支軍衝突関係)/善後措置関係/国際連盟支那調査員関係 第五巻(外務省外交史料館)

251. 神奈川县知事横山助成致内务大臣山本达雄的函电
(1932年10月3日)

亚细亚局外秘第一八六七号

昭和七年十月三日

发送方:神奈川县知事横山助成

接收方:内务大臣山本达雄

　　　　外务大臣内田康哉

　　　　警视总监

　　　　兵库、爱知各县厅长官

国际联盟调查团随员一行离开日本之件

国际联盟调查团随员法国人哈斯夫妇、意大利人卡尔利、荷兰人开脱盎葛林诺夫妇

上述人等于本月30日15时30分,从东京乘船离开日本,往温哥华方向,其间无异常。

特此通报。

资料来源:JACAR(アジア歴史資料センター)Ref. B02030450200(第474画像目から)満洲事変(支那兵ノ満鉄柳条溝爆破ニ因ル日、支軍衝突関

係)/善後措置関係/国際連盟支那調査員関係　第五巻(外務省外交史料館)

252. 警视总监藤沼庄平致内务大臣山本达雄的函电
(1932 年 10 月 3 日)

亚细亚局外秘第二六三九号

昭和七年十月三日

发送方:警视总监藤沼庄平

接收方:内务大臣山本达雄

　　　　外务大臣内田康哉

　　　　神奈川、兵库、栃木各县知事

国际联盟调查团随员离开东京之件

住宿帝国宾馆

智慧的老熟人:派斯塔柯夫

该人进入东京业已通报。本月 1 日下午 3 时乘东武电车前往日光,2 日返回东京,当日下午 21 时 25 分从东京站乘车离京,前往神户。

以上通报。

　　资料来源:JACAR(アジア歴史資料センター)Ref. B02030450200(第 475 画像目から)満洲事変(支那兵ノ満鉄柳条溝爆破ニ因ル日、支軍衝突関係)/善後措置関係/国際連盟支那調査員関係　第五巻(外務省外交史料館)

253. 京都知事斋藤宗宜致内务大臣山本达雄的函电
(1932 年 10 月 6 日)

亚细亚局特秘第三二八九号

昭和七年十月六日接收

发送方:京都知事斋藤宗宜

接收方:内务大臣山本达雄

　　　　外务大臣内田康哉

　　　　警视总监藤泽庄平

大阪、兵库、长崎、福冈、山口、神奈川各府县长官

国际联盟调查团随员来访之件

国际联盟调查团随员荷兰人开脱盎葛林诺

经由外务省荷兰公使一等书记官大鹰正次郎引导，开脱盎葛林诺于本月24 日 18 时 5 分乘列车到达京都站，入住都宾馆。25 日上午 9 时从宾馆出发前往龟冈町，途中在保津川下车。下午观光八濑村、大原村及三千院等地风光。当晚在祇园一刀楼品尝鸡素烧。其人对京都名物及这一带的艺、舞伎风光甚是赞赏。28 日上午 8 时 21 分从京都站登车前往东京。其间没有异常。

以上特此通报。

资料来源：JACAR（アジア歴史資料センター）Ref. B02030450200（第470 画像目から）満洲事変（支那兵ノ満鉄柳条溝爆破ニ因ル日、支軍衝突関係）/善後措置関係/国際連盟支那調査員関係　第五巻（外務省外交史料館）

254. 大阪府知事致内务大臣山本达雄等的函电
（1932 年 10 月 11 日）

亚细亚局秘第一五九四号

昭和七年十月十一日

发送方：大阪府知事

接收方：内务大臣山本达雄

　　　　外务大臣内田康哉

　　　　警视厅

　　　　神奈川、爱知、京都、兵库、山口、福冈、长崎各厅府县长官

关于列国投资北满金额之件

4 日，据大阪市产业部从哈尔滨大阪贸易调查所获取的情报如下。另，本资料作为参考资料已提供给国联调查团员巴特（パート，音译）。

单位：金卢布

英国　11 185 000

日本　9 229 400

其中包括:株式会社	5 525 000
其他会社	329 000
个人商会	67 500
个人	1 307 900

美国	8 220 000
法国	1 760 000
德国	1 235 000
荷兰	1 000 000
其他(除苏联)	5 155 000
合计	37 784 400

注:其他各国包括意大利、波兰、捷克、拉脱维亚等。

备考:本表不包括苏联的投资额,因调查尚未结束。苏联在中东铁路的投资远远超过日本。

以上,特此通报。

资料来源:JACAR(アジア歴史資料センター)Ref. B02030450200(第476画像目から)満洲事変(支那兵ノ満鉄柳条溝爆破ニ因ル日、支軍衝突関係)/善後措置関係/国際連盟支那調査員関係　第五巻(外務省外交史料館)

255. 伦敦广播电台国际讲座栏目播放李顿以 《在"满洲国"的经历》为题的讲演大意
(1932年10月13日)

国联调查团致力于维护公平之立场,可以说遭遇了种种困难,特别是到达满洲之际,"满洲国"已经成立,作为国联调查团,不能承认"满洲国"的存在及其权力。尽管不承认之,但为了调查,在"满洲国"内调查及旅行之时,又不能不依赖"满洲国"官吏的帮助及好意,而在其他方面则要非常注意不能做出承认"满洲国"的样子。另外,由于各地的治安紊乱,调查团当然要接受保护,同时又受到严重的监视,事实也正是这样。满洲各地的宾馆布满日本方面的侦探,监视调查团的室外活动,调查团所到之处他们都随行。在中国,为了保护调查团,童子军(Boy scout)都被利用起来。第二次去日本时,正是犬养毅首相被暗杀、新内阁成立不久、新外务大臣就任,这些为调查团完成使命带来不便。最后是调查团报告书已经脱离调查团之手，国际联盟将直面成立以来的最大难关。不过，据以往 12 年的经验来看，相信国际联盟能够成功地解决该问题。

资料来源：JACAR（アジア歴史資料センター）Ref. B02030450200（第483 画像目から）満洲事変（支那兵ノ満鉄柳条溝爆破ニ因ル日、支軍衝突関係）/善後措置関係/国際連盟支那調査員関係　第五巻（外務省外交史料館）

256. 开普敦领事山崎壮重致外务大臣内田康哉的函电
（1932 年 10 月 15 日）

南阿公第一九三号
昭和七年十月十五日

国联调查团在本国照片之件

关于之前电报请示寄送照片之事。据当地政府阿拉伯语报纸《ディバーカー》①及该报外交记者报道，前段时间国联调查团在埃及时，该地官宪认为调查没有必要，因此屡屡干涉调查团。此番李顿调查团在东亚之际也受到日本的许多干涉，因此只能圆滑地进行了调查，引起世间的注意。现以普通第38 号电寄送今年 8 月 20 日的报道，该照片发送给该国各地的主要新闻社。附带寄送 10 月 15 日当地《开普敦时报》的照片版报道，特此送付。

对其他新闻社保存照片底片表示感谢。

资料来源：JACAR（アジア歴史資料センター）Ref. B02030450300（第484 画像目から）満洲事変（支那兵ノ満鉄柳条溝爆破ニ因ル日、支軍衝突関係）/善後措置関係/国際連盟支那調査員関係　第五巻（外務省外交史料館）

257. 关于国联调查团随员杨格接待费用之件
（1932 年 10 月 18 日）

接待国际联盟调查团随员杨格博士费用，已经提出如下请求书，望予以

---

① 编者按：日文是来自阿拉伯文的翻译，未查到对应确切报纸名，故保留日文。

批准。

　　昭和七年十月十八日

　　条约第三课

　　请求书内容

　　一、杨格博士费用(旅行社垫付金)　6.90元

　　二、宴会费　160.09元

　　招待杨格博士(9月24日、蜂龙)　112.20元

　　招待杨格博士(9月23日、中□)　47.89元

　　合计　166.99元

　　资料来源：JACAR(アジア歴史資料センター)Ref. B02030450300(第485画像目から)満洲事変(支那兵ノ満鉄柳条溝爆破ニ因ル日、支軍衝突関係)/善後措置関係/国際連盟支那調査員関係　第五巻(外務省外交史料館)

258. 关于国联调查团随员哈斯等人接待费用之件
(1932年10月18日)

关于国际联盟调查团随员哈斯及派斯塔柯夫一行的接待费用,已经提出如下请求书,望予以支付为盼。

　　昭和七年十月十八日

　　条约局第三课

请求书内容

　　一、帝国宾馆费用　238.80元

　　哈斯夫妇费用　130.96元

　　卡尔利费用　28.44元

　　派斯塔柯夫费用　79.40元

　　二、哈斯一行费用(旅行社垫付金)　6.80元

　　三、宴会费用　634.11元

　　派斯塔柯夫招待费(9月29日、蜂龙)　116.50元

　　派斯塔柯夫招待费(9月30日、山口)　390.49元

　　哈斯招待费(9月29日、山口)　85.12元

派斯塔柯夫(10月2日、新喜乐) 42.00元

合计　879.71元

资料来源：JACAR(アジア歴史資料センター)Ref. B02030450300(第486画像目から)満洲事変(支那兵ノ満鉄柳条溝爆破ニ因ル日、支軍衝突関係)/善後措置関係/国際連盟支那調査員関係　第五巻(外務省外交史料館)

259. 斋藤代理大使致电内田外务大臣的函电
(1932年11月4日)

昭和七年　二四三〇一　略　华盛顿　　　　十一月五日下午发送

　　　　　　　　　　　　　　外务省　　　　十一月五日上午收到

第五六五号

关于国际联盟调查团与满洲地区日"满"官员及民间实力者的会谈录，及其提出之资料,本馆需要利用,日文版为宜,望火速邮寄各两部为盼。

资料来源：JACAR(アジア歴史資料センター)Ref. B02030450300(第489画像目から)満洲事変(支那兵ノ満鉄柳条溝爆破ニ因ル日、支軍衝突関係)/善後措置関係/国際連盟支那調査員関係　第五巻(外務省外交史料館)

260. 旧金山总领事若杉要致内田外务大臣的函电
(1932年11月26日)

昭和七年十一月二十六日

发送新闻报道剪报之件

前已电报告之主要内容。本月23日当地报刊就帝国政府向国际联盟理事会提交的意见书,发表攻击性评论等,特发送其剪报①。

另发送驻美大使。

资料来源：JACAR(アジア歴史資料センター)Ref. B02030450300(第505画像目から)満洲事変(支那兵ノ満鉄柳条溝爆破ニ因ル日、支軍衝突関係)/善後措置関係/国際連盟支那調査員関係　第五巻(外務省外交史料館)

————————

① 编者按:剪报从略。

261. 驻意大利临时代理大使冈本武三致内田外务大臣的函电
（1932 年 11 月 30 日）

公第一八二号

昭和七年十一月三十日

关于意大利记者与马柯迪伯爵会见之件，前已以往电第一二三号报告。作为李顿调查团中一员的谈话，加之记者的想象，多少有些夸张，值得注意的主要部分翻译寄送。

《樫与盆栽》

都灵市《斯坦帕(スタンパ，音译)》报纸，11 月 19 日号刊载

《斯坦帕》报记者阿尔纳德·齐鲍尔拉(アルナルド·チポルラ，音译)作为日中事变的通信员，本年初特派到远东。1923 年，他曾作为那波利市《马兹其诺》(マッチーノ，音译)报的特派员身份而被派遣到中国及日本。

今年春，在满洲与国联调查团意大利代表马柯迪伯爵相识，借此关系趁伯爵返回家乡博洛尼亚之际前往拜访，询问伯爵关于远东问题的意见，并将此次会见以《樫与盆栽》为题在《斯坦帕》报上刊载，文章颇长，以下仅翻译其中关于远东的章节：

从都灵市到博洛尼亚市，马柯迪伯爵讲述所经历的事情。伯爵作为调查团一员，任务完成之后，数日前返回家乡。今年 5 月，该记者与伯爵在满洲别离，此次调查团报告书的任务完成，记者当然希望能够倾听伯爵对中国及日本的印象，也希望倾听作为调查团员的使命，以下是伯爵与记者的对话：

伯爵：我是乘"甘奇号"轮船返回威尼斯，当时有许多记者前来询问，我在拜访墨索里尼后，断然拒绝了与罗马记者们的会见。但对于你是不能拒绝的。

记者：在下与其他记者多少有些不同的经历。在下在满洲时与调查团一起生活，与阁下一起呼吸奉天的空气，又只身体会了长春、哈尔滨的气氛，冒着被红胡子①绑架的危险，最后因满洲的旅馆的充血（充满了日本军人），在下不得不睡在苍穹之下，幸亏阁下录用在下充任名誉秘书官，解救在下于困顿之

---

① 编者按：指东北地区的土匪。

中,阁下应该还有这些记忆吧。

伯爵:我反复讲,不想说的不能说,我对于满洲的事情完全依照调查团报告书所公布的内容。

记者:5月,阁下与李顿在上海,直到9月上旬,经过了不少时日。在下想至少应填补此间空白,中国是广阔无边及人口众多的东方帝国,现在的情况究竟是如何造成的呢? 让读者知晓这些就足够了(希望能给予资料)。

伯爵:无论如何,再勉强我也是无益的,我什么事情也不能讲。你熟悉博洛尼亚币吗……

随后,伯爵转移了话题,谈起博洛尼亚市的历史遗迹,以及伯爵的祖先。

记者:对阁下的畅谈深感兴趣。但是,在下与阁下相对而坐,实在是不能忘却远东。

伯爵:你如果不满足对以往的追忆,那么就谈谈近代的事情。

接着,伯爵开始批判近年的事业,仍避开远东的话题。

记者:"满洲国"执政溥仪给阁下的印象如何,您是知道的,在下也会见过溥仪。

伯爵:实际上,留下了远超预期的好印象,调查团的全员都被接见。调查团成员中有一两个人奇异地感觉到,在庄严的氛围中,安乐椅上坐着一位巨大的木偶,一种带有装饰的木偶。因此中国人愤恨地称"满洲国"是傀儡国家。此种傀儡的姿态也唤起吾等一种感觉,就是衷心希望"执政"能细心地注意到自己"国家"的将来。

记者:阁下离开之时,满洲的情势怎么样?

伯爵:众所周知,"匪贼"的活动越发猖獗,铁路运输不规范,同中国之间的邮寄业务断绝,日本的压制与中国的抵制交错纠缠。满洲商人阶层忍受着利权被侵害,日中之间关于满洲的妥协当然不能容易地实现,但不能认为不可能。在美国总统选举之同时,美国一定会开始采取某种行动。美国在远东的行动此前一直是潜在的姿态,从此我们期待看到一些新局面的展开。

记者:据阁下观察,中国给予调查团的印象是悲观,还是乐观?

伯爵:中国是有缺陷的。比喻说,中国是自古以来生长在自然状态下,像是充满活力的野生的巨大樫树,日本与其相反,是特有的细微的庭院里的盆栽。盆栽矮小,完全效仿巨木的姿态……我们的体验是中国的力量在于内部(以下举例叙述内力爆发的可能性)。再举一例,我们从北京到上海,我和李顿从上海搭乘"甘奇号"轮船,调查团一行数人返回欧洲,特别选择了意大利汽船。意大利汽船往返意大利与中国之间的航路是最迅速的航路,在远东获得显著的成功。中国北方地区的长官张学良,是满洲地区的前统治者,被日本人驱逐。我们第一次通过北京时,他给予我们帝王般的待遇,为我们提供了拥有三台发动机的飞机,由两名为少帅服务的美国飞行师操纵,惊叹的是只用5个小时就可以把我们从北京送到上海。问题是北京的机场稍远,距北京城里有9到10公里,而且路况恶劣。驻北京的外交官真诚地担心我们,断言我们如果乘汽车前往的话,车轮会陷进泥泞里,即使目的地的距离很近,汽车也到达不了机场,建议雇佣人力车,称这是最好的办法(关于道路又进行了一番谈话,因为道路问题,我们共同经历过数小时的磨难)。谁都不可能想象到,当看到一条泥泞沼泽道路变成一条敞亮宽阔的大道时,该是如何令人惊讶。原来,张学良下令,召集成千上万的苦力在短时间内修成了这条道路。可以看出,中国的将军可以对自己统治下的人民显示何等的威力。

记者:日本人如何评价中国军人?

伯爵:如果认为日本人对其完全不担心就大错特错了。1931年9月在满洲冲突之际,为了击破奉天一万中国兵的抵抗,仅仅出动了600名日兵。著名的广东籍的十九路军,逃兵有9 000人,在上海和奉天一样不能战斗。现在日本虽然在满洲进行小规模的战斗,但他们早已放弃了以一敌五对付中国的"匪贼"团体的幻想。加之中国的广阔,中国任何事物都难以想象出其普通轮廓,在中国计划建设一户房屋时,就必定会出现一个城市,我等极为惊叹,目瞪口呆。在北京,在威灵顿(ウエリントン、コー)的陪伴下到访北京国立图书馆的时候,我们发现该图书馆管理体制比美国的各图书馆更完备,还发现比古登堡时代(グーテンベルグ,Gutenberg)更早四个世纪以前,已经出现许多活字印刷的图书。

记者:在中国受到尊贵的贵宾待遇,返回本国时还有赠送礼物的习惯,在下听说阁下在北京也接受了一些精美的礼品。

伯爵:请你务必看一看,但不要再谈政治问题。

接着,移步伯爵私宅,伯爵私邸宏伟壮观,开始谈吐其祖先的伟绩,以及伯爵作为外交官的伟绩等。

伯爵:中国人赠送的礼品中,最珍贵的物品是这个,请注意你的脚下。

记者:这块地毯上崭新的图案,在下猜想是最近代的地毯。

伯爵：不是的。是正宗的中国产、北京制作的东西，既有传统的表现，也适用于未来派，并有 8 世纪的微型肖像画，这样的礼品令人惊叹。这幅微型肖像画表现的是树上的猴子，活灵活现，气度高雅，完美极了。然而世间却仍有人认为中国人是半野蛮人，这太令人奇怪了。另外还有许多花瓶、高雅的瓷器、塑像，意大利古典的陶像、中国风格的塑像等。此外最令人感到惊异的是，将日本新闻报纸上刊登的有关调查团的报道选出汇集而成的几个册子，为了充分地玩味这项赠品，伯爵每天都抱有极高的学习日语的热情。

记者：总之，调查团成员对日本的印象如何？是不是如同世间说的那样，日本不惜动用战争手段也要占有满洲？调查团会见荒木陆相了吗？

伯爵：当然，也会见了天皇。

记者：那么……

伯爵：那么……是什么呢，在远东发生战争？我不相信，你的意见呢？

记者：在下的意见没有什么价值，只是想听听阁下的意见。

伯爵：远东的现状究竟如何，他们中的任何国家都不能进行大规模的战争，现在日本的日元不过值四利，今年 5 月才值七利。

记者：阁下想对在下说点什么呢？

伯爵：想说的话不能说。中国人现在衣食困顿，这是谁都知晓的，如果送给他们充分的衣食，也许他们的"百花之国"就会绽放出来。中世纪时，博洛尼亚市周围的农民贫困交加，而贫困正是他们努力向上的原动力。中国的贫困是数千年来的地方病，中国的佛陀也就是神的姿态，呈现给人们的一定是丰衣足食的形象，这实际上反映出汉人子孙永远无法实现的理想。与其相反，日本人的风采毫无穷困之像。

记者：阁下多少是和在下开玩笑，总之，对于调查团的报告书，日本的反应究竟会怎么样？

伯爵：相信他们的反应会是贤明巧妙的，日本与国际联盟脱离关系的理由在哪里？除了中国的抵制，满洲的"匪贼"，如今日本在远东已经毫无畏惧了。但是，日本当前最显著的忧虑是在世界经济方面的扩展，日元已经下降到四利。

记者：看来，阁下是乐观论者。

伯爵：当然不是悲观论者。不管怎样，全体同僚的事业无论对中国，还是对日本都是有益的，这一点是确信的。毋庸置疑，日本的政府要员考虑的是，在军阀和国民之间肯定倾向于优势的一方。

记者：阁下可能还记得，我们在奉天乘车兜风时，日军监视兵的枪口就在我们的面前晃悠。

伯爵：你如果继续留在奉天，会和德国新闻记者同样的命运，没有任何理由就被日军士兵监禁起来，调查团的德国委员希尼找我商谈如何处理，为了记者们的自由，我劝他亲自出马把记者从牢狱中解救出来。

记者：在下没有在这种事情上麻烦阁下。

伯爵随后转移了话题，谈起萨克索尼（サクソニー，音译）王室、王女的私话等。

资料来源：JACAR（アジア歴史資料センター）Ref. B02030450300（第507画像目から）満洲事変（支那兵ノ満鉄柳条溝爆破ニ因ル日、支軍衝突関係）/善後措置関係/国際連盟支那調査員関係　第五卷（外務省外交史料館）

262. 内田外务大臣致驻满洲大使馆斋藤良卫的函电
（1932 年 12 月 22 日）

昭和七年十二月二十二日

拜启，去年国际联盟决议派遣李顿调查团，日本最为紧急重要的事项是制作说帖。阁下敢为人先，爽快应允，尽力献身，凭日常积累和准备，毫无遗憾地完成。继而，关于满蒙问题等亦得到协力，本大臣不甚感谢。为表谢意，特备少许奖金进呈，望收纳。

资料来源：JACAR（アジア歴史資料センター）Ref. B02030450300（第516画像目から）満洲事変（支那兵ノ満鉄柳条溝爆破ニ因ル日、支軍衝突関係）/善後措置関係/国際連盟支那調査員関係　第五卷（外務省外交史料館）

263. 驻美大使出渊胜次致内田外务大臣的函电
（1933 年 1 月 13 日）

昭和八年　　七五五　　暗　华盛顿　　　　　一月十三日下午发送
　　　　　　　　　　　外务省　　　　　　　一月十四日下午收到

第二九号（极秘）

此次，麦考益受命就任得克萨斯骑兵第一师团长。12 日，前来参加本使举办之午餐会,自述作为李顿调查团成员,报告书已经完成并呈报国际联盟,工作结束,因此李顿主张没有必要长期逗留日内瓦。麦考益只能接受此意见,此前一直居住在他处。此番接受了履新任务,1月下旬将赴得克萨斯,甚是愉快。调查团报告书提交后,从道义上讲,不能再限制各委员的言论,尽管他们具有同等之地位,但李顿时常摆出委员长的身份,对其种种行为颇有些困惑。

转发:华盛顿、国际联盟。

华盛顿、国际联盟转发除土耳其外各驻欧大使。

资料来源:JACAR(アジア歴史資料センター)Ref. B02030450300(第517画像目から)満洲事変(支那兵ノ満鉄柳条溝爆破ニ因ル日、支軍衝突関係)/善後措置関係/国際連盟支那調査員関係 第五卷(外務省外交史料館)

264. 驻美大使出渊胜次致内田外务大臣的函电
(1933年1月15日)

昭和八年一月十五日

普通公第三二号

寄送《科里尔周刊》(*Collier's weekly*)之件

1月14日,《科里尔周刊》刊登该报记者谢巴德(シェバード,音译)与李顿卿的会见录,通过往电第49号寄送10份《科里尔周刊》,以供参考。

驻欧各大使馆及国际联盟(英、法、德、意大利及国际联盟各三份,其他各一部)。[①]

资料来源:JACAR(アジア歴史資料センター)Ref. B02030450400(第518画像目から)満洲事変(支那兵ノ満鉄柳条溝爆破ニ因ル日、支軍衝突関係)/善後措置関係/国際連盟支那調査員関係 第五卷(外務省外交史料館)

---

① 编者按:档案有具体的英文报刊剪报,从略。

265. 松平大使致内田外务大臣的函电
（1933 年 2 月 15 日）

昭和八年　三〇三〇　平　伦敦　　　　　　二月十五日下午发送
　　　　　　　　　　　外务省　　　　　　二月十六日上午收到

第五〇号

14 日晚，李顿受当地日本学生协会邀请，就满洲问题进行演说，其中作为内部参考内容如下：我相信，采取经济上的制裁是最残酷的战争形式，不能为了强行实现和平而进行战争，在我等实施调查以及写作报告书之时，经济制裁的适用性并非我等应考虑的问题。据自己的观察，国际联盟采取的唯一途径，即明确记载《国联盟约》的义务，以及日本采取的行动是否符合该义务。此后解决纷争的办法是，吾人应为利用国际联盟机构解决纷争提供机会，如果日本不想利用上述机会，吾人只能静待可以利用上述机会的时刻的到来。国际联盟立足于斗争性的和平主义，也有人主张，为了强制其加盟国接受国际联盟的意见，应该使用强制力量。本人并不认为这是有效之办法，这一意见也不值得议论。本人相信，解决日中纷争的途径还是要在《国联盟约》规定的范围内，或者在《国联盟约》的条件下找到。

本日的各报纸对以上演说予以了详报。

转发：日内瓦代表及美。

资料来源：JACAR（アジア歴史資料センター）Ref. B02030450500（第 550 画像目から）満洲事変（支那兵ノ満鉄柳条溝爆破ニ因ル日、支軍衝突関係）/善後措置関係/国際連盟支那調査員関係　第五卷（外務省外交史料館）

266. 松平大使致内田外务大臣的函电
（1933 年 2 月 19 日）

昭和八年　三三六九　平　伦敦　　　　　　二月十八日下午发送
　　　　　　　　　　　外务省　　　　　　二月十九日上午收到

第五七号

17 日晚，李顿卿在曼彻斯特市阿尔巴特会堂就以国际联盟为中心的国际问题(主要是远东问题)进行演说(国际联盟主办)。李顿卿首先详述了日中问题及国际联盟的措置,然后谈及往电第 50 号报告中对日本学生的演说,有关新闻报道将上述内容与当时席间李顿对现场提问的回答缝合起来,正好可以互相关联,形成一系列评论,李顿在演讲的开头对上述内容没有正确传达他的意思表示不满。大要如下:

这些报道称,我认为如果国联大会的报告被无视,国际联盟就无法采取任何行动了。这是曲解了我的本意,我在当时发表的意见是,纷争的当事国即使拒绝国际联盟的协助,做出违反规约的行动,国际联盟绝不能采取制裁措施,不能为了确保和平而发动战争。而且,一般经济封锁的结果是处罚了人民,不仅残酷甚至会导致战争,所以,如此方法并不可取。国际联盟可以采取其他办法,采取一些宽松的办法,如禁止武器输出、对违规国拒绝财政(脱)①、召回驻外使节等。我不是说现在或将来的某一时间必须采取这些手段,因为决定何时及以何种方式采取强制手段,当然是政府的责任。

资料来源:JACAR(アジア歴史資料センター)Ref. B02030450500(第551 画像目から)満洲事変(支那兵ノ満鉄柳条溝爆破ニ因ル日、支軍衝突関係)/善後措置関係/国際連盟支那調査員関係　第五巻(外務省外交史料館)

267. 石井领事致广田外务大臣的函电
(1934 年 4 月 21 日)

　　昭和九年　八二六六　略　温哥华　　四月二十一日上午发送
　　　　　　　　　　　　外务省　　　四月二十二日上午收到

第十二号

昭和七年往电第 24 号,希爱姆上校经由本国视察满洲,21 日乘俄罗斯号船从当地出发。

资料来源:JACAR(アジア歴史資料センター)Ref. B02030450500(第552 画像目から)満洲事変(支那兵ノ満鉄柳条溝爆破ニ因ル日、支軍衝突関係)/善後措置関係/国際連盟支那調査員関係　第五巻(外務省外交史料館)

---

①　编者按:指代原文漏字。

268. 斋藤大使致广田外务大臣的函电
(1935年2月12日)

昭和十年　二三一九　平　华盛顿　　　　二月十二日下午发送
　　　　　　　　　　　外务省　　　　　二月十三日上午收到

第六七号

先是概论,概述了九一八事变以来的主要问题,后面是最近发生的与满洲问题有关的日本废除海军条约问题。不知解决该问题是否存有困难,如果不能够解决,将产生重大结果。这是日本退出国际联盟的理论归宿,也就是不再遵循集体安全机制,不得不借助陆海军的力量,重新回归发展武力的政策上。然而,应该会有其他渡过此难关的方法。此时,责难态度、高压政策是被禁止的,可以说只有和解才是唯一的解决之法。日本希望确保安全,妥善处理过剩人口,获得工业原料和必要的工业品销售市场。如果解决方案不承认上述内容,日本就不会接受。各国难道不承认远东问题共同解决主义吗? 难道不想在保证所有与远东问题有关的国家安全的情况下解决问题吗? 所以为了解决问题,参与表决通过1933年2月24日国联决议的国家决定:(1)了解日本在经济上的要求,遵循国际法,通过正义的手段满足日本的需要。而且明确表示准备用比日本采用的方式更高效、更廉价的方法保证安全。(2)同时表示,多数国家之间的条约的法律地位及解释,不接受按照一国的解释而变更。另外,没有必要把日本从满洲赶出去,但日本军队必须撤出。日本为达目的没有必要维持军队。"满洲国"方面也认为,日本军队的驻扎,"满洲国"不过成为保护国。转而又认为,国际联盟仅仅宣告其罪,却不尝试采取对策解决问题,所以失败。日本主张满洲是其生命线,但世界各国为了一件事付出了比这更多的财富与牺牲,甚至赌上国运。这就是可以被称作文明的生命线的世界机构,即为了防止大战之类灾祸的发生,以维护和平为宗旨的集体机制(collective system)。理应有责任向日本阐明,日本没有道理不予理解。相反,不认识到这一点,破坏集体机制(collective system),要强调现今日本的所作所为对于世界和平,从根本上颠覆了吾等的希望及法律组织,也是替战死者的子孙拒绝了这一成果。1931年与1932年之交的日本对中国的恶,对世界而言最主要是破坏了理想。尽管按残酷性而言或许可谓是小事,但为了拥护这一理想,世界必须团结协作。

邮送英及驻美各领事。

资料来源：JACAR(アジア歴史資料センター)Ref. B02030450500(第553 画像目から)満洲事変(支那兵ノ満鉄柳条溝爆破ニ因ル日、支軍衝突関係)/善後措置関係/国際連盟支那調査員関係　第五卷(外務省外交史料館)

269. 斋藤大使致广田外务大臣的函电
(1935 年 2 月 13 日)

昭和十年　二三二二　暗　华盛顿　　　　　二月十二日下午发送
　　　　　　　　　　外务省　　　　　　二月十三日上午收到

第七七号

10 日,在美国的李顿卿在当地做了关于满洲问题的讲演,其大要以另一封电文第七六号发送,听众超过 1 500 人。11 日,各报刊做了详细报道。

据参会者莫亚(フレデリック・モーア,音译)吐露,作为美国讲演会的先例,挑选 5 名小组成员(panel member),分别是副国务卿卡斯托、参议员托马斯(エルバート・トーマス)、威利特・刘易斯(Willet Lewis)、伦敦《泰晤士报》驻华盛顿特派员莫亚、众议员沃兹沃思(Wadsworth),站在反对李顿论点的立场上,在讲演后提出种种质问,为的是使听众对论点有进一步的了解。据新闻报道,小组成员对李顿的主张都深有同感。实际上,上述 5 人没有就实际问题一致肯定李顿的主张。李顿演讲结束后,莫亚同有关人士及国务院人士交换意见。实际上,李顿此次来美,是为了实现英美提携而助一臂之力(在费城及其他地方也有讲演)。因此李顿指出,在海军问题及远东问题上,美国与日本持相反的主张,美国在远东的重大利益面临危机,值此之际,强调美国与英国提携有利于打破这一困境。从各种形势看,目前尚不能推断美英提携的路径,但许多人观察到,美国现任政府为拥护对华利益,正意向积极地干预远东问题。

另外,李顿演说中需要注意的是:(1) 大体格调是温和的。(2) 李顿讥讽说海军问题如不解决,将产生严重后果,可能会导致美国与日本在军舰建造上的军备竞赛,甚至武力对抗。对此,卡斯托反驳李顿,陈述了不会发生上述事情的理由。李顿表示赞同,表示自己的表述方式可能让人造成了误解,并否认了上述观点。（3）有听众质问，国际联盟是否会像干涉满洲问题一样，插手意大利与埃塞俄比亚之间的纷争。李顿对此沉默没有回答。（4）关于"满洲国"问题如另一封电文所载，李顿演讲的口吻是在某种程度上承认该"国"的存在，而且对于听众的质问，李顿断言，就现实状况来看，"满洲国"回归中国是不可能的。

秘送驻英、法、美各领事。

资料来源：JACAR（アジア歴史資料センター）Ref. B02030450500（第555 画像目から）満洲事変（支那兵ノ満鉄柳条溝爆破ニ因ル日、支軍衝突関係）/善後措置関係/国際連盟支那調査員関係 第五卷（外務省外交史料館）

二、国际联盟中国调查团关系档案　第六卷①

1. 国际联盟调查团一行明日再度赴京②
（1932 年 7 月 3 日）

在东京悠闲休息，外务当局细心准备③

东京《朝日新闻》昭和七年七月三日④

国际联盟调查团李顿一行 20 余人，将于 7 月 4 日上午 8 时乘特别列车再度来到东京。毕竟李顿一行在中国停留期间发挥了所谓的国际性作用，使得世界各地的注意力都集中在这里。对于李顿一行的再度来访，出面接待的东道主为外务省前次官永井松二，此外，还包括"国际联盟调查团外务省接待委员会"的全体委员，一切筹备就绪，为李顿一行在京进行了安排。

李顿一行视察了中国各地，日本方面负责斡旋的吉川伊三郎大使建议外务当局："委员们在中国受到连日欢迎，接受款待，实在是无法应酬，此次在东京务必悠闲一些，正是基于这一点考虑，安排了接待计划。"因此，除出席斋藤实外相正式的晚餐会外，取消其他一切郑重其事的欢迎慰问，悠闲之气氛首先从宾馆开始，一切委托帝国宾馆。调查团一行在日本停留期间预计赴日光、箱根等富有日本特色的地方观光。特别是与日本国家旅游局进行商谈，制订行之有效的计划。另一方面，宾馆的地板全部铺设上适用夏季的地毯，并

---

① 编者按:本文献集所翻译整理的《国际联盟中国调查团关系档案　第六卷》内容皆为日本媒体报道。

② 编者按:条目标题取自媒体报道的主标题,报道若有副标题,则在正文中显示,不再纳入条目标题。下同。

③ 编者按:此为新闻报道的副标题。下同。

④ 编者按:此为新闻报道的原始来源。下同。

特意准备了 37 个设施豪华的房间,占该宾馆房间数的 1/3。另外,一行中包括麦考益将军及其夫人,美国克拉克(Clark)大学教授、国际法专家勃来克斯雷博士。

釜山出发(釜山特电)

7 月 2 日 19 时 40 分,国际联盟调查团李顿一行,以及多数随员在总督府外事课长等人陪同下,按计划到达釜山,随即在铁道宾馆共进晚餐,并会见新闻记者团,畅谈对朝鲜的印象。22 时,在多数官民的欢送下,乘坐临时准备的联络船"昌庆丸"奔赴下关。

资料来源:JACAR(アジア歴史資料センター)Ref. B02030450900(第 111 画像目から)、満洲事変(支那兵ノ満鉄柳条溝爆破ニ因ル日、支軍衝突関係)/善後措置関係/国際連盟支那調査員関係　第六卷 (外務省外交史料館)

2. 调查团报告延期案通过
(1932 年 7 月 3 日)

国联大会顺利结束

东京《朝日新闻》昭和七年七月三日

(日内瓦特派员 7 月 1 日发)国联临时大会通过关于日中纷争报告期限延期的提案,会议结束。该提案未采取表决形式,大会主席认为全场对该提案没有异议。如果采取表决的形式,将置我国代表于尴尬和引人注目的境地。由于主席的考虑避免了会场的混乱,我代表在会议期间也没有必要发言。提案通过后,主席发言,希望报告延期期间,日中两国不主动采取任何使两国的和解努力化为泡影的行动。另外,3 月 11 日大会上,主席表示不予承认违背大会决议的任何协定与条约,并大声宣读了某条款。这被认为是关于不承认"满洲国"问题。大会首先听取了中国及几位小国代表的演说,可以说稳妥地结束。

(日内瓦 7 月 1 日联合社发)关于日中纷争国联大会报告期限延期的决议案如下:

国联特别大会视情况而召开,强调例外处理的性质。注意到日中两国代表对《国联盟约》第 12 条第 2 款所定的延长期限,通告主席表示同意,上述延期严格控制在必要限度之内,而且此延长并不构成先例,在上述谅解的前提下决定延长。大会在接受调查团的报告后,大会委员会提议应确定上述延长期限。大会绝无刻意拖延该事件之意图,大会希望在条件允许的情况下迅速解决此事。大会委员会决议在 11 月 1 日前开始审查调查团之报告书。

资料来源:JACAR(アジア歴史資料センター)Ref. B02030450900(第111 画像目から)、満洲事変(支那兵ノ満鉄柳条溝爆破ニ因ル日、支軍衝突関係)/善後措置関係/国際連盟支那調査員関係 第六巻 (外務省外交史料館)

3. 日中纷争调查报告决定延长期限
(1932 年 7 月 3 日)

长冈代表始终沉默,十九国委员会与国联临时大会

《东京日日新闻》昭和七年七月三日

(日内瓦本社特电)7 月 1 日 15 时(日本时间 23 时),十九国继续委员会①就日中纠纷问题举行会议,会议讨论约两小时。最终决定国联大会将延长李顿调查团报告的提交期限。接着,17 时 15 分(日本时间 7 月 2 日凌晨 1 时 15分),在伊曼斯主席主持下召开国联临时大会,伊曼斯主席报告延长提案已由十九国委员会通过,请求大会审议。

中国代表颜惠庆表示对该案没有异议。但又搬弄口舌,称延长期限将使远东情势越发不安,有失国联之权威,延长期限应限制在最小限度。接着,瑞典、捷克斯洛伐克、墨西哥、西班牙等国代表相继表示,期限延长的理由事不得已,主张延长日期应限制在最小限度。讨论结束后,伊曼斯主席宣布,关于日中纷争报告期限延长案通过。大会期间,日本代表长冈春一博士始终保持沉默。这是因为日本根据《国联盟约》第十五条,对大会的召开持有异议。另外,在此次大会上,西班牙代表马达里亚加宣读 28 国接受土耳其加入国联的提案,博得全场喝彩,该案今后将继续审议。7 月 1 日的大会,大国的外相只有英国外相西蒙一人出席,此事引起注目。大会于 19 时 15 分(日本时间 7 月 2日凌晨 3 时 15 分)结束。

决议案全文(同上页)

---

① 编者按:原文如此,应为"十九国委员会"。

资料来源：JACAR（アジア歴史資料センター）Ref. B02030450900（第112画像目から）、満洲事変(支那兵ノ満鉄柳条溝爆破ニ因ル日、支軍衝突関係)/善後措置関係/国際連盟支那調査員関係　第六巻（外務省外交史料館）

4. 国联报告首先由理事会审议
（1932 年 7 月 3 日）

延期案与外务省态度

《东京日日新闻》昭和七年七月三日

　　7 月 1 日，国联特别大会通过九一八事变审议期限延长案，该案的结尾落款是大会委员会（十九国委员会——括号原文）。并希望在 11 月 1 日以前，开始审察李顿报告书。由此给人的印象是，李顿报告书将首先由十九国委员会进行审议。

　　外务当局始终坚持李顿报告书应提交理事会，并由其慎重审议。如果 9 月中旬召开的理事会不对李顿报告书进行慎重审议，而是立刻移交大会，并首先由十九国委员会审议，则意味着无视日本的立场，也是大会的越权行为。为此，日本的立场是：(1) 去年 12 月 10 日，理事会决议成立李顿调查团，李顿报告书当然要提交理事会，经理事会慎重审议后，以旁观者姿态附以意见提交大会。(2) 如果不经由理事会审议，直接由十九国委员会审议李顿报告书，因日本并非十九国委员会成员，对日本的立场甚是不利，这是国联完全无视日本对大会的保留意见。因此，国联若要慎重审议九一八事变，首先必须履行正当手续，由理事会审议报告书。

　　关于上述几点，外务省反复提醒国联方面予以注意。

　　资料来源：JACAR（アジア歴史資料センター）Ref. B02030450900（第112画像目から）、満洲事変(支那兵ノ満鉄柳条溝爆破ニ因ル日、支軍衝突関係)/善後措置関係/国際連盟支那調査員関係　第六巻（外務省外交史料館）

5. 公平的调查团逐渐认识真相
(1932 年 7 月 3 日)

帝国随员通过本社向中外声明

《东京日日新闻》昭和七年七月三日

釜山至下关

(釜山发)7 月 2 日下午 7 时 45 分,国际联盟调查团一行乘列车到达釜山,在铁道宾馆进晚餐。10 时,乘停留在釜山栈桥的釜关联络船"昌庆丸"前往下关。

(釜山,7 月 2 日本社特派员佐藤发)在从京城到釜山的国联调查团特别列车上,身为帝国随员代表的一等书记官盐崎通过本社,发表如下声明:

3 月以来,历时 4 个月,国联调查团在中国及满洲广阔的土地上旅行,怀着满腔热情去调查事实真相。最终,在实地调查基本结束之后,现今再度来到日本。作为帝国随员的印象是:他们对中国的国情、排外组织及其活动等进行了详细的调查,或许能够揭示日中纷争的真正起因在中国一方。尤其是对满洲的历史、经济、政治以及军事方面的复杂问题有了正确认识。在解读满洲局势的时候,显而易见的是,去年 12 月 10 日国联理事会决议以来,又发生了许多新的事态,单纯凭借该决议已不能圆满地解决这些复杂问题。因此,调查团委员们在写成报告书送呈国联总部之时,国联面对的一定比以往更难解决的日中纷争,同时也会对满蒙局势有更进一步的正确认识。国际联盟调查团要在最终报告里陈述关于时局的结论以及意见。对此,希望它能够与帝国政府保持密切接触,好好考虑一下日本的迫切要求是什么。

日本第一期待的是,确保日本政治、军事以及经济方面的安全;第二是为东亚永远和平与幸福打下基础。对于这两大理想,委员们一定有正确的理解。而且,委员们最后在报告书结论中给出的解决方案,毋庸置疑,应建立在对上述两大理想完全理解的基础之上。单纯地议论日本军事行动的是非,拘泥于承认"新国家"问题的细枝末节,或者对法律、条约等进行技术性的议论,则不能理解日本举国性、根本性的祈望。如此一来,时局将越来越纷乱。调查团要时时刻刻信赖日本诚心诚意的政策,这才是最上策。因此,在这些问题上,调查团若有难以谅解之处,帝国政府将不厌其烦地欣然应答其质问。最后,委员们长久处于旅途之中,不仅非常辛苦,更以公平公正的态度诚心诚意地进行调查,却还会遭受来自外部对某些委员个人活动的非议。即便如此,调查团仍然保持完全公正的态度,我们对此由衷地表示钦佩。有时,日本随员与调查团之间因意见不一而发生争执,纵然在紧要关头,委员们都一直保持着真诚的态度。我们作为随员,亲眼看到调查团对日本的国际和平事业付出的牺牲和努力,对此表示深深的敬意,同时也祝愿委员们多加保重。

　　资料来源:JACAR(アジア歴史資料センター)Ref. B02030450900(第113画像目から)、満洲事変(支那兵ノ満鉄柳条溝爆破ニ因ル日、支軍衝突関係)/善後措置関係/国際連盟支那調査員関係　第六卷 (外務省外交史料館)

6. 国联调查团再次来日本
(1932 年 7 月 3 日)

请坦言日本之立场
《东京日日新闻》昭和七年七月三日

一

　　今日,国际联盟调查团一行到达下关。据说调查团一行来日本的目的是在我国起草报告书,起草之前再一次听取日本政府对中国,尤其是对"满洲国"的明确意见。报告书的执笔到底是在日本停留期间全部完成,还是返回北平后在北平起草,外界尚不得而知。但调查团将再度听取日本政府的意向及其说明是毫无疑义的。

二

　　无论李顿一行来日本的任务如何,我们对诸位委员为了调查复杂的问题,长年累月,抛家舍业,历经国外旅行的辛劳,寄以满腔的同情。特别是他们担负的任务直接关系到重大国际问题。诸位委员研究事态并加以判断,付出了难以想象的、异常的辛劳。如今,对事变现场的调查已经结束,在进行总结、安静地起草报告书之际,诸位委员理应有要求幽静和安宁居所之权利。因此,为了使调查团尽可能获得安静的环境,迎接他们的我国国民应对此需求予以充分的考虑。我国政府本着这一宗旨,尽可能减轻繁文缛节对委员们的影响。

我们体谅调查团一行的辛苦,此次再度来访之际,在表示诚意欢迎的同时,希望能多多少少给予调查团一行静思休养的时间。

三

我们欢迎调查团一行的心愿如上所述。我们要特别关注我国政府对调查团一行的态度。据坊间传闻,国联调查团将以何种方针起草报告书尚未决定,另外,围绕"满洲国"问题的日中间和解方案,已有少许传闻,这些方案是中国方面的意见,还是调查团的意向,不得而知。但事实是传闻中的方案都前途暗淡,我国国民对这些方案是绝对不能同意的。我们希望调查团能够充分理解我国政府对此做出的说明。

四

对这些所谓的解决方案,本应详尽地予以评论,但这些方案毕竟是杜撰的。我们必须明确地指出这些方案共同的根本性谬误及其非现实性。这些方案不承认"满洲独立"的事实。满洲的居民脱离张学良政权,形成"新国家",不仅是既成事实,而且这一事实是他国不能改变的,不承认其合法的国家只有中国。在这种情况下,无外乎动用武力,导致内乱的局势。况且,中国的旧政权此前对"满洲国"的独立行为及其后来的发展袖手旁边(张学良派正规军或资助马贼扰乱治安另当别论)。因此,"满洲国"从中国政权中分离出来的状态,几乎成为既成的事实。如今再费口舌之力恢复以前的状态,只要不出于满洲居民的意愿就不可能实现。据称,中国的方案是将满洲划属为自治区域,甚至容忍日本所主张的权益,此种算计实在是妙。但是,站在"满洲国"的立场上,唯独应由满洲居民来决定,就算日本也没有丝毫置喙的权利。总之,我国对于应在何时承认独立的"满洲国",尚未达成一致意见,这是不争的事实。换言之,日本绝对不会否认想要"独立建国",并努力经营"新国家"的满洲居民的希望,更没有妨碍他们的意思。我们认为此点是最为重要的,对此我国应该给予调查团一行最强烈的印象。

资料来源:JACAR(アジア歴史資料センター)Ref. B02030450900(第113画像目から)、満洲事変(支那兵ノ満鉄柳条溝爆破ニ因ル日、支軍衝突関係)/善後措置関係/国際連盟支那調査員関係 第六巻 (外務省外交史料館)

7. 日本应坦率表明承认方针
（1932 年 7 月 4 日）

欢迎调查团我之态度

《时事新闻》昭和七年七月四日

今天早 8 时,李顿率领国际联盟调查团一行到京,预定滞留约三周时间。就调查报告书最重要的结论部分,及调查团最后决定之意见,同我国政府当局交换看法。因此,政府当局与调查团的会见意义重大,受到朝野上下的瞩目。调查团一路辛劳,政府安排他们能在我国得到充分的休养。关于我国的态度及主张,调查团已经充分了解,无须絮叨。有不解之处询问时,为使其判断不至于失误,需进行充分的说明,提供充足的材料。关于调查团最终报告书的结论,相信调查团应该有正当的判断,我们对此寄予满腔的信赖。最焦点的问题是我国对"满洲国"独立之态度。

一、关于"满洲国"的独立存在。调查团入"满"之时曾正式向"满洲国"发送通告,从这一事实可见,调查团不能无视"满洲国"的独立存在,相信见到实况后将越发证实"新国家"的存在。

二、在同"满洲国"的关系方面,我政府必须认识到"新国家"的独立存在。毋庸置疑,基于"新国家"的俨然存在,且具备近代"国家"形态的事实,准备寻机承认"新国家"。为坦率地表明此宗旨,国民应当相继展开承认决议、请愿等活动,明确表示我国之态度,请调查团自行判断。

资料来源:JACAR(アジア歴史資料センター)Ref. B02030450900(第114 画像目から)、満洲事変(支那兵ノ満鉄柳条溝爆破ニ因ル日、支軍衝突関係)/善後措置関係/国際連盟支那調査員関係 第六巻(外務省外交史料館)

8. 再度来日本的李顿卿对本社特派员言
（1932 年 7 月 4 日）

对日本承认"满洲国"感到为难 望维持现状

《时事新闻》昭和七年七月四日

(大阪横山特派员发)7 月 3 日 8 时 45 分,以李顿为首的国际联盟调查团一行从下关乘 5 辆车厢组成的特别列车东行,7 月 4 日 8 时到达东京车站,入住帝国宾馆。过去的 4 个月里,李顿一行仔细调查了中国及满洲日中纷争的实况,为最终做成报告书,听取日本政府解决问题的决定性意见,从北京经由朝鲜再度来日本。之前流传的中国政府就"满洲国"的提案,及日本政府对此提案的强硬反对等都是调查团需要直面的问题,(这些问题)都颇为重大且微妙。国际联盟调查团能否果断断案,做成最终报告书,记者在迎接国际联盟调查团一行之时询问其意向,记者与李顿之间的问答如下:

问:中国政府关于维持"满洲主权"、实施特别自治制度、全部承认日本在条约上的权利之提案,国际联盟调查团是否将以此提案作为基础,征求日本政府的意见?

答:我们没有正式收到中国方面的任何提案。

问:日本及中国都没有明示解决方案吗?

答:没有。

问:"满洲国"独立存在是现实的事实,调查团在报告书中如果不予以承认,则不可能解决问题吧?

答:关于这一点,今天还不能回答什么。但可以说,我们面临所有问题的总和就是"满洲国"问题究竟如何解决? 如果不听取日本当局意见,则不能决定。

问:如果日中两国都没有提出什么方案,委员自身是否有腹稿?

答:没有什么腹稿。

问:那么,对于该怎样解决问题是如何考虑的呢?

答:目前,因为日中两国均持强硬之态度,多多少少有些前途暗淡之感觉。但如果日中两国真心希望和平,终会产生解决方案。

问:那么,日中两国相互让步,能够解决吗?

对此,李顿直接回答:总之,问题的解决需要两国互相做出让步,若不这样两国就都无法实现其最基本的要求。

记者询问,承认"满洲国"是日本的既定方针,在起草最终报告书的过程中,如果日本承认"满洲国",那将会怎样?

李顿回答,那将是非常为难的事情,作为国联调查团,希望满洲的事态维持现状,如果改变现状就会让问题更加严重,越发加大解决纷争的难度。虽说不能恢复到事变前的状态,但希望能够维持现状。

　　记者又询问,如果日中之间找不出满洲问题的妥协点,国际联盟调查团该如何应对?

　　李顿回答,如果是这样,除如实向国联报告外别无他策。

　　资料来源:JACAR(アジア歴史資料センター)Ref. B02030450900(第114画像目から)、満洲事変(支那兵ノ満鉄柳条溝爆破ニ因ル日、支軍衝突関係)/善後措置関係/国際連盟支那調査員関係　第六卷 (外務省外交史料館)

9. 昨夜李顿在大阪声明
(1932 年 7 月 4 日)

　　调查结果有利于日中权益

　　《时事新闻》昭和七年七月四日

　　7 月 3 日下午,国联调查团团长李顿在大阪发表声明,内容如下:

　　吾等此次再度来日本,恰逢得以欣赏明媚风光之时节,甚是欣幸,借此想向日本朝野申明。吾等切盼与现任内阁诸公会面、交换意见之机会。来日之际,吾等国际联盟调查团再度申明并非交涉者,吾等系以调查为目的之委员。吾等的使命是收集一切有关此次纷争的事实,并将事实报告给国际联盟。毋庸置疑,这些有关事实的重要内核,关系到日中两国纷争地域的永久权益。要相互调和这些权益,首先必须阐明这些权益是什么,阐明这一事实是吾等调查团之使命。若不能确认日中两国在满洲的权益状况,则不可能予以安排和调和。吾等依据获得的知识及国联理事会的劝告,作为日中两个当事国之间的中介者,完成此任务,即国际联盟赋予之使命。直到今天,颇感有关纷争的真相仍然或多或少地被阴云遮掩。吾等确信,吾等的调查有利于事关日中两国生死之权益,人们对吾等的努力寄予极大的期待。如果日中两国意识到这一事实,和平的福音必将到来。吾等当竭尽努力实现此目的。

1932 年 7 月 3 日于大阪

国际联盟调查团团长　李顿

　　资料来源:JACAR(アジア歴史資料センター)Ref. B02030450900(第115画像目から)、満洲事変(支那兵ノ満鉄柳条溝爆破ニ因ル日、支軍衝突関係)/善後措置関係/国際連盟支那調査員関係　第六卷 (外務省外交史料館)

10. 李顿一行停留日程
(1932 年 7 月 4 日)

《时事新闻》昭和七年七月四日

7月4日早入京,国联调查团一行滞留期间的日程,由日本外务当局与调查团秘书长哈斯双方商议,预定如下:

7月4日上午8时,到达东京车站,投宿帝国宾馆。

7月5日,拜谒天皇,访问秩父宫家宅,访问斋藤首相。

7月6日,会见内田外相。

7月7日,秩父宫殿下主持晚餐会。

7月8日以后,除访问外务省外,视情况会见政界、财界名人等。周末赴箱根、日光,由德川公爵、永田市长陪同,并观赏能乐。其他活动日程未定。调查团滞留时间大约3周,预定在箱根起草报告书。另,外务省接待委员包括前次长永井(接待委员长)及间濑事务官以下数人。

资料来源:JACAR(アジア歴史資料センター)Ref. B02030450900(第115画像目から)、満洲事変(支那兵ノ満鉄柳条溝爆破ニ因ル日、支軍衝突関係)/善後措置関係/国際連盟支那調査員関係　第六巻(外務省外交史料館)

11. 调查团一行拜谒天皇
(1932 年 7 月 4 日)

秩父宫家宅接待,李顿发烧闭门未出

东京《朝日新闻》昭和七年七月四日

7月4日入京的国际联盟调查团一行14人(除李顿外),15时30分乘外务省安排的汽车离开帝国宾馆,前往皇宫拜谒天皇。之后前往大宫御所,往秩父宫问候后辞去。当天18时30分,在赤坂表町美国大使官邸,出席新任美国大使格鲁举办的独立日庆祝会及欢迎会。在英国大使馆的李顿,4日下午轻度发烧,未前往皇宫,也未出席美国大使馆的欢迎会。预定与斋藤首相会面的时日延期到6日。李顿已接受法国大使馆医师毛特(モット)博士的诊治,因为是感冒,所以问题不大。

哈斯称"首先要充分休养"

国联调查团李顿一行再次入住帝国宾馆。7月4日18时30分,秘书长哈斯在帝国宾馆就报告书的最后草拟,以及此后的计划会见新闻记者团,其谈话情况如下:吾等历经大约三个月的实地调查,身心甚是疲惫,准备在这里悠闲地休养几日,然后着手起草报告书。因此,眼下没有具体的计划,7月5日,可能会晤斋藤首相,访问陆军、海军、外务等有关各省,与外务大臣会见旨在交换各种意见,但要等待内田伯爵就任外相方能会见。去年12月10日,国联理事会决定派遣远东国际联盟调查团,国际联盟调查团的报告书当然要送呈理事会。但是,理事会受理报告书后是直接提交大会审议,还是直接送呈大会,调查团一行不能干涉。

调查团随员视察间岛

国联调查团随员杨格在东京滞留一周左右后,决定赴间岛调查朝鲜人问题。

资料来源:JACAR(アジア歴史資料センター)Ref. B02030450900(第115画像目から)、満洲事変(支那兵ノ満鉄柳条溝爆破ニ因ル日、支軍衝突関係)/善後措置関係/国際連盟支那調査員関係 第六卷(外務省外交史料館)

12. 为完成最终报告书今日调查团再来
(1932年7月4日)

离京以后第五个月,完成实地调查大任

东京《朝日新闻》昭和七年七月四日

完成日中事变的实地调查大任,为向国联呈交最终报告书,7月4日上午8时,李顿调查团一行到达东京车站。上次2月29日,李顿一行来京,3月8日离京,经过3个多月后再次来京。一行到达东京车站后,从中央通道经贵宾室直接入住帝国宾馆。外务、陆军、海军各省代表在车站迎接,由丸之内①署严密警备。李顿一行的行程大致如下:7月5日,拜谒天皇,问候秩父宫家宅,

---

① 编者按:指警察。

拜访斋藤首相。7月6日,与内田伯爵会晤。7月7日,出席秩父宫殿下主持的晚餐会(赤坂离宫)。7月8日以后视情况访问外务省,会晤政界、财界知名人士。周末赴箱根、日光。

资料来源:JACAR(アジア歴史資料センター)Ref. B02030450900(第116画像目から)、満洲事変(支那兵ノ満鉄柳条溝爆破ニ因ル日、支軍衝突関係)/善後措置関係/国際連盟支那調査員関係　第六巻 (外務省外交史料館)

13. 调查团本来使命
(1932年7月4日)

途经大阪车站时,李顿发表声明书

东京《朝日新闻》昭和七年七月四日

7月3日上午7时,国联调查团一行登陆前往下关,当日20时34分,一行乘坐的特别列车到达大阪,20时42分列车发车东进。通过大阪车站之际,李顿委员长发表如下声明[①],强调国联调查团的本来使命。

吾等此次再度来日本,恰逢得以欣赏明媚风光之时节,甚是欣幸,借此想向日本朝野申明。吾等切盼与现任内阁诸公会面、交换意见之机会。据中国的报刊报道,吾等收到中国方面解决纷争的条件,并将此提交给日本政府。另外,据满洲的各报刊刊载,吾等向国联提案,建议用五年时间检验"满洲现政权"的施政能力。各国的新闻媒体也都迫切地希望,能够探听到国联调查团胸中究竟怀着什么样的提案。当此之际,以上这些报道虽然不能说是过分,但吾等对于这些问题并无权限,新闻媒体的报道并不属实。此次来到日本需再次重申的是,吾等是调查委员,并不是交涉员。

吾等是以调查为目的的调查委员。吾等的使命是收集一切有关此次纷争的事实,然后向国际联盟报告。当然,这些事实中最重要的是,日中两国在纷争之地的永久权利。要调和这些权益,就必须先阐明这些权益是什么,阐明这一事实是吾等之使命,并非确认日中两国在满洲的权益存在与否,而是应如何调和及分配。吾等基于获得的知识以及国联理事会的劝告,作为日中两个当事国之间的中介者,完成此任务,即国际联盟赋予之使命。

---

① 编者按:此声明与前面《时事新闻》7月4日的报道略有出入。

日中两国的舆论媒体,至今尚未充分了解吾等之使命。无论调查团如何劝说,仍抱有非常不安的态度,导致调查团在执行任务时会面对很多担心,即两国担心被要求对自身重要权益的一部分做出让步与变更。在此种担心的影响下,两国的报刊难以采取稳健态度向本国国民报道事实。现在纷争之事实尚被些许阴云遮掩,令人遗憾。吾等确信,吾等的调查有利于关系到日中两国生死的权益,人们对吾等的努力寄予极大的期待。如果日中两国意识到这一事实,和平的福音必然决定性的到来。吾等当竭尽努力实现此目的。

1932 年 7 月 3 日于大阪
国际联盟调查团团长　李顿

资料来源:JACAR(アジア歴史資料センター)Ref. B02030450900(第116 画像目から)、満洲事変(支那兵ノ満鉄柳条溝爆破ニ因ル日、支軍衝突関係)/善後措置関係/国際連盟支那調査員関係　第六巻 (外務省外交史料館)

14. 车中与调查团座谈会
(1932 年 7 月 4 日)

日本勿急于承认"满洲国",最终将在大会解决
《东京日日新闻》昭和七年七月四日

为会商解决日中事变的最后方案,调查团从北平来到东京。在特别列车上,记者(本社佐藤特派员)请 7 名调查团的重要人物,采取移动式座谈会的新形式,匆匆召开了座谈会。交谈者分别来自 7 个国家,出于道义匿名。A 为记者。

日本的内心打算

A:您到现在还未了解日本的真实想法吗?

B:好像了解但又不了解。前内阁声明对满洲绝对没有领土和行政的欲望,只要求确保条约上的权益,如果是这样,中国方面能够欣然做出让步。可是,日本能够满足吗? 不满足吧! 于是,又不了解了。

"满洲国"

A:"满洲国"这一新事态出现后,承认"满洲国"已经是既定事实。

B:不是这样简单吧！作为日本,如果此时做出承认"满洲国"的举动,日中纷争将永远继续下去,东亚的和平无望。为此,调查团不得不做出努力,无论如何还是希望能够暂缓。

美国的态度

A:美国对此持什么态度？

C:美国对日本向满蒙扩张并不反对,也没有什么异议。对日本的人口、食物、经济等问题予以同情理解。美国远东政策的大方针是中国的门户开放、机会均等、领土保全,这一方针的结晶是《九国公约》。因此,美国国民在感情上热切希望能够尊重此公约。

A:满洲 3 000 万民众起来建设"新国家",日本并没有无视公约。

C:问题在于,日本的军事行动是否与"满洲国"的成立有直接关系？日本方面主张,日本自卫行动的结果是偶然产生的,并提供了证据资料。如果真的如同日本主张的这样,那就不涉及条约问题。

A:如果日本不顾忌条约问题,直接承认"满洲国",美国会如何？

D:1月7日,史汀生在笔记中写道,对违反条约发生的新事态绝不予以承认,即便美日之间发生外交危机也在所不惜……日本不如保全中国国际联盟、美国的面子,这样它们就会痛快的敞开一条容纳日本请求的退路。

独立问题

A:"满洲国"与日本的关系成为问题吗？

E:不是问题,日本如果援助它的成立也可。现今的南京国民政府依靠苏联的援助完成了革命,美国的独立也得到法国的援助,巴拿马的独立是美国的援助。一个民族的自由独立,国际上绝不否定,同时也不能否定援助其独立的自由。在张作霖的内乱时代,从满洲攻进北平,甚至兵逼南京。但这样的事态是重大的。因此防止承认"新国家"这一事态的发生是明智的,也可以说是为了东亚的和平。

承认问题

A:为什么委员们担心日本承认"满洲国"呢？

E:理由很多,承认问题不仅与日本有关。日本一旦承认"满洲国",中国会进一步强化排日态度。作为国联的代表,调查团的原则是,承认应该被延迟,希望日本先就该问题与调查团协商。最近,闻知内田伯爵就任外相,很是高兴,内田伯爵能否真的推迟承认"满洲国"呢?

A:个人的意见和外相的意见或许不一致。

中国的态度

A:据说中国方面提出了做出极大妥协的提案。

B:是的,中国主动提出,承认与日本共同经营满洲,是令人吃惊的让步,在这一点上,考虑可以与日本进行交涉。看到贵国一家报刊昨天(7月2日)的报道,称调查团提议对整个中国进行共同管理,真是太无常识了,调查团岂能提议对国联缔约国、国联理事会的一员进行国际管理呢?

结果?

A:那样的话,作为结局,国际联盟调查团如何结束工作?

H:调查团将中国的妥协条件提交给日本,致力于交涉和倾听日本方面的让步条件。但仅凭委员解决根本问题是困难的。最后还要在最终报告书上附记日本与中国对调查团提交的解决案,然后提交大会。并无过多期望,问题还是要提交到日内瓦。

资料来源:JACAR(アジア歴史資料センター)Ref. B02030450900(第117画像目から)、満洲事変(支那兵ノ満鉄柳条溝爆破ニ因ル日、支軍衝突関係)/善後措置関係/国際連盟支那調査員関係　第六卷 (外務省外交史料館)

15. 远东和平的使者

(1932年7月4日)

寻求解决满洲问题的结论,1932年日本的双重印象,今晨再来东京

《东京日日新闻》昭和七年七月四日

(下关高木特派员发)关门海峡的朝霭清新透彻,白帆点点,翠绿松柏,以及长满象征日本和谐精神的鲜花的旷野,爱抚着"和平制造家"们,温柔地拥抱带有倦意的委员们。作为解决满洲问题的钥匙,为了最终报告书的最后一页再度来日本,特别联络船"长庆丸"载着国联调查团李顿一行,7月3日早晨在

下关进港。

克劳德将军眨巴着眼睛,"第二印象更深刻!"委员们第二次访问的日本更加充满生气,一定对 1932 年日本的英姿刻印上了双重印象。

不久,汽笛声声、栈桥、摄影班、宪兵,李顿突然好像被电影演员般的表情所吸引,面肌抖动着大笑起来,一瞬间,掩饰了这位国联老爷子的严肃印象,李顿现出慈祥的笑靥。

在栈桥排列着身穿黑纹服饰的爱媛议员,这是昭示日本人爱国心的纹饰。调查团向爱媛的紫色会旗表示敬意,然后进山阳宾馆。山阳宾馆里,集聚着身处国民外交前沿的欢迎的人群,以及新闻记者。早餐 8 时 45 分开始,然后乘坐外务省包租的特别列车,离开南日本的海港,委员们怀着期盼解决日中事变的激荡心情,奔向东京。

资料来源:JACAR(アジア歴史資料センター)Ref. B02030450900(第118 画像目から)、満洲事変(支那兵ノ満鉄柳条溝爆破ニ因ル日、支軍衝突関係)/善後措置関係/国際連盟支那調査員関係　第六卷 (外務省外交史料館)

16. 夜晚的大阪车站华丽的国际色彩
(1932 年 7 月 4 日)

闪光灯闪烁一片
《东京日日新闻》昭和七年七月四日

(大阪发)7 月 3 日 20 时 42 分,李顿一行乘特别列车通过大阪车站继续东进。前往欢迎者均是与调查团有特殊关系的人,包括中山太一、栗本勇之助、冈田源太郎等大阪商工会议所人员,以及代理长官、泊内务部长,仅 20 余人,另外还有新闻记者及摄影班。20 时 34 分,豪华特别列车驶进车站,餐车里挂满日、美、英、法、意等国的国旗,车窗严密地封锁着。列车停稳后,从后部第二辆一等卧铺车,首先现出白发高个子的李顿的笑脸,接着,露出麦考益、克劳德、马柯迪等人的身影。顿时间,站台被华丽的国际色彩笼罩,新闻记者和摄影班一窝蜂般围了上去。李顿轻轻地抚拍着胸,微笑着与开启闪光灯的人们握手,"什么也不知道,东京,东京——"。停车 8 分钟,列车徐徐开动,可是李顿还未登车,出迎的人们正在担心之时,只见李顿像年轻人一样跑动起来,一跃跳上列车,然后回头致上深深地微笑。列车离开站台。

今晨东京车站　严密警戒

4 日上午 8 时,列车驶进东京站,警视厅当局出于万全之策,动员丸之内警署百余名正装或便装警察部署在车站内外,担当警戒之任。并从各署抽调高等警员,部署在投宿的帝国宾馆,负警戒之责。

资料来源:JACAR(アジア歴史資料センター)Ref. B02030450900(第118 画像目から)、満洲事変(支那兵ノ満鉄柳条溝爆破ニ因ル日、支軍衝突関係)/善後措置関係/国際連盟支那調査員関係　第六巻 (外務省外交史料館)

17. 李顿声明 吾等之使命
(1932 年 7 月 4 日)

《东京日日新闻》昭和七年七月四日

3 日下午,到达大阪的国联调查团团长李顿发表如下声明书:

吾等此次再来日本,与现内阁诸位会见,期待交换意见之机会。再来日本之际,吾等国际联盟调查团再次申明并非交涉员,吾等是以调查为目的的委员。吾等的使命是收集一切关于此次纷争的有关事实,向国际联盟报告。自不待言,这些有关事实中最重要的是,日中两国在纷争之地均持有永久之权益,相互协调这些权益,首先需要阐明这些权益是什么,阐明这些事实是吾等调查团之使命。现今遗憾的是,仍有多多少少的阴霾隐蔽在纷争之中。吾等的调查,确信关联到日中两国生死的权益问题,并对吾等的努力寄以极大的希望。日中两国如果能够感悟到这一事实,和平的福音必然到来。

资料来源:JACAR(アジア歴史資料センター)Ref. B02030450900(第119 画像目から)、満洲事変(支那兵ノ満鉄柳条溝爆破ニ因ル日、支軍衝突関係)/善後措置関係/国際連盟支那調査員関係　第六巻 (外務省外交史料館)

18. 梅雨时节入帝都
(1932 年 7 月 4 日)

调查团再度来访,四个月的收获隐匿在胸,今晨在严密警戒中到达东京车站

《时事新闻》昭和七年七月四日

牵动世界的视听，从上海到满洲，李顿调查团一行展开九一八事变的实地调查之旅，历时 3 个月。4 日早 8 时，携带向国联完成最后报告的重大使命，乘特别列车到达东京车站，此为时隔四个月再度来京。

岸秘书官代表斋藤外相，以及有田外务次官、永井前次官、小矶陆军次官、青木秘书官代表荒木陆相、藤田海军次官等，英美法意各国大使馆人员，久未返乡的吉田大使及日本随员的夫人、女儿等家人也聚集车站站台等待。李顿一行毕竟是十分重要的世界人物，不能出一点差错，当局因此绷紧神经，从站台到站前广场，乃至下榻的帝国宾馆，配备了百余名身着警装或便装的警官，永田丸之内警署长亲自出面指挥警备。因旅途疲惫，列车通过大阪后，一行处在深度睡眠之中。上午 8 时整，加挂 7 节一二等车厢的特别列车驶进站台，麦考益将军从最后一节瞭望车向老熟人永井前外务次官招手示意。永井登上列车，两人亲切致意，这是在东京的第一次握手。有田次官等人在其引导下，高个子有些消瘦的李顿卿的身影出现，烟色绢丝宽檐的巴拿马帽子，脚下是一双白色的皮鞋，一身夏日的服饰，脖子里隐约显露出一条金链，不只是一副英国贵族的风姿，而且带有古典武士的风貌。

李顿满含国际人士的笑靥与前来迎接的人们再度握手。此次一行中，麦考益将军、秘书长哈斯、美国随员杨格等三人还携带漂亮的夫人陪同，为辛劳的一行人增添了柔和的色彩。她们戴着巴拿马帽、太阳帽、西洋帽，简单的行装，显得分外轻松，对身边森严的警戒并不介意。一行人从专门为皇族开放的中央阶梯通路进入贵宾室。除李顿一人入住英国驻日本大使馆外，一行的其他人移住帝国宾馆。陪同麦考益将军及杨格的中国人仆役搬运行李的身影引人注目。另外，一行人 4 日休息一日，以解除旅途的疲劳。

15 时半　天机奉伺　参见天皇

4 日入京的国联调查团一行，于 15 时 30 分进入宫中，依次接受大宫御所及秩父宫殿下的问候，随后赴首相官邸拜访陆军、海军、外务各省。

资料来源：JACAR（アジア歴史資料センター）Ref. B02030450900（第 119 画像目から）、満洲事変（支那兵ノ満鉄柳条溝爆破ニ因ル日、支軍衝突関係）/善後措置関係/国際連盟支那調査員関係　第六巻（外務省外交史料館）

19. 最终报告书提交理事会
（1932 年 7 月 5 日）

调查团秘书长哈斯言

《东京日日新闻》昭和七年七月五日

18 时 30 分开始，国联调查团秘书长哈斯在帝国宾馆北中二楼，代表调查团与记者团会面，发表了 30 分钟的讲话，内容大要如下：

关于工作上的事情尚没有决定，与谁会面，什么时候开始会商，一切都没有决定。恐怕主要是与内田新外相交换意见。可是，听说内田伯爵尚没有决定是否接任外相，是这种情况吗？ 当然，我并不是说交换意见的对手必须是谁，有关开始商谈的日期、议题的顺序等，与日本政府商议应尽早做决定，也许就在这数日内就可以开始了吧。我们完成的最终报告书要提交给国联理事会，这一点好像没有异议。

任命吾等调查团的是理事会，而不是大会，因此，报告书一定会提交给母体，即理事会。至于理事会是委托大会，还是提交十九国委员会，那要听从理事会，我们并不知晓，关于这一点恳请不要误解。我们在日本逗留多长时间，这要看工作的情况来决定，究竟多少天现在说不清楚。当然，我想尽可能早一些把工作结束。

资料来源：JACAR（アジア歴史資料センター）Ref. B02030450900（第120 画像目から）、満洲事変（支那兵ノ満鉄柳条溝爆破ニ因ル日、支軍衝突関係）/善後措置関係/国際連盟支那調査員関係　第六卷（外務省外交史料館）

20. "满洲国"真实存在不容否定
（1932 年 7 月 5 日）

在 7 日与调查团会见席上，荒木陆相力陈

《东京日日新闻》昭和七年七月五日

预定 7 日上午，李顿等国际联盟调查团一行在陆相官邸，会见荒木陆相等军部首脑。席间，如同以往报道的那样，荒木陆相将遵从军部首脑会议决定之方针，力陈以下观点：

一、从历史及民族性来看,满蒙是与中国本土脱离的特殊地域,苦于张氏暴政的满蒙3 000万民众,不过是偶然利用了我国为维护自身权益的军事行动而宣布独立,而且,其作为"国家"的实际存在是不能否定的。

二、我国维护特殊权益以及在国防方面与"满洲国"的国防具有一致性。

如果遇有质问:

一、作为军部对于满蒙诸问题的解决,需要依靠"日满两国"的直接交涉。九一八事变发生当时,我国主张日中两国围绕满蒙直接交涉,但由于"满洲国"成立的新事态,已失去了妥当性。

二、为调整日中关系,我国历来实行的对国联等的对外政策,鉴于满蒙客观情势的变化,不能不发生变化。

渡大佐向陆相报告

4日14时,随同国联调查团李顿一行回京的参谋本部渡大佐,在陆相官邸会晤荒木陆相、小矶次官,详细报告了调查团一行视察中国各地的情况,以及各国委员的态度等。

李委员微恙

国际联盟调查团长李顿因长期旅行,又面临酷暑,从3日起有不适感,4日入京,下榻英国大使馆后困扰于胃疾,但并无大碍,卧床两三日休养可望恢复。

资料来源:JACAR(アジア歴史資料センター)Ref. B02030450900(第120画像目から)、満洲事変(支那兵ノ満鉄柳条溝爆破ニ因ル日、支軍衝突関係)/善後措置関係/国際連盟支那調査員関係 第六巻(外務省外交史料館)

21. 李顿一行今晨再度入京
(1932年7月5日)

手提秘密皮包,东京车站洋溢朗朗笑声,下午集体参见天皇

《东京日日新闻》昭和七年七月五日

手握解决日中问题的钥匙,结束中国南方、满洲4个月的研究之旅,李顿国联调查团一行于4日上午8时入京。视察上海闸北战场之际,因中国方的

恶意宣传而受惊的一行，作为和平使者，此次来日本能否带来心境的变化。特别列车在明朗的夏空下驶进东京车站第三站台。小矶陆军次官、藤田海军次官、有田外务次官、永井前外务次官、佐藤条约第三课长、岸外务秘书官等300余官民在站台上列队欢迎。列车刚一到站，从第五辆车上跳下一位高个子老人，脸上醒目的带着几道皱纹，银发带卷背头，一袭不太流行的暗红色服饰，脚下是一双羊皮里亚麻运动鞋，右手提着一条漂亮但便宜的洋式手杖，如同来了一位不了解战争的农村地主。克劳德将军、马柯迪伯爵、哈斯秘书长夫妇随后下车，车站响起西洋音乐，但没有万岁的声音。李顿率领成员低声致意，握手，握手，握手……和平使节来到爱好和平的日本如同回到故乡，非常平和的气氛。高个子的李顿一面望着人海，继续保持着笑容。李顿左手提着装有所有秘密文书的茶色手提包，毫无做作地与永井前外务次官并肩而行。在中央阶梯，各报社摄影记者们发出信号，李顿回身，立时被笼罩在照相机的速摄之中，直到大角站长催促才移动脚步。按照惯例，一行穿过丸之内警署正装及便衣警官的人群，从中央出口分别登车，李顿及英国成员入住英国大使馆，其他人乘车入住帝国宾馆。包裹着中国4个月之谜的行李大约150个，用了两辆卡车运输。预计当日下午3时，一行入宫，大宫御所及秩父宫殿下对一行再度来日表示问候。

　　资料来源：JACAR（アジア歴史資料センター）Ref. B02030450900（第121画像目から）、満洲事変（支那兵ノ満鉄柳条溝爆破ニ因ル日、支軍衝突関係）/善後措置関係/国際連盟支那調査員関係　第六卷（外務省外交史料館）

22. 与我政府交涉的基础上完成最后解决案
（1932年7月5日）

在东京之重要任务

《东京日日新闻》昭和七年七月五日

　　4日，国联调查团再度来京，同日本政府交涉，向完成和平大使的使命冲刺。调查团的重要文件经编号装在数个黑色的皮箱里，从北平小心翼翼携带而来，已运进帝国宾馆第208号调查团事务室。其核心部分由专家整理，这是委员们历经4个月在中国及满洲的奔波，获得的关于九一八事变的全部重要资料。尤其是有数册资料或证资料还加盖有"极密"的印章，十分隐秘。这是目前为止已完成的最终报告书的大部分,预计委员们在京期间大体可以完成。报告书各部分的重点将向日本政府出示,征求日本政府的意见,以此为基础与日本政府达成最后的解决方案。此最终报告书由九一八事变的历史背景、各种条约关系、行政、军事、经济、财政铁路等六个部分构成,由大约 10 名专家分别负责,最后由 5 名委员对专家经手的报告书进行研究,表明意见,总括部分则由委员长李顿提出权威结论。该结论的最后部分即为委员们提出的满洲时局解决案。该解决案究竟如何,经与日本政府交涉后决定,委员们大体上已经心里有谱。中国方面已暗中提出了一份做出重大让步的方案。即满洲日中协同经营案;以及由日中之间直接交涉,挨个讨论种种难题,最后达成全局的解决。然而,如果上述方案不见容于帝国政府时,调查团会听取日本政府最大限度的让步条件,再去与中国进行交涉。大体上决定了上述方针。如果通过调查团提出的方案,不能完全满足日中两国的要求,调查团会附带将日本政府的意见提交国联本部。

资料来源:JACAR(アジア歴史資料センター)Ref. B02030450900(第121 画像目から)、満洲事変(支那兵ノ満鉄柳条溝爆破ニ因ル日、支軍衝突関係)/善後措置関係/国際連盟支那調査員関係　第六卷 (外務省外交史料館)

23. 内田伯爵和李顿卿八日正式会见
(1932 年 7 月 5 日)

发表关于对满根本方针的重大声明

《时事新闻》昭和七年七月五日

内田伯爵与国际联盟调查团长李顿的会面引起各方面的关注,双方关于满洲问题的正式会面,预计在内田履行外相职责的 8 日展开。

李顿即将提交国联的报告书,目前只完成了九一八事变爆发以来军事行动的经过,其他如中国的排日、无视条约等问题,直到最近才调查结束。问题的重点是调查团视察"满洲国"现状的结果,与日本承认"满洲国"独立问题有着微妙且重大之关系。调查团的内心对满洲的实情就算有公正的认识,对承认"满洲国"一事还是面露难色。李顿对本社记者谈,日本如急于"立即承认,则极度的忧虑"。帝国国会通过承认"满洲国"决议案,已经表明日本对于"满洲国"的态度。此际,如同兼任外相的斋藤首相指明的那样,承认只是时间问题。因此,内田外相与李顿的会谈应指出"满洲国"已然存在的事实。而且,满洲在旧政权张学良时代是何等情况! 绝不能让满蒙回归祸乱之狭路。从维护和保持东亚和平的立场出发,鉴于满洲是日本的生命线,绝不允许中断这一点,前行再前行,披沥日本承认"满洲国"独立的真意。关于内田外相与李顿会见内容的一部分,我外务当局将予以公布,向全世界阐明我对满蒙之根本方针。

资料来源:JACAR(アジア歴史資料センター)Ref. B02030450900(第122画像目から)、満洲事変(支那兵ノ満鉄柳条溝爆破ニ因ル日、支軍衝突関係)/善後措置関係/国際連盟支那調査員関係　第六卷 (外務省外交史料館)

24. 军部坦率披露最后之决心
(1932 年 7 月 5 日)

7 日陆相与李顿会面

《时事新闻》昭和七年七月五日

荒木陆相与李顿等国联调查团一行的会面,定于 7 日上午 10 时在陆相官邸进行。陆相经与斋藤首相及外务当局商议,决定从军部的立场坦率地阐明承认"满洲国"的最后决心。"满洲国"的建设,从满洲与中国本土历史与民族的关系考察,自清朝立国之初,当地局面始终持满蒙独立之思想,延续至今。由于此次事变,张学良政权溃散,"新国家"在"满蒙由满蒙人做主"的口号下建设起来,此事实绝不可无视。另外,从国防到经济层面看,满蒙是我国的生命线。然而我国生命线始终受到威胁,尤其是该地与苏联国境相接,共产主义的"赤化"可以直接影响到朝鲜,损害我国生存的经济与国防事业,因此决不能漠视不管。在与我国共存共荣之下,"满洲国"的建设不仅符合我国的利益,而且有助于世界和平,使其他各国均享有利益。我国必须确保其治安,并准备近日承认之。以上宗旨予以说明。

哈斯秘书长表示　悠闲休整后　完成报告书

李顿等国联调查团一行再次入住帝国宾馆,关于完成最后报告书以及今后的打算,4 日 18 时半,哈斯秘书长在帝国宾馆与新闻记者会面,并回答记者的提问如下:

我们历经 3 个月的调查,身心甚是疲惫,近几天悠闲休整后,考虑报告书的完成问题，因此眼下没有什么具体的计划。5 日是否拜访斋藤首相以及陆、海、外务各省尚且不知。总之要与外务大臣会晤交换各种意见，大概要等到内田伯爵就任外相后才能会面。去年 12 月 10 日，国际联盟理事会决定向远东派遣国际联盟调查团，国际联盟调查团的报告书当然要提交理事会，这是毋庸置疑的。但是，理事会受理报告书后，是直接审议后转交大会，或者是直接送交大会，调查团一行对此有所不知。

首相与李顿会面推迟

原预定 5 日下午 3 时李顿与斋藤首相会面，因李顿生病会面推迟到 6 日。

资料来源：JACAR（アジア歴史資料センター）Ref. B02030450900（第122 画像目から）、満洲事変（支那兵ノ満鉄柳条溝爆破ニ因ル日、支軍衝突関係）/善後措置関係/国際連盟支那調査員関係　第六巻（外務省外交史料館）

25. 最引人注目的调查团意向
（1932 年 7 月 5 日）

"满洲国"否认说相当有力，委员之间意见对立

东京《朝日新闻》昭和七年七月五日

历经 4 个月满洲及中国实地调查的结束，李顿调查团一行再度来到日本，听取日本政府关于满洲问题的意向，然后准备进入完成报告书这一最后阶段。

一行首先在北平接见了南京国民政府代表罗文干、宋子文、汪兆铭等人，历经两天听取中国方面的意向，但这些意向并不是什么具体的对策，而是一种极为杂乱无章且抽象的表述：

一、对满洲的行政权失去信心。

二、但是，满洲主权属于中国，这是国际条约予以承认的，日本政府也历来承认，而且多次声明对满洲没有领土要求，问题是该以何种方式使中国保持对满洲的主权。

三、不论满洲的行政权是何种形态，务必要废除军治，完全实行文官治理。

事实上，调查团对中国的这些主张表现出极大的关注，特别是关于第二点，对承认"满洲国"具有直接重大之关系，因此引人注目。

调查团中有人认为，立即承认"满洲国"违反了《九国公约》，《九国公约》是

美国东亚政策最早最完整的具体体现,美国人对于保全《九国公约》的原则带有一种宗教式的感情。因此,如果发生冲击它甚至破坏它的事实,等于给美国迎面一击,因此,竭力强调日本必须克制立即承认"满洲国"的意图。当然,这并非调查团全体的意向,其中也有反对这种见解的委员,站在国际公平的立场,认为国联的调查团不应以不彻底的一国感情论为基础而得出结论。对此,日本代表团的态度是:日本传统的对满政策是以保全东亚和平,以及国防与经济上的需要为基点。即死守生命线,承认"满洲国"的主张。必须让调查团彻底接受以下方针:

　　承认问题本身对日本来说不过是枝节问题,其中的难点是可以通过外交交涉解决的。就算是条约解释问题,也可以通过对条约原文的再审议解决。日本对满洲政策的真实意图则超越了技术问题,是更加永久性、本质性、绝对性的问题。调查团如果不能正确理解我国维持和平、保全国防的主张,那么我国与调查团的斡旋终将归于徒劳。希望努力让逗留东京的调查团一行明白此道理。

　　资料来源:JACAR(アジア歴史資料センター)Ref. B02030450900(第123画像目から)、満洲事変(支那兵ノ満鉄柳条溝爆破ニ因ル日、支軍衝突関係)/善後措置関係/国際連盟支那調査員関係　第六卷(外務省外交史料館)

26. 调查团一部人提早发言不谨慎
(1932 年 7 月 6 日)

阻止承认"满洲国"之作为,我友谊态度落空

《东京日日新闻》昭和七年七月六日

　　国联调查团再度来日本之际,我政府努力给予所有的款待和便利,内田伯爵就任外相后立即开始外交方面的接触,尽可能地寻求友善且圆满的妥协点。尽管如此,4 日入京的调查团一部分人提前通过《宣传报》(Advertise,アドヴアタイザ),发表如下不谨慎的言论。该报道指出,调查团极力阻止日本政府承认"满洲国",开展有力度的宣传包括如下三点:

　　一、日本承认"满洲国",等于日本自己放弃了迄今为止在国联及其他场合的声明,背离了世界之舆论。

　　二、日本承认"满洲国",明显地破坏《九国公约》之规定,破坏确保中国领土及行政完整的原则。

三、日本如果承认"满洲国",等于自我颠覆了满洲问题日中直接交涉的既定方针,完全关闭了日中两国直接交涉处理两国纠纷的大门。

资料来源:JACAR(アジア歴史資料センター)Ref. B02030450900(第123画像目から)、満洲事変(支那兵ノ満鉄柳条溝爆破ニ因ル日、支軍衝突関係)/善後措置関係/国際連盟支那調査員関係 第六巻 (外務省外交史料館)

27. 承认"满洲国"的替代方案是英国式自治领
(1932 年 7 月 6 日)

呸! 要由我政府自主裁断

《东京日日新闻》昭和七年七月六日

国联调查团出于其他意图制止日本承认"满洲国",另一方面,取代承认方案的是,同中国方面协商后,打算对"满洲国"实行英国式的自治领制度,由南京国民政府特派委员组成最高统治机关,劝说日本政府必须接受该方案,其策略十分明显。对此,期待我外务当局与内田伯爵以严肃的态度回复:

去年 12 月 10 日国联理事会的决议,明确记载了国联调查团之职权,调查团对此必须严格遵守。国联对日中纷争拥有最终决定权,只是让调查团提供调查资料便足矣。日本政府负有给予调查团收集以上调查资料的便利之义务,但并无义务接受调查团对日本实施的对满政策下达的任何指示。而且,承认"满洲国"是日本国民持续至今的迫切愿望,日本政府对重大事件有断然决定的自主权。当下的事态,如果立即承认"满洲国"的各项准备已经完了,接下来是尽快地寻求机会,准备履行正式手续。

不可避免的正面冲突 调查团是否再度赴华?

关于承认"满洲国"问题,调查团的愿望与日本政府意向之间有相当的差异。5 日入京的内田伯爵就任外相后,与调查团会商,调查团依然坚持中国方面暗示的替代方案,当然正面冲突不可避免。调查团是否再度赴华? 再度与中国政府交涉? 或许陷入困境。

资料来源:JACAR(アジア歴史資料センター)Ref. B02030450900(第124画像目から)、満洲事変(支那兵ノ満鉄柳条溝爆破ニ因ル日、支軍衝突関係)/善後措置関係/国際連盟支那調査員関係 第六巻 (外務省外交史料館)

28. 咦！有田外务次官极其荒唐之失言
（1932 年 7 月 6 日）

引起重大责任问题

东京《朝日新闻》昭和七年七月六日

迎接国联调查团入京，日本承认"满洲国"问题骤然升温，近一两日就要举行的内田伯爵与调查团的会见，围绕此问题应该如何应酬，成为舆论的焦点。政府已经确立既定的方针，眼下正在进行种种筹备。值此重大时期之际，有田外务次官对英国大使所言极为轻率，将来会束缚日本政府的行动，由此将引发重大责任问题。最近，英国大使林德利访问外务省，听取日本政府对承认"满洲国"问题的态度，有田次官轻率地表明，在李顿报告书向国联提交之前，日本政府没有承认"满洲国"的意向。对于以上事实，有田次官多次申明仅代表个人看法。作为外务次官，尤其是在外相缺位的场合下，与外国使臣会谈外交问题之际，的确难以严格区分个人意见及政府意见。当下，有理由认为有田次官的意思被调查团所利用。换言之，从有田次官的发言引发的结果看来，显然调查团中的某些代表希望将制止日本承认"满洲国"的意向非正式地表达出来。承认"满洲国"问题是日本的最高国策，必须坚决站在日本自主立场上决断，不能被其他国家的意愿所左右。总之，该问题与李顿报告书里如何记载，完全没有任何关联。但是，以有田次官的地位和责任，却没有认识到上述事理，轻率地发出约束日本实施国策的言语，使问题复杂化，负有重大责任。很快，各方面响起弹劾的声音。

资料来源：JACAR（アジア歴史資料センター）Ref. B02030450900（第124 画像目から）、満洲事変（支那兵ノ満鉄柳条溝爆破ニ因ル日、支軍衝突関係）/善後措置関係/国際連盟支那調査員関係 第六巻（外務省外交史料館）

29. 明天与李顿调查团一行会见
（1932 年 7 月 6 日）

帝国态度会在八、九两日表明

《读卖新闻》昭和七年七月六日

7日上午11时,新任外相内田预定在外务省与李顿调查团一行会见,下午会见驻日外国大使。与调查团的会见仅是问候性质,就满洲问题表明帝国政府的意向,预计将在八日、九日两天进行。

秩父宫殿下招待调查团

7日下午7时半,秩父宫殿下夫妇在赤坂离宫招待国联调查团一行16人。高松宫殿下夫妇莅临出席。内田外相等外务省首脑、宫内省牧野内府、一木宫相官房次官、林式部长官、松平次长等出席。举办国际性晚宴当然是给予调查团的优待。

致国际联盟调查团建议书

由日大、拓大、明大等12所学校加盟的救国学生同盟,于6日下午一时在日大讲堂召开时局批判讲演会,继在乡军人会会长铃木庄六大将、原驻德大使本多熊太郎讲演后,该同盟中央委员向目前在京的国际联盟调查团,发出关于纠正日中问题解决方法错误认识的建议书,获得全场一致通过,随后各加盟学校的学生齐聚签名,准备9日拜访国际联盟调查团时呈上。

资料来源:JACAR(アジア歴史資料センター)Ref. B02030450900(第125画像目から)、満洲事変(支那兵ノ満鉄柳条溝爆破ニ因ル日、支軍衝突関係)/善後措置関係/国際連盟支那調査員関係 第六巻 (外務省外交史料館)

30. 与卧病的李顿保持接触
(1932 年 7 月 7 日)

近距离商议开始? 今晨调查团拜访外相,昨日与外相互致问候
《东京日日新闻》昭和七年七月七日

国联调查团马柯迪伯爵、克劳德、麦考益、希尼4委员及哈斯秘书长一行5人,6日下午2时半到官邸拜访斋藤首相,首相对调查团再度访日表示正式欢迎。双方的会见只是互致问候,未陈述意见。下午4时45分,斋藤首相赴帝国宾馆回访调查团,哈斯秘书长出面答礼。9日上午10时,拜访荒木陆相。委员长李顿因病未能参与。不知是待其病情平稳再开始商议,还是在病床边与李顿近距离接触商议? 这只是日本政府的意向。7日,访问内田外相时可

能就此进行了商议,李顿缺席时,可能以意大利代表马柯迪伯爵为代理团长。

　　资料来源:JACAR(アジア歴史資料センター)Ref. B02030450900(第125画像目から)、満洲事変(支那兵ノ満鉄柳条溝爆破ニ因ル日、支軍衝突関係)/善後措置関係/国際連盟支那調査員関係　第六巻 (外務省外交史料館)

31. 意大利委员马柯迪伯爵代理调查团团长
(1932年7月7日)

《时事新闻》昭和七年七月七日

　　李顿的病情正在恢复中,但尚需要数日疗养,其间由意大利委员马柯迪伯爵代理委员长职责。

　　资料来源:JACAR(アジア歴史資料センター)Ref. B02030450900(第126画像目から)、満洲事変(支那兵ノ満鉄柳条溝爆破ニ因ル日、支軍衝突関係)/善後措置関係/国際連盟支那調査員関係　第六巻 (外務省外交史料館)

32. 调查团一行与外相会见
(1932年7月7日)

今晨入京致意

《读卖新闻》昭和七年七月七日

　　7日上午11时,入京的调查团一行除病中的李顿委员长外,麦考益(美)、克劳德(法)、马柯迪(意大利)、希尼(德)等4委员,秘书长哈斯、顾问杨格等6人,在外务省拜访内田外相,约20分钟后辞去。此次会见只是为新外相上任及调查团访日二事进行礼仪性的问候,未进行实质性的政治意见的交换。正式会见改日待李顿病情恢复再予以决定,现在尚不能决定。

李顿卿体态良好

　　在英国大使馆静养的李顿卿,接受调查团医师捷布雷(ジュブレ)及法国大使馆医师毛特(モット)两博士的诊治,病状持续好转,预计三四日静养后可以离床。7日上午11时,英国大使馆就李顿的病状发表如下讲话:

　　李顿卿的体态极其良好,体温正常,6日早安睡,但投身调查团工作尚需数日静养。

资料来源:JACAR(アジア歴史資料センター)Ref. B02030450900(第126画像目から)、満洲事変(支那兵ノ満鉄柳条溝爆破ニ因ル日、支軍衝突関係)/善後措置関係/国際連盟支那調査員関係　第六巻(外務省外交史料館)

33. 陆相与调查团激辩
(1932 年 7 月 9 日)

陆相言外表示承认"满洲国"方针

《东京日日新闻》昭和七年七月九日(晚刊)

因李顿卿的病情,会见延期。9 日上午 10 时,代理团长马柯迪,以及麦考益、克劳德、希尼等 4 名代表,由哈斯秘书长陪同访问荒木陆相,主要由马柯迪伯爵提出以下三点质问:

(1) 日本帝国的国防与满洲的关系。

(2) 帝国对维持满洲治安的方针。

(3) "满洲国"的将来以及帝国军部的态度。

就此,荒木陆相通过川崎翻译明确陈述:

(1) 从日本建国本意讲起,叙述我国的文化、国民的理想及历史。我国自明治维新以来,历经日清、日俄两次战争,与满洲之地结下了宿命之缘,满洲为帝国国防的第一线。

(2) 正因为满洲是帝国国防第一线,所以从我国的国防,即帝国自卫权的立场上,必须维持该地的治安。无论付出多少牺牲,我国都必须求得满洲治安的维持。此次九一八事变,是当地当权者以往多年反反复复的排日反日,侵害我国之权益,同时也侵害了当地的治安。最终,我国发动自卫、以实力维持当地治安。所以,出于维持满洲的治安是必须的,日本军队没有撤兵的打算。

(3) "满洲国"是以满蒙三千万民众的民意,维持治安,使其成为内外人乐土的理想出发,建立起来的"国家",这无疑合乎我国的国防,也是为了东亚和平而值得庆贺的事情。我国全力支持援助"新国家"实现其理想,发展其健全的教育。对妨碍扰乱的势力,无论是发生在内部,还是来自外部,为了"新国家"的延续,为了帝国的国防,决心予以断然压制。

对于中国最近的亲日政策,荒木陆相以个人见解称,如果中国诚心诚意停止以往的排日政策,转换为亲日政策,不仅是对于我国,对于东亚和平也是贡献,值得庆贺。如果这只是作为交换条件,强调中国对"满洲国"的宗主权,那只能是如上所述。违反了我国希求"满洲国"发展的既定方针。不仅如此,中国继续坚持宗主权等于无视"满洲国",与作为第三国的我国进行交涉极不恰当,与没有直接关系的我国交涉,意味着无视"满洲国"自身的行政权。午后12时20分会见结束,席间似乎发生了相当的激辩。

调查团一行前往箱根,在富士屋一宿

国联调查团一行克劳德将军等14人,于9日下午3时30分搭乘东京至热海的列车前往小田原,列车加挂有先进的瞭望车,以观赏沿途风景。从小田原再换乘汽车前往箱根富士屋宾馆住宿一晚。

资料来源:JACAR(アジア歴史資料センター)Ref. B02030450900(第127画像目から)、満洲事変(支那兵ノ満鉄柳条溝爆破ニ因ル日、支軍衝突関係)/善後措置関係/国際連盟支那調査員関係　第六巻 (外務省外交史料館)

34. 调查团清游
(1932 年 7 月 10 日)

昨日前往翠绿的箱根

《东京日日新闻》昭和七年七月十日

(箱根发)来京的国联调查团代理团长马柯迪伯爵以及克劳德将军、麦考益将军、希尼博士及随员16人,于9日下午3时30分搭乘东京至热海的列车,并加挂了特别的瞭望车,4时51分到达小田原车站,小田原警察署署长佐藤指挥多名警察,在严密的警戒下调查团登上汽车前往箱根,5时25分到达富士屋宾馆,在该宾馆住两宿,观赏箱根一带的风光。一行的预定如下:

今日(10日)上午10时调查团从富士屋宾馆出发,前往长尾峠远眺富士山的雄姿,再从湖岸横渡芦湖,然后在箱根宾馆进午餐。下午3时返回富士屋宾馆。11日上午自由行动。下午2时从宾馆出发,从箱根无线电局前,利用骏豆铁路新开通的汽车路线,眺望静神县境的美景,出十国峠在热海宾馆少歇,4时55分从热海站乘车出发,7时8分返回东京车站。

资料来源:JACAR(アジア歴史資料センター)Ref. B02030450900(第

127 画像目から）、満洲事変(支那兵ノ満鉄柳条溝爆破ニ因ル日、支軍衝突関係)/善後措置関係/国際連盟支那調査員関係　第六巻（外務省外交史料館）

35. 迎接国联调查团外相阐明对满方针

（1932 年 7 月 12 日）

内外瞩目的重要会见

《时事新闻》昭和七年七月十二日（晚刊）

12 日下午，国联调查团一行会见内田外相，基于在满洲调查的结果，再度尝试与帝国政府磋商。此次会见在国际外交方面极其重要，尤其是关于承认"满洲国"问题，内田外相以何种方式、何种言辞阐明帝国政府的宗旨，对于即将召开的国联大会的前途具有重大的影响，也成为当下国民瞩目的问题。事先，斋藤首相已经高调向调查团披露了立即承认的宗旨，内田就任外相后，经过与首相、陆相的商谈，丝毫没有变更承认"满洲国"的政策。所以，内田外相对调查团一行极力申述，日本政府一如既往坚持满洲必须从中国的统治中脱离，成为独立"国家"。帝国政府强调，为了确保东亚之和平，已经准备完毕，将对"满洲国"尽快予以承认，资助其健全发展。为了扫清关于"满洲国"问题在外交方面的疑惑，内田外相特别指出：

一、帝国政府发动自卫权引发九一八事变，恰在这个时机，"满洲国"独立，似乎是帝国政府从中进行了种种干预。但事实上，"满洲国"的独立是三千万民众民族自决的产物，对此，帝国政府完全保持严正中立之态度。既然独立已经既成事实，为了促进其健全发展，帝国政府准备予以好意之援助。

二、否认"满洲国"独立的既成事实，无论对内对外，无论出于何种理由，策划搅乱"满洲国"的活动，帝国政府坚决予以严惩。当然，帝国政府对满洲决然没有领土野心及政治欲望。帝国政府明确阐明，该"国"应该成为当地居民与外国人的安居之地。

内田外相明快地阐明了帝国政府的立场，今日的会见被极为重视。

资料来源：JACAR（アジア歴史資料センター）Ref. B02030450900（第128 画像目から）、満洲事変(支那兵ノ満鉄柳条溝爆破ニ因ル日、支軍衝突関係)/善後措置関係/国際連盟支那調査員関係　第六巻（外務省外交史料館）

36. 调查团滞留期限会见后决定
（1932 年 7 月 12 日）

《时事新闻》昭和七年七月十二日（晚刊）

12 日下午 3 时，国联调查团终于在外务省大臣办公室与内田外相会见。调查团最终报告书里必须记载关于日中纷争调查的结论，为了听取内田外相真诚的意见，上午 11 时，在英国大使馆养病的李顿团长与内田外相商谈。内田外相基于我政府既定之方针，直截了当表示承认"满洲国"只是时间问题，日本政府绝不赞成变更此根本方针的任何解决方案。

为求得委员们的谅解，如果调查团的询问仅限于日本在大局上的对华、对"满"政策，双方的会见预计会很容易收场。15 日，调查团或许从横滨乘"秩父丸"前往中国。然而，如果会见内容涉及满洲问题、中国的抵制日货问题等其他部分的具体问题，今后仍有多次会见的必要，所以，15 日乘船离开不太可能。总之，调查团本周末能否离京，须待今日与外相会谈的结果才能决定。调查团变更停留东京的时间，马柯迪如是说：

我调查团能否在 15 日离京前往中国，尚没有决定。最初预定是停留 3 周，今天召开会议再商议。

资料来源：JACAR（アジア歴史資料センター）Ref. B02030450900（第 128 画像目から）、満洲事変（支那兵ノ満鉄柳条溝爆破ニ因ル日、支軍衝突関係）/善後措置関係/国際連盟支那調査員関係　第六巻（外務省外交史料館）

37. 今日调查团与外相会见
（1932 年 7 月 12 日）

承认"满洲国"当务之急，外相明确披沥宗旨

《东京日日新闻》昭和七年七月十二日

12 日下午，内田外相与国联调查团的正式会商终于开始。内田就任外相以来，结合自己在满洲当地的体验与观察，昼夜兼程、意气风发完成外交备忘录。会见首先由国联调查团提出问题，内田外相毫无避讳，披沥深藏内心的想法。尤其是关于承认"满洲国"独立问题，在大连任满铁总裁期间，曾向调查团

陈述过意旨,此次不过是再一次重申确认。

"满洲国"的独立是依据任何现行条约都不适用的事态,而由"满洲国"三千万民众自决成立的。"满洲国"以日本行使自卫权发动九一八事变为契机走向独立,独立运动期间,日本始终坚持严正中立之态度。但"满洲国"依据民族自决宣布独立,而且"满洲国"政府宣誓,以将尽全力维持该地的治安,确保我国之权益,日本政府准备对此给予友好的援助。过去,中国政府在"满洲国"从未行使过有效统治,这一事实调查团已经到过当地调查,有实际的体验。今天,"满洲国"如果能够迅速地成为完全独立的"国家",从确保远东和平的视角出发是当务之急。因此,否认既成事实,会妨碍"满洲国"的成长。日本政府对于这样的行动,无论其来自哪些方面,不能不表示坚决反对之态度。日本政府对于"满洲国"没有领土以及政治方面的野心,重要的是,该"国"若成为名副其实的人民安居之地,相信可以确保远东之和平。而达此目的的先决条件是承认今日的"新兴国家",确信此乃最大的当务之急。

内田外相关于承认该"国家"的意志极其坚定,倘若调查团故意拖延解决,或者阻止甚至提出其他什么议案,外相本着我政府既定方针,期待其向调查团明确说明不可能变更政策。因此,今日之会见分外引人注目。

滞京预定突然变更

国联调查团最初预定在日本停留三周,最近,又希望尽早与我当局结束意见之交换,然后前往中国,本周末离开日本前往上海。其意向是乘 15 日横滨发的"秩父丸"前往上海。这样,调查团决定 12 日与内田外相正式会见,委员长李顿也大体恢复健康,估计 12 日的会见可以露面。调查团在日本的停留时间突然缩短,调查团对此未加任何说明。另外,哈斯秘书长等人周末去箱根休养,事务紧急,还有 11 日预定在秩父宫及高松宫殿下私邸招待,因迫近离开日本时日,能否出席未必可知。

调查团回京

国联调查团一行历经 3 天,充分体验到箱根的清爽,11 日下午 7 时 8 分乘列车返回东京。原预计 11 日下午从箱根绕道热海,浏览沿途风光,因天气不良中止。

资料来源:JACAR(アジア歴史資料センター)Ref. B02030450900(第

129 画像目から）、満洲事変(支那兵ノ満鉄柳条溝爆破ニ因ル日、支軍衝突関係)/善後措置関係/国際連盟支那調査員関係　第六巻 (外務省外交史料館)

38. 调查团与外相会见
（1932 年 7 月 13 日）

完成"满洲国"独立,远东和平之先决条件,日本最近准备承认,外相毅然主张

《东京日日新闻》昭和七年七月十三日

12 日下午 3 时 10 分至 4 时 20 分,以李顿为首的国联调查团一行与内田外相第一次正式会谈,在外务大臣办公室极秘密地进行。关于会谈内容,由于事态的重要性,以及鉴于中国方面的敏感反映,双方约定一切均不对外发表。另外,当天的主要议题是关于"满洲国"的承认问题,调查团怀揣的见解与日本政府的宗旨有相当的距离。以至调查团准备提前离京,只能被解读为调查团在劝说日本政府改变既定方针上已经是无计可施了。

换言之,12 日的会见议论的焦点是承认"满洲国"独立的问题。李顿卿(英)、麦考益将军(美)、克劳德将军(法)、马柯迪伯爵(意大利)、希尼博士(德)等各委员分别从承认"满洲国"的手续、时期的认定、与对华《九国公约》的法理关系等各个角度,明确提出相当深刻的质疑,同时指出,国联拥有最终解决本问题的合法权力,并陈述了他们的立场和希望。对此,内田外相毅然坦率地指出以下几点:

一、"满洲国"的独立是以九一八事变为契机,日本发动自卫权给予其可乘之机,日本承认这一事实。但是,日本政府对于独立运动始终坚持严正中立之态度。

二、"满洲国"的成立是满洲 3 000 万民众民族自决形成的,是华盛顿《九国公约》等现行的任何条约都无法适用的新事态。既成事实已经发生,因此,不可能用现行条约约束此既成事实。

三、"满洲国"尊重我国之特殊权益,并承诺确保机会均等、门户开放两原则,为此,日本政府尽可能地对该国予以好意的援助,考虑日"满"关系,这是必然的措施。

四、日本政府认为,"满洲国"完成独立是确保东亚和平的先决条件,希望

"满洲国"能够尽快具备国际组织会员国之资格。

五、基于以上的观点,日本政府准备在最近履行承认"满洲国"的手续。本来,在国际法上对于一个新兴国家的正式承认,并不受任何第三国的掣肘,也不受任何现行条约之制约,而是自主地决定裁断,一般国际法的理念以及大原则即应予以承认。承认"满洲国"符合这些原则。因此,日本政府出于自己的见解做出决定,并将本件呈送国际联盟。

资料来源:JACAR(アジア歴史資料センター)Ref. B02030450900(第129画像目から)、満洲事変(支那兵ノ満鉄柳条溝爆破ニ因ル日、支軍衝突関係)/善後措置関係/国際連盟支那調査員関係 第六巻(外務省外交史料館)

39. 十五日前往上海
(1932年7月13日)

明日与外相第二次会见

《东京日日新闻》昭和七年七月十三日

12日下午,国联调查团与内田外相的正式会见结束。14日上午10时30分在外务省举行第二次会见。15日,调查团一行从横滨出海,乘"秩父丸"奔赴上海。

资料来源:JACAR(アジア歴史資料センター)Ref. B02030450900(第130画像目から)、満洲事変(支那兵ノ満鉄柳条溝爆破ニ因ル日、支軍衝突関係)/善後措置関係/国際連盟支那調査員関係 第六巻(外務省外交史料館)

40. 完全没有这种意思 哈斯氏如是说
(1932年7月13日)

《东京日日新闻》昭和七年七月十三日

国联调查团再度来日,原预定滞留3周,但只滞留了10天,15日准备离开。秘书长哈斯做如下谈:

也许16日出发,不过15日也好,16日也好,想离开时什么时候都能离开。离开日本后是去北平,还是经由青岛,尚不得而知。最初计划是在日本停留3周,但没有必要继续停留下去。第二周结束后即返回。14日,与内田外相再见一次面,离开的时间或许会延期。

资料来源:JACAR(アジア歴史資料センター)Ref. B02030450900(第130 画像目から)、満洲事変(支那兵ノ満鉄柳条溝爆破ニ因ル日、支軍衝突関係)/善後措置関係/国際連盟支那調査員関係 第六卷 (外務省外交史料館)

41. 去青岛? 去日光? 国联调查团莫衷一是
(1932 年 7 月 13 日)

《东京日日新闻》昭和七年七月十三日(晚刊)

结束会谈的国联调查团决定 15 日出发,一行人中有相当数量之人主张经由青岛前往北京,为此,"秩父丸"需特意绕道青岛。13 日与邮船方面商议,因邮船只有 20 位客人的位置,绕道青岛有些困难,因此尚未回应。于是,商议于 16 日改乘横滨起航绕道青岛的加拿大商船,其结果几乎是没有指望。调查团一行希望尽可能乘一艘大船,但青岛航路有难度,又不想绕道上海,一时议论百出。另外,围绕去日光观光也是难以统一,一行人希望能去日光一观,因连日的辛苦,主张花两三天休息一下,负责导游安排的外务省也莫衷一是。由于不同的意见让调查团的计划一时定不下来。

资料来源:JACAR(アジア歴史資料センター)Ref. B02030450900(第131 画像目から)、満洲事変(支那兵ノ満鉄柳条溝爆破ニ因ル日、支軍衝突関係)/善後措置関係/国際連盟支那調査員関係 第六卷 (外務省外交史料館)

42. 调查团与外相第二次会见
(1932 年 7 月 14 日)

意见对立,已经破裂,出发前送交一切参考资料

《东京日日新闻》昭和七年七月十四日(晚刊)

内田外相与国联调查团一行的第二次会见,于 14 日上午 10 时 30 分在外务省大臣室进行。继续上次的议题,双方就日本若断然承认"满洲国",会对中国本土及国际社会造成何种影响,坦诚地交换了意见。会谈持续了 1 小时 45 分,中午 12 时 15 分,调查团一行辞去。为尊重国际道义,会谈内容照例不对外发表。外相对第一次会谈未能充分表达的内容,极其郑重并恳切地做了补

充说明。以李顿为首,调查团各委员接连就日本承认"满洲国"后产生的种种障碍提问。外相胸有成竹,逐一明确地予以回答。本日的会见与上次相比,调查团方面对日本政府的既定方针稍微表示谅解。外相也对调查团的立场以及见解表示同情,双方在礼仪上看似略有成效。但实质上,我国政府的态度是承认"满洲国"政策绝不会改变,与调查团希望不承认"满洲国"的意见相左,双方不可能找出任何妥协点,最终,会谈在隔阂与对立中结束。当日,内田外相没有将有关资料交付调查团,约定在调查团离京之前,将第一次、第二次外相的谈话记录,以及其他参考资料一并呈交调查团。

会谈结束,内田外相言

内田外相与国联调查团第二次会见后,做如下发言:

关于与调查团会谈的内容,双方约定所有内容均不对外发表,之所以不公开,其一是因为国家尊重国际信义;其二是今日会见期间双方对所提各点,都有准确的判断,认为没必要发表。与调查团的会见暂且于今日结束,双方互相告别。也许调查团方面会再次要求会面,则不得而知了。备忘录之类的资料尚未呈送,其他所需的情报资料待调查团出发之前送交。

另外,记者提问外相:

两次会谈之后双方对承认"满洲国"问题有多少意见接近?

外相回答,因为不能违反不发表会谈内容的约定,所以什么都不能说。

关于双方的主张,在深化相互间的谅解度方面,是否意味着相互间清晰明确地认识到双方见解的相悖?

或许没错,问到点上了,外相"哈哈哈"笑了起来。

今晨前往日光

14日下午2时30分,国联调查团从上野出发,乘车前往日光观光。唯有希尼博士、哈斯秘书长夫妇以及卡尔利后行,乘傍晚7时列车前往,归程预计15日下午6时5分返回上野。

资料来源:JACAR(アジア歴史資料センター)Ref. B02030450900(第131画像目から)、満洲事変(支那兵ノ満鉄柳条溝爆破ニ因ル日、支軍衝突関係)/善後措置関係/国際連盟支那調査員関係 第六巻 (外務省外交史料館)

43. 今日四经济团体声明书面呈国联调查团
（1932 年 7 月 15 日）

东京《朝日新闻》昭和七年七月十五日

日本经济联盟会、日本商工会议所、日本工业俱乐部等四家经济团体决定,向来日本的李顿等人提交声明书,15 日由经济联盟会高岛常任理事通过哈斯秘书长面交,内容如下:

过去的二十几年时间里,中国的内乱几乎不断,各地"共匪"及土匪横行蔓延,事实上国家机构并未形成。中国如此不统一、无秩序状态的持续,不仅时常威胁着远东和平,而且,放任这种状况不仅是日中两国,也是世界人道主义之不幸。重要的是,改善中国现状乃是远东和平的根本对策。

当下两国纷争的重点,自不待言是满洲问题。时值解决之际,如果无视新"满洲国"存在的事实,任何解决方案我们都不能同意。我们认为,"新国家"将来会利用自身丰富的资源,发展为一个完备的、实质意义上的"国家"。如今,"新国家"在坚定的信念下逐渐健全发展,日本对此寄以极大的希望和同情,并不惜一切予以援助。将来,该地在"新国家"的统治下将与中国本土有别,无秩序、不统一的持续状态将一去不返,成为治安稳定、和平繁荣的安居之地,相信为了东亚和平是绝对必要的。

资料来源:JACAR(アジア歴史資料センター)Ref. B02030450900(第132 画像目から)、満洲事変(支那兵ノ満鉄柳条溝爆破ニ因ル日、支軍衝突関係)/善後措置関係/国際連盟支那調査員関係　第六卷 (外務省外交史料館)

44. "满洲国"承认问题调查团终于正式表示否认意见
（1932 年 7 月 15 日）

内田外相立即驳斥,会见在完全对立状态下结束

东京《朝日新闻》昭和七年七月十五日

内田外相与国联调查团再度会见,中心议题是日本承认"满洲国"问题,对于该问题,双方的主张完全站在对立的立场上,几乎看不到丝毫一致的意见,会谈在这种状态下结束。调查团的见解是,"日本承认'满洲国',对《九国公

约》以及《国联盟约》规定的确保中国领土主权、行政主权的原则产生重大影响,并有重大妨碍和影响国际关系之虞",明确表示不希望日本承认"满洲国"。各委员发表各种意见的同时,还提出了一些疑问。对此,内田外相做如下反驳:

一、"满洲国"的独立是俨然存在的事实,由 3 000 万民众自决,现今已经完全脱离了南京国民政府的主权。面对这一事实,日本作为与之有最大利害关系的邻国,深刻地认识到承认之必要性。因此,日本已经决定承认之,此方针不会改变。日本的观点是,日本站在自主立场上,会尽可能迅速地承认"满洲国"。

二、"满洲国"是满洲居民自发建立起来的,此种新出现的异常情况,不适用于《九国公约》等条约。而且,"新国家"已经完成了"独立",没有理由认为,日本承认"新国家"违反了现行条约。

外相言词坚定,力陈日本的决意和方针。外相还强调,满洲问题的解决方案,无论采取何种妥协方式,如果否认"满洲国"存在的既成事实,日本将断然予以反对。如此,双方意见交锋,显然调查团主张的解决方案与日本的政策毫无调和之可能。在这种情况下,调查团原预定,如果与日本政府之间能够达成某些一致,将在东京完成报告书的结论部分,事已至此,只能带着未解决的问题离开东京。调查团最后起草什么样的结论,是日本应密切关注的问题。至少,调查团拿出让日中两国都能接受的解决方案恐怕是难上加难。

资料来源:JACAR(アジア歴史資料センター)Ref. B02030450900(第132画像目から)、満洲事変(支那兵ノ満鉄柳条溝爆破ニ因ル日、支軍衝突関係)/善後措置関係/国際連盟支那調査員関係 第六巻 (外務省外交史料館)

45. 经济团体致调查团声明
(1932 年 7 月 15 日)

今晨面呈李顿卿
《都新闻》昭和七年七月十五日
日本经济联盟会、日本商工会议所、日本工业俱乐部及日华实业协会等四家经济团体,关于中国问题及九一八事变、一·二八事变致国联调查团声明书于 14 日获得通过,15 日由经济联盟会高岛主事代表四家团体面呈李顿及国际联盟调查团。

（前略——原文）中国一直处于不统一、无秩序的状态。毋庸置疑，这不仅时常威胁远东之和平，也使得当下世界经济的不景气进一步加剧。如果对此放任不管，不仅对于日中两国，对于全世界也是人道上的不幸，世界必须予以协助并援助其再建。总之，改善中国现状乃远东和平之根本之策，请国际联盟调查团务必予以考虑。

当下，两国纷争的重点，自不待言是满洲问题，值此解决之际，我们不能无视已经成立的"新满洲"的存在，其他任何解决方案均不能同意，同时还要强调，这将导致最坏的局面和后果。"新国家"的创建遭遇困难，整顿庶政需要相当的时日，这是理所当然的。我们考虑，将来充分利用"新国家"丰富的资源，对于"国家"的存立具有实质性意义，相信这是为了东亚和平所绝对需要的。上海排日风潮至今仍未见平息，对此现状实在是遗憾之至。今年2月，依据国联理事会决议，圆桌会议迅速召开，切盼上海实现持久的安全与和平。

资料来源：JACAR（アジア歴史資料センター）Ref. B02030450900（第133画像目から）、満洲事変（支那兵ノ満鉄柳条溝爆破ニ因ル日、支軍衝突関係）/善後措置関係/国際連盟支那調査員関係　第六卷（外務省外交史料館）

46. 郁郁李顿　默默离京
（1932年7月15日）

今晨乘"秩父丸"前往青岛
《东京日日新闻》昭和七年七月十五日（晚刊）

国联调查团团长李顿先于参观日光的其他委员，在哈斯秘书长送行下，于15日上午11时22分从东京站乘列车离京，正午时分乘"秩父丸"前往神户。其他委员于16日晚9时从东京站乘列车离京。李顿卿在神户小停后前往青岛。"秩父丸"特意为国联调查团转航青岛。一行从青岛登陆后由陆路前往北平。

日本邮船为李顿做出了巨大让步。一是上午11时出航延迟到正午；二是豪华船"秩父丸"转航青岛。邮船方面尽管做出两大让步，李顿卿登船时仍极为严肃。当日，"秩父丸"停泊在C码头。上午10时开始，水上署及前来相助的加贺町警察署员就严加警戒，等待李顿的登船。上午11时51分，李顿从横滨下车,换乘汽车前往码头,按照预定时间的正午过 3 分,头戴宽沿巴拿马帽子、身着轻快服饰的李顿出现在码头,"秩父丸"在水面静静地等待。李顿下了汽车,上次 2 月 27 日来日本时,送行人中爽朗的金子海关长已经不见,李顿径自登上旋梯,应摄像记者的邀请摆出姿势拍照,却是一言不发,白皙的面庞笼罩着阴影。李顿高高的身材钻进右舷 C 甲板的 215 号特别室。比预定出航时间延迟,到 12 时 15 分,"秩父丸"出航前往神户。

资料来源:JACAR(アジア歴史資料センター)Ref. B02030450900(第133 画像目から)、満洲事変(支那兵ノ満鉄柳条溝爆破ニ因ル日、支軍衝突関係)/善後措置関係/国際連盟支那調査員関係 第六巻 (外務省外交史料館)

47. 调查员今夜全部离京
(1932 年 7 月 16 日)

国联最终报告,八月中旬在北平完成

《东京日日新闻》昭和七年七月十六日

15 日下午 6 时 40 分,麦考益、希尼等国际联盟调查团一行乘列车从日光返回上野站,书记长哈斯于 16 日夜离京,先行一步的杨格于 15 日晚 9 时 45 分从东京乘车西下,途中参观京都。17 日,全部人员在神户会合,乘"秩父丸"前往青岛。哈斯出发前在帝国宾馆做如下谈话:

李顿卿一人先去横滨乘"秩父丸"前往神户,并非出于政治原因。比起从陆路前往神户,走海路可以轻松休养。调查团一行从青岛直接去北平,在该地完成最终报告书。决定将北平作为起草报告书的地点是因为各国大使馆都在该地,较为便利,北戴河及大连的星之浦海水浴(公园)客人混杂,不够安静。虽然今后不会再与中国政府交涉,但如果中方申请会见的话,也无法拒绝。我们与日本政府无法达成一致意见,失望而归。至于以后情况任凭诸位想象吧。

资料来源:JACAR(アジア歴史資料センター)Ref. B02030450900(第134 画像目から)、満洲事変(支那兵ノ満鉄柳条溝爆破ニ因ル日、支軍衝突関係)/善後措置関係/国際連盟支那調査員関係 第六巻 (外務省外交史料館)

48. 朝鲜人的恐怖阴谋，企图暗杀国联调查团
（1932 年 7 月 16 日）

五月二十四日在大连逮捕未遂犯人

《读卖新闻》昭和七年七月十六日（晚刊）

（大连 16 日发联合）今年 5 月 26 日，以袭击从奉天到大连的国联调查团一行为目的，秘密潜入大连的违法朝鲜人柳相根（22 岁）、崔兴植（22 岁）二人，在调查团到达大连的两天前，被大连警察署逮捕，阻止了这一恐怖阴谋的得逞。当局为继续调查事件的情形及背景，禁止新闻报道，直到一切明了，才在今日上午 11 时 30 分公布了此事的部分内容。

资料来源：JACAR（アジア歴史資料センター）Ref. B02030450900（第135 画像目から）、満洲事変(支那兵ノ満鉄柳条溝爆破ニ因ル日、支軍衝突関係)/善後措置関係/国際連盟支那調査員関係　第六卷（外務省外交史料館）

49. 两名犯人柳相根、崔兴植被逮捕
（1932 年 7 月 16 日）

秘密潜入满洲窥探机会，大连警察很积极

《读卖新闻》昭和七年七月十六日（晚刊）

4 月 1 日，企图暗杀国联调查团的犯人崔兴植（22 岁）从某地经海路潜入大连，隐藏在市内北大山街朝鲜人渔夫集体宿舍金正顺处。秘密调查旅大的警备状况，甚至潜入奉天、长春、哈尔滨，详细调查各地的警戒情况，等待时机的到来。准备在国联调查团一行来大连时，在大连车站利用迎接或送别的时机投掷炸弹，炸死调查团主要人物，借此掀起国际上的大波澜。他们决定在大连行事，负责投掷炸弹的敢死队员柳相根（22 岁）于 5 月 4 日潜入大连，寄宿在市内儿玉町满铁单人宿舍儿玉寮某朝鲜人社员处，等待调查团一行来大连。同时，由某、某等两人携带炸弹、手枪搭乘中国汽船，在营口登陆，再潜行到大连，由柳相根接应，将武器隐藏在柳相根的大皮箱里，存放在柳寄宿的儿玉寮。自九一八事变爆发以来，大连署一直不疏于戒备，5 月中旬获取到该计划的某些线索，于是对全市进行大搜查。结果，在前述金正顺处查获隐蔽在此的崔兴

植。24 日拂晓突击逮捕了睡梦中的崔兴植，经过严格调查，事实真相大白。随后，逮捕了潜伏在儿玉寮的柳相根，搜出藏在皮箱里的炸弹手枪等。至此，一切阴谋全被揭发。

资料来源：JACAR（アジア歴史資料センター）Ref. B02030450900（第135 画像目から）、満洲事変（支那兵ノ満鉄柳条溝爆破ニ因ル日、支軍衝突関係）/善後措置関係/国際連盟支那調査員関係　第六巻（外務省外交史料館）

50. 两轮、三轮攻击，严密周到之计划
（1932 年 7 月 16 日）

炸弹极具威力的水杯装置

《读卖新闻》昭和七年七月十六日（晚刊）

大连警察署对国联调查团一行进行水泼不进的严密警戒，最终逮捕了企图在日本行政区内进行重大国际暗杀活动的犯人。经过严密的调查，首先抓捕负责投掷炸弹的柳相根。5 月 26 日早 7 时 40 分，此人计划在大连车站袭击调查团一行，万一计划失败，则准备在调查团停留大连期间或者在 5 月 30 日上午 9 时 30 分，调查团离开大连车站时实施暗杀，事后则会手持两支十连发手枪射杀在场官民，做最后抵抗后自杀。使用的炸弹装置在大型水杯里，容积为 1 贯 300 目，剥去薄铝外壳，贴上 3 分厚的铁皮，里面填充烈性炸药，外面用毛织杯套包裹，下拴一根皮条，看上去与一般水杯无疑，投掷时揭开水杯盖，猛拽一尺长的皮条摩擦点火，5 秒钟后爆炸。投掷时拽开皮条，投向目标，并进行了多次练习，扬言在任何场合绝不会失败。据崔兴植吐露，除关东州以外，还计划到奉天、长春，无论在何处一定要完成任务。特别是哈尔滨更容易一些，自信一定能够成功。可见其准备之周全，计划之细致。另外，在抓捕柳相根之际，搜查藏匿炸弹、手枪的皮箱时，由警察署警官自行开箱，阻止犯人接触，以防止犯人借开箱之机投掷炸弹。否则，在场的警察署署长石井及多数警官或许会死于炸弹之下。直到之后几天，犯人坦白证实了这一点。

调查团随员对日本警察的敏锐表示感谢

16 日，帝国宾馆警戒森严，宾馆的要害处均由正装或便装的警官布控。麦考益将军及德国委员为购买土产，也为了向当地熟人告别，上午外出，只留

下随员台纳雷,台纳雷对记者发表讲话:

李顿卿后来从日本当局听说,我们在大连登陆之时,有朝鲜人欲对我们实施某种计划,我们这些人几乎都毫无心理准备,根本不知道他们要接近我们。幸亏防患于未然,对日本警察的敏锐实在是感动与钦佩。离别之际,我们对日本国民以及当局不仅不持任何恶感,而且非常感谢日本当局能防患于未然。

外务省表示防患于未然,比什么都重要

关于该事件,当时与调查团随行的外务省盐崎书记官说,伤害调查团是为了挑拨日本与国联各会员国的关系,关东军当然要非常严格地警戒,有些委员曾因对调查团警戒过于严格,吐露出一些不满的情绪,当了解到大连事件后,对严密的警戒则予以理解和感谢。调查团到达大连停车场时,考虑到没有必要惊动调查团,待调查团离开后才予以告之,调查团中有人非常惊愕。不仅在日本,调查团所到之处恐怖活动横行,实在令人为难。这起事件能够防患于未然,确实是好事一桩。

资料来源:JACAR(アジア歴史資料センター)Ref. B02030450900(第136画像目から)、満洲事変(支那兵ノ満鉄柳条溝爆破ニ因ル日、支軍衝突関係)/善後措置関係/国際連盟支那調査員関係　第六巻 (外務省外交史料館)

51. 陆军当局称预想在先取得一人未伤之重大结果
(1932 年 7 月 16 日)

《读卖新闻》昭和七年七月十六日(晚刊)

关于朝鲜人阴谋事件,陆军方面做如下谈话:

一伙不法朝鲜人为了泄愤和诅咒,只能在局部地方实施恐怖活动。自九一八事变以来其秘密阴谋活动相当活跃。国联调查团前来调查九一八事变之际,企图实施恐怖活动,使日本的外交陷于困境。此阴谋当然被破获,陆军方面对此早有预案。调查团一行人"满"以来,遂与"满洲国"官宪联络,致力于严格的秘密侦查和警戒,守护在调查团成员的身旁,因此有幸事前制止了阴谋。

此事没有成功,是日本之幸。倘若调查团有一人受到伤害,就会有不逞之徒或者朝鲜人会借此把责任推到日本人身上。即使不这样,也会导致国联与日本的外交关系陷入紧张状态,造成严峻的后果。

调查团一行今晨全部离京

16 日下午 21 时 25 分，麦考益将军以下调查团一行 25 人，从东京站乘特挂一等列车前往神户。17 日从神户乘"秩父丸"出海前往青岛。

资料来源：JACAR（アジア歴史資料センター）Ref. B02030450900（第136 画像目から）、満洲事変（支那兵ノ満鉄柳条溝爆破ニ因ル日、支軍衝突関係）/善後措置関係/国際連盟支那調査員関係　第六巻（外務省外交史料館）

52. "再见"也无力，调查团离京
（1932 年 7 月 17 日）

昨夜前往神户

《东京日日新闻》昭和七年七月十七日

16 日下午 9 时 25 分，再度访问东京的国联调查团登上东京至神户的特快列车离京。据传，此次调查团一行再度来京极度悲观，对与荒木、内田两相的会见感到愤慨，其真相究竟如何？一切均隐藏在他们的胸中随之而去。前往东京车站送行的有藤田海军、小矶陆军、永井外务等三相的次官，另有很多外交官。最后，麦考益将军从车窗挥动着白色的巴拿马礼帽，看上去似乎打不起精神，随员及夫人们偶尔从车窗冒出几声日语的"再见"，却是声音低沉到几乎听不着。先行的李顿已经前往神户小住，17 日，一行乘"秩父丸"前往青岛。

资料来源：JACAR（アジア歴史資料センター）Ref. B02030450900（第134 画像目から）、満洲事変（支那兵ノ満鉄柳条溝爆破ニ因ル日、支軍衝突関係）/善後措置関係/国際連盟支那調査員関係　第六巻（外務省外交史料館）

三、"满洲国"拒绝中国参与员
顾维钧进入中国东北问题

1. 出渊大使致芳泽外务大臣的函电
（1932 年 3 月 31 日）

昭和七年　八一一〇　平　华盛顿　　　　三月卅一日下午发出
　　　　　　　　　　外务省　　　　　　四月一日上午收到

第二六一号

　　31 日南京发 U. P. 报道："满洲国当局"认为自身是独立"国家"，以此为理由反对中国参与员顾维钧同调查团一同进入该"国"，并直言这会对调查团的工作造成麻烦。

　　资料来源：JACAR（アジア歴史資料センター）Ref. B02030451200（第150 画像目から）满洲事变(支那兵ノ满鉄柳条溝爆破ニ因ル日、支军衝突関係)/善後措置関係/国際連盟支那調查員関係/满洲国ノ支那側参与顧維均ノ入国拒否問題(外務省外交史料館)

2. 森岛总领事代理致芳泽外务大臣的函电
（1932 年 4 月 6 日）

昭和七年　八五三〇　暗　奉天　　　　　四月六日下午发出
　　　　　　　　　　外务省　　　　　　四月六日下午收到

第五三一号

关于长春致芳泽电报第一一三号

根据军方情报，5 日的"阁议"已经决定了致南京国民政府外交部总长的电文,上述电报的发送日期,据当地伊藤参事官的意见,在调查团抵达北平前后,预计在 9 日左右发送。

转电驻华公使、北平、南京、长春。

资料来源:JACAR(アジア歴史資料センター)Ref. B02030451200(第156 画像目から)満洲事変(支那兵ノ満鉄柳条溝爆破ニ因ル日、支軍衝突関係)/善後措置関係/国際連盟支那調査員関係/満洲国ノ支那側参与顧維均ノ入国拒否問題(外務省外交史料館)

3. 上村总领事代理致芳泽外务大臣的函电
(1932 年 4 月 6 日)

昭和七年　八六一九　略　南京　　　　　　　四月七日下午发出
　　　　　　　　　　　外务省　　　　　　　　四月七日下午收到

第三〇九号

7 日《新民报》据外交部消息,报道 5 日谢介石以"满洲国外交部部长"的名义向南京国民政府外交部发出电报,反对顾维钧以中国代表的资格同调查团一起前往东北从事调查。该报道还称外交部尚未决定如何处置谢介石的电报,与此同时,颜惠庆一定会向国联报告,顾维钧则会与调查团协商对策。

转电驻华公使、北平、奉天、长春。

资料来源:JACAR(アジア歴史資料センター)Ref. B02030451300(第158 画像目から)満洲事変(支那兵ノ満鉄柳条溝爆破ニ因ル日、支軍衝突関係)/善後措置関係/国際連盟支那調査員関係/満洲国ノ支那側参与顧維均ノ入国拒否問題(外務省外交史料館)

4. 关东军参谋长致参谋次长的函电
(1932 年 4 月 7 日)

(秘)陆同文　昭和七年四月七日

关参第二六九号

"满洲国政府"拒绝顾维钧及其随员跟随调查团一行一同进入"满洲国",包含上述内容的电报预计在 4 月 9 日调查团进入北京之际发给南京国民政府。电报内容如下：

关于代表贵国的顾维钧等人与国联调查团共同来"满"之事，"满洲国"准备今后与贵国结成亲善关系。然而贵国方面有试图扰乱"我国"者，因此刺激了"我国"民众的感情，此时顾维钧一行入"满"，或许会引发意外的事变，将会破坏今后"两国"的亲善关系亦未可知，所以我方拒绝顾维钧来"满"。

　　资料来源：JACAR（アジア歴史資料センター）Ref. B02030451300（第157画像目から）満洲事変（支那兵ノ満鉄柳条溝爆破ニ因ル日、支軍衝突関係）/善後措置関係/国際連盟支那調査員関係/満洲国ノ支那側参与顧維均ノ入国拒否問題（外務省外交史料館）

5. 森岛总领事代理致芳泽外务大臣的函电
（1932年4月8日）

昭和七年　八七五七　暗　奉天　　　　　　四月八日下午发出
　　　　　　　　　　　　外务省　　　　　　四月九日上午收到
第五三七号（火速、极密）
来自伊藤参事官
关于由长春致外务大臣往电第一二一号及本官致外务大臣往电第五三一号

此次调查团方面可能会通过吉田参与员来拜托我方进行斡旋。但如果我方轻易接受斡旋委托的话，鉴于当地的氛围，恐怕会滋生各种难题。所以本官认为不接受上述委托，让"新国家"直接与其交涉，应该是一计良策。

以上仅作提醒。

转电驻华公使、北平、南京、天津、长春。

　　资料来源：JACAR（アジア歴史資料センター）Ref. B02030451300（第160画像目から）満洲事変（支那兵ノ満鉄柳条溝爆破ニ因ル日、支軍衝突関係）/善後措置関係/国際連盟支那調査員関係/満洲国ノ支那側参与顧維均ノ入国拒否問題（外務省外交史料館）

6. 森岛总领事代理致芳泽外务大臣的函电
(1932 年 4 月 8 日)

昭和七年　八七五三　　略　奉天　　　　　四月八日下午发出
　　　　　　　　　　　　外务省　　　　　　四月九日上午收到

第五四七号

本官发国联秘书长电报第八号

"外交总长"谢介石发罗文干收电报案要领。

根据情报,顾维钧及其随员与国联调查团一起最近将来满洲。"满洲国"如今准备与贵国结成敦厚善邻之友谊,对于贵国代表本应以厚礼迎接。"我国"系秉持崇高理想,根据东三省三千万民众之民意建立。然而贵国却将"我国"污蔑为伪国家、叛乱者,且目前贵国有试图扰乱"我国"秩序者,因此极大地刺激了"我国"民众的感情。顾氏一行人在此时入"京",给不逞之徒可乘之机。或许会引起阻碍今后"两国"亲善关系的事态。这次只能遗憾地谢绝顾氏一行人的来访,请贵国谅解。

资料来源:JACAR(アジア歴史資料センター)Ref. B02030451300(第161 画像目から)満洲事変(支那兵ノ満鉄柳条溝爆破ニ因ル日、支軍衝突関係)/善後措置関係/国際連盟支那調査員関係/満洲国ノ支那側参与顧維均ノ入国拒否問題(外務省外交史料館)

7. 国联调查团参与员吉田伊三郎致芳泽谦吉的函电
(1932 年 4 月 8 日)

机密支调参与第一四号

发送关于顾维钧入"满"调查团议事录摘要之事

南京发出的电报。有关"满洲国"政府拒绝顾维钧的问题,这次国际联盟调查团将调查团会议议事录的摘要亲手交给本使,内容在附件中。发送上述附件至驻华公使,北平、奉天、南京。

附件:调查团 1932 年 4 月 6 日在隆和轮上的会议摘要

调查团讨论了一则中国报刊上的报道,大意是自称"满洲国外交部部长"

的谢介石向中国政府暗示,不允许顾维钧博士作为调查团的中国参与员进入"满洲国"。

虽然他们不准备对这篇报道给予太多关注,但调查团认为,如果该报道属实,它将立即引发一场非常严重的危机。调查团不承认任何机构有质疑调查团成员资格的权力,反对顾维钧就意味着反对整个调查团,他们必须立即向日内瓦报告此事。

调查团要求团长询问两位参与员,是否收到或发出过有关消息。

资料来源:JACAR(アジア歴史資料センター)Ref. B02030451300(第162画像目から)満洲事変(支那兵ノ満鉄柳条溝爆破ニ因ル日、支軍衝突関係)/善後措置関係/国際連盟支那調査員関係/満洲国ノ支那側参与顧維均ノ入国拒否問題(外務省外交史料館)

8. 芳泽大臣致矢野参事官的函电
(1932年4月9日)

致吉田大使
关于贵电第二五号
"新国家"鉴于顾维钧的个人经历及其与张学良的特殊关系,担忧顾维钧会在满洲进行政治策动。我方应就此事进行斡旋,使"新国家"的态度缓和。希望以此训令为基础,对当地官宪进行回复。

转电驻华公使、长春、奉天、南京、日内瓦、美国,通过日内瓦转电英国、法国、德国、意大利。

资料来源:JACAR(アジア歴史資料センター)Ref. B02030451300(第168画像目から)満洲事変(支那兵ノ満鉄柳条溝爆破ニ因ル日、支軍衝突関係)/善後措置関係/国際連盟支那調査員関係/満洲国ノ支那側参与顧維均ノ入国拒否問題(外務省外交史料館)

9. 矢野参事官致芳泽外务大臣的函电
(1932 年 4 月 10 日)

昭和七年　八八九三　平　北平　　　　　　四月十日下午发出
　　　　　　　　　　外务省　　　　　　四月十日下午收到

第一五九号

4 月 9 日,顾维钧向中文报纸记者的谈话内容如下:

调查团此次北上时乘坐的列车非常舒适,称赞中国交通事业的发展。调查团在抵达天津后可以获得比在南方更为详细的材料,李顿感到非常满意。在北平的停留时间是七天,甚至是十天。该团前往东北调查之际,会乘坐北宁线火车出关,并在北戴河完成报告书的撰写工作,不过尚未最终决定。在 5 月 1 日之前,会先完成一份简单的报告。关于自己出关被拒问题,已经咨询了外交部部长。目前还没有接到"满洲国"发来的任何通告,即使接到了什么通告,我方也会置之不理。

转电驻华公使、奉天、长春。

资料来源:JACAR(アジア歴史資料センター)Ref. B02030451300(第170 画像目から)満洲事変(支那兵ノ満鉄柳条溝爆破ニ因ル日、支軍衝突関係)/善後措置関係/国際連盟支那調査員関係/満洲国ノ支那側参与顧維均ノ入国拒否問題(外務省外交史料館)

10. 重光公使致芳泽外务大臣的函电
(1932 年 4 月 11 日)

昭和七年　八九一三　暗　上海　　　　　　四月十一日上午发出
　　　　　　　　　　外务省　　　　　　四月十一日下午收到

第六六六号

奉天致重光电报

第二九九号(火速)

本庄司令官致松冈议员的信息如下:

拜读来信,关于拒绝顾维钧入"满"的事情,"满洲国阁议"已经决定,而且南京方面视"满洲国政府"为反叛政府,对"该国"持不友好的态度,在此前提之下"满洲国"做出上述决定具有充分的理由。而且"满洲国"将该事件作为对中国本部外交的第一步,颇为重视。本官认为此时不应该就此事对他们指手画脚,非常赞同您来电的主旨。

此外,我方肯定会在行政权范围内,为完成调查团使命提供充分便利。

资料来源:JACAR(アジア歴史資料センター)Ref. B02030451300(第171画像目から)満洲事変(支那兵ノ満鉄柳条溝爆破ニ因ル日、支軍衝突関係)/善後措置関係/国際連盟支那調査員関係/満洲国ノ支那側参与顧維均ノ入国拒否問題(外務省外交史料館)

11. 矢野参事官致芳泽外务大臣的函电
(1932 年 4 月 11 日)

昭和七年　八九六七　暗　北平　　　　　　四月十一日下午发出
　　　　　　　　外务省　　　　　　四月十一日下午收到

第一六二号

关于顾维钧入"满"问题,最近几天接到来自各方面的质询,在调查团抵达北平之后愈发严重,变成了实际问题。关于该事件如何向外部回答,希望"日满两国"的主旨保持一致,结合路透社等当地外国通信员的质询,其要点主要有:(1)顾维钧是否属于不受欢迎人士;(2)本问题是否跟承认"满洲国"问题有关;(3)如果顾维钧无视当前的舆论,执意要求同调查团一行乘坐火车进入满洲的话,我方是否会在山海关以武力阻止其入"满"①等。希望给予指示该如何回复。

转电驻华公使、奉天、长春。

资料来源:JACAR(アジア歴史資料センター)Ref. B02030451300(第172画像目から)満洲事変(支那兵ノ満鉄柳条溝爆破ニ因ル日、支軍衝突関係)/善後措置関係/国際連盟支那調査員関係/満洲国ノ支那側参与顧維均ノ入国拒否問題(外務省外交史料館)

―――――――――

① 编者按:入"满"指进入东北。下同。

12. 上村总领事代理致芳泽外务大臣的函电
(1932 年 4 月 11 日)

昭和七年　八九六九　略　南京　　　　四月十一日下午发出
　　　　　　　　　　　外务省　　　　四月十二日上午收到

第三二二号

关于往电第三二〇号

4 月 11 日的各新闻报道了来自中国外交部的确切消息,即昨天傍晚电报局向外交部传达了谢介石的电报,其内容与本月 4 日由东京传出来的版本大体相同。外交部对该电报予以拒收,并将其报告国联和调查团,要求严格执行12 月 10 日的议决案,另一方面对日本政府提出了下列抗议:

日本军队应完全撤出东三省,并恢复 9 月 18 日之前的状态,日本需要对东三省的所有叛逆行为负全责。谢介石发送电报前五天,电报内容就已经从东京传遍各国,这毫无疑问是受日本指使的行为。将来国联调查团或中国参与员若在东北无法完全履行职权或发生意外事故,其责任全部由日本政府承担。中国代表顾维钧将严格执行国联的议决,跟随调查团前往东北各地视察。

转电驻华公使、北平、奉天、长春。

资料来源:JACAR(アジア歴史資料センター)Ref. B02030451300(第173 画像目から)満洲事変(支那兵ノ満鉄柳条溝爆破ニ因ル日、支軍衝突関係)/善後措置関係/国際連盟支那調査員関係/満洲国ノ支那側参与顧維均ノ入国拒否問題(外務省外交史料館)

13. 在长春领事田代重德致外务大臣芳泽谦吉
(1932 年 4 月 11 日)

机密公第一七九号

国际联盟调查团来"满"时谢绝顾维钧一行同行的电报原文报告之事

本件谢绝电文的内容已经通过电报报告过,其原文仅供参考,兹附报告如下:

致中华民国外交部电

南京中华民国外交部部长罗文干阁下台鉴：近据报告，贵国将派顾维钧氏偕同随员随国际联盟调查团来"满"等情。查我"满洲国"系依三千万民众之公意，驱除军阀，建立崇高理想之"新邦"，对于贵国极欲互修和好。如有代表或当道要人远来，自当以礼欢迎，惟迩来贵国任意宣传，斥"我国"为伪国家，诬我当局诸人为叛逆，以致"我国"民众对贵国感情异常刺激。倘顾氏一行人入境，保无与不逞之徒以种种机会，为将来双方亲善之阻碍。应请贵部长妥为设法，勿使顾氏一行东来，免滋意外，特此辞谢。请烦查照，诸希谅察。"满洲国外交总长"谢介石，佳①。

资料来源：JACAR（アジア歴史資料センター）Ref. B02030451300（第177画像目から）満洲事変（支那兵ノ満鉄柳条溝爆破ニ因ル日、支軍衝突関係）/善後措置関係/国際連盟支那調査員関係/満洲国ノ支那側参与顧維均ノ入国拒否問題(外務省外交史料館)

14. 泽田局长致芳泽外务大臣的函电
（1932 年 4 月 12 日）

昭和七年　九〇一〇　暗　日内瓦　　　　四月十二日上午发出
　　　　　　　　　　外务省　　　　　四月十二日下午收到

第三四八号（火速）

关于第三四七号

关于本事件，德国方面已经有人来询问本官。在 12 日召开理事会时，该事件可能会成为问题。我方可以采取的立场是：发生此事非常遗憾，但此系"满洲国"的行动，与我方无关。无论该事件如何发展，日本对李顿调查团提供便利的诚意是不会改变的，除了说明这些没有其他。关于如何应对该问题，希望尽快回电告知。

转电土耳其除外的驻欧美各大使、驻华公使。

资料来源：JACAR（アジア歴史資料センター）Ref. B02030451400（第182画像目から）満洲事変（支那兵ノ満鉄柳条溝爆破ニ因ル日、支軍衝突関係）/善後措置関係/国際連盟支那調査員関係/満洲国ノ支那側参与顧維均ノ

---

① 原文为中文，最后一句为落款。"佳"是韵目代日。

入国拒否問題(外務省外交史料館)

15. 矢野参事官致芳泽外务大臣的函电
(1932年4月12日)

昭和七年　九〇一五　暗　北平　　　　　　　四月十二日下午发出
　　　　　　　　　　　外务省　　　　　　　四月十二日下午收到

第一六四号(非常火速、极秘)

来自吉田

关于第三一号

11日,李顿团长对本使说,就南京国民政府①拒绝顾维钧一事已向日内瓦发送电报,收到回电后便与本使进行商议,请求在满洲的日本方面的保护。据丕平私下听闻,李顿在电报中提到两点,并向日内瓦寻求意见:(1) 收到一封不知"满洲国"何人致调查团秘书处的电报,其表示欢迎调查团一行并想了解调查团一行的使命;对此,打算通过驻长春的日本领事,向其答复调查团所有代表及随行人员的姓名。(2) 调查团在发送电报的同时打算对拒绝顾维钧一事持无视态度。

据闻,调查团在同日上午和下午都就本事进行了商议,秘书处方面提出了"无论调查团在满铁附属地内外,满洲全境都应要求日本进行保护"的提议;但有代表说"这意味着承认日本在附属地外拥有权力"。

致南京的电报由谢介石发给了罗文干。但有一封电报因为形式不整而被一些人认为是某人的伪电。回电时尽量避免经由日本驻长春领事馆为好。

我认为,"满洲国"在得到承认之前,至少应被当作地方政府对待。让我们承认在包括满铁附属地在内的满洲全境,保障包括中国参与员在内的调查团一行人的安全非常困难,而且违反了"满洲国"的意志。如果这样做的话,难以预料调查团会如何看待日本在满洲的地位,还望熟虑。

转电驻华公使、国际联盟、奉天、长春、南京。

资料来源:JACAR(アジア歴史資料センター)Ref. B02030451400(第

---

① 编者按:原文为"南京政府",但联系上下文,此处应该是指伪满洲国政府拒绝顾维钧进入满洲,而不是南京政府。

183 画像目から)满洲事变(支那兵ノ满铁柳条沟爆破ニ因ル日、支军衝突関係)/善後措置関係/国際連盟支那調查員関係/满洲国ノ支那側参与顧維均ノ入国拒否問題(外務省外交史料館)

16. 森岛总领事代理致芳泽外务大臣的函电
(1932 年 4 月 12 日)

昭和七年　八九六八　暗　奉天　　　　　　四月十二日下午发出
　　　　　　　　　　外务省　　　　　　　四月十二日下午收到

第五六五号(极秘)

关于芳泽致长春的第三二号

得悉阁下致长春第三二号训令,"满洲国"方面已经经过阁议决定拒绝顾维钧入"满",且将该问题视为"满洲国"对中国本部的第一步外交,颇为重视,南京方面将"满洲国"视为叛逆政府,持对"满洲国"不利的态度。不难想象,若有"满洲国"要人进入中国本部,就会被其逮捕。鉴于当前情势,"满洲国"作出上述决定理由充分,而且已经将拒绝顾维钧入"满"的电报发送(给南京国民政府)。如今若再采取贵电第三二号中的举措,就意味着为否认"满洲国"的国联立场背书,难以获得"满洲国"要人的同意。如果我方强硬要求"满洲国"同意此事,"新国家"才刚成立,就给"满洲国"要人留下日本屈服于国联威压的印象,这必然会在大局层面,对今后"满洲国"与我方的关系产生不利影响。假使从我国内部关系来看待此事,也不是令人愉快的事情,这个时候除支持"满洲国"贯彻其既定方针外别无他途。

向中国、北平、南京、天津、哈尔滨、沈阳、长春、齐齐哈尔转电。

资料来源:JACAR(アジア歴史資料センター)Ref. B02030451400(第184 画像目から)满洲事变(支那兵ノ满铁柳条沟爆破ニ因ル日、支军衝突関係)/善後措置関係/国際連盟支那調查員関係/满洲国ノ支那側参与顧維均ノ入国拒否問題(外務省外交史料館)

17. 北平辅佐官致陆军次官的函电
(1932 年 4 月 12 日)

北电第三九○号

10 日傍晚,李顿面对中国以外的新闻记者团的质询,表示还未接到拒绝顾维钧入"满"的正式通牒,因此无法陈述确定的意见,不过态度强硬,暗示顾维钧是构成调查团的一名重要成员。

资料来源:JACAR(アジア歴史資料センター)Ref. B02030451400(第185 画像目から)満洲事変(支那兵ノ満鉄柳条溝爆破ニ因ル日、支軍衝突関係)/善後措置関係/国際連盟支那調査員関係/満洲国ノ支那側参与顧維均ノ入国拒否問題(外務省外交史料館)

18. 中华民国驻日公使馆致日本外务省
的照会及日本外务省的回复①
(1932 年 4 月 12 日)

节略

近日自日本方面传出之消息称,东省傀儡政府将有阻止参与国际联合会国际联盟调查团中国代表及其随员等前往东省调查之异谋。今接本国外交部来电,知叛逆谢介石果已发出如所宣传之电文。查日本政府以其武力造成东省伪组织以为其傀儡,中国政府迭经严提抗议声明,在该处日军未撤退前,中国政府对于在该处建立所谓独立或自主政府之举动,及令中国人民参加此种傀儡之组织,绝对不能承认该伪组织之一切非法表决,应由日本负责在案。兹国际联合会国际联盟调查团会及参与该委员之中国代表顾维钧等,行将赴东调查,乃叛逆谢介石竟发出荒谬电文。中国政府认为此项行为系日本方面所主动特提严重抗议并郑重声明,国际联合会国际联盟调查团及中国代表赴东行使职务时,遇有障碍或意外之事发生,日本政府应负一切责任,至日本政府

① 编者按:原文有中日两稿,此处抄录中文。

应负破坏国际联合会上年 12 月 10 日决议案之责任,自不待言。

中华民国二十一年四月十二日

回复

帝国外务省阅悉驻本国中华民国公使馆于民国二十一年四月十二日发送申字第一一三号关于顾维钧入"满"问题的照会。

中国在该照会中再次将"满洲政府"成立及其行动归咎于帝国政府,基于此前提进行议论。帝国政府对于上述不负任何责任,详细内容已经于昭和七年 3 月 19 日芳泽外相致江临时代办亚一普通第二二号予以说明。中国政府每次都将"满洲国政府"成立的责任归咎于帝国政府,帝国政府对于此种态度提出严重抗议。此次"满洲国政府"表明拒绝顾维钧入"满",完全是中国政府和"满洲国政府"之间的问题,与帝国政府没有半点责任,这是毫无疑问的。照会将该事件说成是帝国怂恿下的行为,这是一种独断。而且将顾维钧等在"满洲国"履职期间的障碍和意外事件,全部归咎于帝国政府,帝国政府对此难以认可。

此外,帝国政府完全尊重去年 12 月 10 日的国联理事会决议,这与帝国政府采取上述立场没有矛盾,特此说明。

资料来源:JACAR(アジア歴史資料センター)Ref. B02030451400(第 186 画像目から)満洲事変(支那兵ノ満鉄柳条溝爆破ニ因ル日、支軍衝突関係)/善後措置関係/国際連盟支那調査員関係/満洲国ノ支那側参与顧維均ノ入国拒否問題(外務省外交史料館)

19. 芳泽大臣致在北平矢野参事官的函电
(1932 年 4 月 12 日)

第六八号

关于贵电第一六二号

关于本件,我方的立场如外务省致长春第三二号及第三六号所示。目前正在斡旋之中,面对新闻记者的质询时,可以根据第六七号的内容进行说明。

资料来源:JACAR(アジア歴史資料センター)Ref. B02030451400(第 192 画像目から)満洲事変(支那兵ノ満鉄柳条溝爆破ニ因ル日、支軍衝突関

係)/善後措置関係/国際連盟支那調査員関係/満洲国ノ支那側参与顧維均ノ
入国拒否問題(外務省外交史料館)

20. 北平辅佐官致参谋次长的函电
(1932 年 4 月 12 日)

北平地三九五号

调查团一部分人不重视日本官员的报告,而注重民间舆论。关于顾维钧
问题,李顿表示日本反对某一人,就等同于反对国联,对此该如何看待。尽管
存在阻止调查团前进的意志,但顾维钧下定决心不顾日本方面的威胁入"满"。

资料来源:JACAR(アジア歴史資料センター)Ref. B02030451500(第
221 画像目から)満洲事変(支那兵ノ満鉄柳条溝爆破ニ因ル日、支軍衝突関
係)/善後措置関係/国際連盟支那調査員関係/満洲国ノ支那側参与顧維均ノ
入国拒否問題(外務省外交史料館)

21. 兵库县知事白根竹介致内务大臣铃木喜三郎、
外务大臣芳泽谦吉等的函电
(1932 年 4 月 12 日)

第七七二号

对于拒绝顾维钧入"满"问题要注意英文报纸的论调

在神户市发行的《日本纪事报》(*Japan Chronicle*),主笔英国人摩根·杨
格(Morgan Young)

上述英文报纸的论调,其他报纸也相继报道。本月 12 日发行的该报纸社
论《怎么说》("How it to Told"),报道了本国取缔言论和拒绝顾维钧入"满"问
题。该报纸反映了出席泛太平洋贸易会议的该报主笔杨格的思想,这种思想
与该会议的主旨没有直接关系。

4 月 12 日的社论:

新闻报道禁止令的发布,让新闻编辑们戴上了口枷,也让他们好奇到底是
为什么,由此埋下了臆测的种子。随着时间的推移,其目的将不言自明。(中
略)

　　新闻禁止令偶尔会公布理由,但这种情况很少。大部分情况下,了解其中的缘由非常困难。禁止令给新闻编辑们的暗示是,产生了很多困难的问题。在这种情况下吾人感受到一定程度的压抑。

　　自去年 9 月 18 日以来,曾屡次发布新闻禁止令,个中缘由难以查明。另一方面,中国方面在各种新闻报刊上报道对日本不利的消息。新闻禁止令导致日本无法向全世界妥善的宣传事件的始末。尤其是军部认为,日本国内的舆论比国际社会的舆论更重要。果真如此的话,这样的想法是值得赞赏的,而且我们也会欣然接受新闻禁止令。假使我们这样做,就如同鸵鸟在沙漠中将头埋在沙子里。最显著的案例是,之前有关"满洲国"声称拒绝顾维钧氏入"国"的报道。此举不过是"满洲国"宣告自身是"独立国家"的一种手段,并不是什么了不得的大问题。日本禁止报道此事,而中国却大肆宣传,在新闻报刊上发布顾维钧的照片,并配上说明:"顾氏被日本政府拒绝,他对该事非常关切,该事将引发种种问题。顾氏因为受命于南京国民政府陪同国联调查团,所以才被拒绝。调查团团长李顿断然要求顾氏陪同。"

　　在这种情况下,新闻记者和相关人员的面谈就如同让双方交换了外交文书。正因为有新闻记者的沟通,"长春政府"向南京外交部发送了第一封文书,正式拒绝顾维钧入"国"。"长春政府"的"外交部部长"极力陈述理由:"南京国民政府企图扰乱'满洲国'的安宁"以及"南京国民政府的人员访问'满洲国'城市的话,有人可能会表示敌意,并惹出一些难以预测的麻烦"。同时极端的表示,必须考虑一切有可能发生的事情。

　　日本某知名学者说:"'满洲国'的自决体现在对威尔逊的欢迎上。"伟大的林肯总统为了证明"政府有维护领土主权的权力"而不惜战争,他是不会欢迎威尔逊的,虽然这两位总统并不是这次应该考虑的问题。① 历史上从未有过独立的国家直接被其母国承认的先例。上述"南京国民政府企图扰乱'满洲国'的安宁"指的是导致内乱,这都是以张学良图谋不轨为基础进行的猜想,实际上并没有具体的依据。就算将如此夸张的非难加诸南京国民政府,在它看来,它仍然是东三省的统治者,虽然它采取的手段可能并不友善,但目前还并未发现有确凿的犯罪行为。

---

　　① 　编者按:威尔逊主张民族自决,而林肯领导了南北战争,阻止了美国南部的分裂。这里以伪满洲国独立比喻美国南部的独立。

　　"长春政府"自称"并无保障顾维钧氏安全的能力"。有评论称："这表明其无论从理论上还是实际上都没有作为'国家'的实际权力"。另一方面,这种评价存在不合理的部分。即对于一个最近表示不承认"新国家"的人物,就算"满洲国"竭尽全力也很难保证其安全,这是理所当然之事。以上辩白,事实上蕴含着极强的国家主义感情,这种感情就如同发布"独立"宣言时的那样。

　　一直讨论该问题是没有结果的。一方面,从实际问题的角度来看,顾氏无论安全与否都决心赴"满",他对来访的记者表示,将在一周内乘坐奉山线铁路前往满洲。另一方面,李顿表示:"若顾氏无法与吾等一起入"满",吾等将取消满洲之行。"调查团是为了调查满洲的形势而被派遣来的,如果调查团取消满洲之行,派遣调查团的价值将大打折扣。如果有人认为调查团通过调查上海的情况就实现了其价值,调查团回国后,满洲问题依然得不到解决。调查团认为:"对于'满洲国'问题,我们不能在仅仅听取南京国民政府的意见之后就结束调查。"事实上对"新政府"的主导者来说,这并不是什么大问题。另外世界各国对"新国家"的承认,不需要预先与国联协商。"新国家"拒绝国联调查团的视察或许是有利之事亦未可知。

　　考虑以上各点之后,我认为这次"长春政府"对南京表示"顾氏的访问伴随着危险"并非好事。众所周知,名人们的警惕性无论有多高,暗杀事件都不可能被完全避免。最近日本就突然发生了两例此类事件。如果肇事者与政府没有直接关系,那人们就不会认为"新国家"应对此事负全责。现在的情况下,如果顾维钧不顾警告坚持进入"满洲国",万一发生不幸事件,"新国家"就无法免去责任了,而是会被人们怀疑从背后策划了该事件。

　　总之,事情现在的状态非常微妙,吾人衷心希望,无论调查团采取何种办法,都要尽力完成自身使命。

　　资料来源:JACAR(アジア歴史資料センター)Ref. B02030451400(第201画像目から)満洲事変(支那兵ノ満鉄柳条溝爆破ニ因ル日、支軍衝突関係)/善後措置関係/国際連盟支那調査員関係/満洲国ノ支那側参与顧維均ノ入国拒否問題(外務省外交史料館)

22. 备忘录①

（1932 年 4 月 12 日）

申字第一一三号

据最近日本方面传来的消息,东北傀儡伪政府意图阻止国联调查团参与员中国代表及其随行人员赴东省调查。此次接到本国外交部的来电,叛贼谢介石果然单方面发送电文宣传此事,日本政府凭借武力征服东北,并建立东北伪政权这一傀儡组织,中国政府针对此事已经多次提出强烈抗议。在日军撤离东北之前,在此地建立所谓独立政府或自主政府等的举动,以及命令中国人民加入此傀儡组织等一系列事情,中国政府绝不予以承认。并声明该伪组织的所有一切非法表决均与日方有关。此次国联调查团及其参与员中国代表顾维钧等人赴东北调查,叛贼谢介石竟然发出荒谬的电文,中国政府认为此种行为与日本方面有关,特别提出严重抗议。与此同时,国联调查团及中国代表在赴东北执行公务期间,一旦遭遇妨碍公务或者意外情况,日本政府理所应当承担一切责任。我方在此郑重声明,日本政府要为违背去年 12 月 10 日国际联盟决议承担全部责任。

中华民国二十一年 4 月 12 日

（中华民国驻日本公使馆印）

资料来源:JACAR(アジア歴史資料センター)Ref. B02030451600(第277 画像目から)満洲事変(支那兵ノ満鉄柳条溝爆破ニ因ル日、支軍衝突関係)/善後措置関係/国際連盟支那調査員関係/満洲国ノ支那側参与顧維均ノ入国拒否問題(外務省外交史料館)

---

① 编者按:原文如此,原文为中文。

23. 泽田局长致芳泽外务大臣的函电
（1932 年 4 月 13 日）

第三五〇号

来自佐藤代表

4 月 12 日上午,本使和德拉蒙德举行会见之时说:上海停战交涉只是暂时延期而已,并非决裂,对于交涉最终形成的妥协案,中国方面并未给出确切答复。在十九国委员会上讨论本问题不仅是不当的,而且也不可能(解决问题)。并询问颜惠庆是否正式要求十九国委员会解决该问题。

德拉蒙德说:昨天颜惠庆的确提出了上述要求,并希望十九国委员会从速召开,但并未指定召开日期。这时我对颜惠庆说:如果上海的交涉并未决裂,只是延期了的话,在此基础上,中国尽量做一些让步怎么样? 颜惠庆说,将在明日提出有关交涉经过的备忘录。据我(指德拉蒙德)揣测,颜惠庆会在备忘录中写道,中国方无论如何也无法容忍日方的要求。要是果真如此,很明显交涉将陷入僵局。16 日上午,十九国委员会将召开秘密会议商讨对策,在当日下午的公开会议上,将在中国代表出席的情况下讨论该问题。

关于拒绝顾维钧入"满"的事件,德拉蒙德表示本事件尚未成为国联理事会的问题,可以同李顿直接交涉。

资料来源:JACAR(アジア歴史資料センター)Ref. B02030451500(第207 画像目から)満洲事変(支那兵ノ満鉄柳条溝爆破ニ因ル日、支軍衝突関係)/善後措置関係/国際連盟支那調査員関係/満洲国ノ支那側参与顧維均ノ入国拒否問題(外務省外交史料館)

24. 泽田局长致芳泽外务大臣的函电
（1932 年 4 月 13 日）

昭和七年　九〇八四　暗　日内瓦　　　　四月十三日上午发出

　　　　　　　　　　　外务省　　　　　四月十三日下午收到

第三五一号

来自长冈理事

一、12 日下午,本使出于问候而拜访了德拉蒙德。对于中日关系,德拉蒙德所说参见往电第三四六号。本使在得知往电第三五〇号佐藤大使与德拉蒙德的会见情况后,我认为将本事的经过详细地转达给德拉蒙德是合适的。

本使说道:正如您所知,事务局将中日交涉的困难归结在撤退期限这一点上。关于此点,7 日兰普森公使提出了三种方案,要采用哪一种双方各自在请求训令后决定。此后的会议上,双方都不同意第二方案及第三方案。对于第一方案,日方在排除万难之后表示同意。中国方面不仅对时间问题,对方案的字句也提出了修正案,与 7 日的原方案相去甚远。我方接受了兰普森公使的调停意见,容忍中国方面对字句的修改。我方预测,我方让步到如此地步,中国侧也会采取妥协的态度。到 11 日,从洛阳传来训令,要求会议延期。上述是我方所知事情的真相。新闻报纸说谈判决裂,中国方面又如是向您转达。所谓决裂,与前述中方的主张不符。总之,事实证明,中国人并没有在最后时刻为任何方案负起责任并签字的勇气,这正是日本从一开始就很担心的。因此我认为,在当地参与交涉的友邦代表有对中国方施加压力的必要。

德拉蒙德说:果真如此,本事应尽可能地查明真相。中方想避免在当地处理此事,同时也在揣测我方意向,此事在上海能否得到妥善处理亦未可知。为了让中国在 16 日之前表示出妥协的意思,目前无论采取何种措施都没问题。所以,我认为十九国委员会不应开会。

本使进一步说:别说是六个月或者四个月内的问题,仅仅是八周时间内的问题,在日内瓦就有种种议论,内部有一些决策过程。

德拉蒙德笑着表示肯定。

二、关于拒绝顾维钧入"满"问题,本使表示此问题对于日本来说完全是意外情况,晴天霹雳。顾维钧是同张学良具有长期合作关系的人士。在顾维钧进入满洲后,担心他除了参与员的任务,还会从事政治运动,因此"满洲国"才会有通告。如果李顿调查团可以保证顾维钧不会从事在参与员任务以外的一切行动,或许可以为解决问题打开局面。德拉蒙德表示自己确信顾维钧不会从事参与员任务以外的行动。

资料来源:JACAR(アジア歴史資料センター)Ref. B02030451500(第 208 画像目から)満洲事変(支那兵ノ満鉄柳条溝爆破ニ因ル日、支軍衝突関係)/善後措置関係/国際連盟支那調査員関係/満洲国ノ支那側参与顧維均ノ入国拒否問題(外務省外交史料館)

25. 重光公使致芳泽外务大臣的函电
（1932 年 4 月 13 日）

昭和七年　九一〇六　暗　上海　　　　　四月十三日下午发出
　　　　　　　　　　　外务省　　　　　　四月十三日下午收到

第六八三号

本官致奉天电报

第二七号

日内瓦致外务大臣的第三五〇号及三五一号电报，由我方转长春，阁下只需要向长春转电上述两电中有关顾维钧的部分即可。

资料来源：JACAR（アジア歴史資料センター）Ref. B02030451500（第211 画像目から）満洲事変（支那兵ノ満鉄柳条溝爆破ニ因ル日、支軍衝突関係）/善後措置関係/国際連盟支那調査員関係/満洲国ノ支那側参与顧維均ノ入国拒否問題（外務省外交史料館）

26. 矢野参事官致芳泽外务大臣的函电
（1932 年 4 月 13 日）

昭和七年　九一四九　略　北平　　　　　四月十三日下午发出
　　　　　　　　　　　外务省　　　　　　四月十四日上午收到

第一七一号

13 日《北平新报》载，拒绝顾维钧入"满"就是拒绝调查团入"满"。对调查团入"满"造成不利的是来自日本的主动行为，同时"满洲国"将此作为证明东北独立的手段，其结果只会招致国际恶感，并向世界暴露其暴戾之气，世界（漏字）将为积极解决本问题而采取出兵讨伐的对策。

资料来源：JACAR（アジア歴史資料センター）Ref. B02030451500（第211 画像目から）満洲事変（支那兵ノ満鉄柳条溝爆破ニ因ル日、支軍衝突関係）/善後措置関係/国際連盟支那調査員関係/満洲国ノ支那側参与顧維均ノ入国拒否問題（外務省外交史料館）

27. 北平辅佐官致陆军次官的函电
（1932 年 4 月 13 日）

第五九七其一

来自渡大佐

关参第四六一号已收到，另外，伊藤参事官谈话时说道，关于顾维钧入"满"问题，在谅解"满洲国"立场之上，于 3 日下午同吉田大使、李顿进行了会见。日本方面（伊藤参事官）说明了"满洲国"的情况，李顿依然表示满洲处于日本的管理之下，因此，日军只要有意向，就能保护在满洲的调查团一行，在上述观念的前提下，调查团一行依然计划于 16 日从当地出发前往，希望沿着奉天线入"满"。而且告知顾维钧在表面上逞强，表示一定要去满洲。

资料来源：JACAR（アジア歴史資料センター）Ref. B02030451500（第215 画像目から）満洲事変（支那兵ノ満鉄柳条溝爆破ニ因ル日、支軍衝突関係）/善後措置関係/国際連盟支那調査員関係/満洲国ノ支那側参与顧維均ノ入国拒否問題（外務省外交史料館）

28. 北平辅佐官致陆军次官的函电
（1932 年 4 月 13 日）

第五九七其二

知悉外务大臣致长春电报第三七号，军方需要保障顾维钧及其随员在奉山线旅行时的安全，但尚没有进入奉天附属地的方法。此外，中国随员现在人员有十数名之多，鉴于保护困难，需要限制人数，而且一部人员需要经由大连进入奉天，希望能够知道限制人员的事情。

关于本事件，我方认为在计划上由重大性，且期限紧迫，希望尽快回复。

资料来源：JACAR（アジア歴史資料センター）Ref. B02030451500（第216 画像目から）満洲事変（支那兵ノ満鉄柳条溝爆破ニ因ル日、支軍衝突関係）/善後措置関係/国際連盟支那調査員関係/満洲国ノ支那側参与顧維均ノ入国拒否問題（外務省外交史料館）

29. 驻广州代理总领事须磨弥吉郎致外务大臣芳泽谦吉的函电
（1932 年 4 月 13 日）

第四六三号

关于报告拒绝顾维钧入"满"的新闻论调之件

4 月 13 日的《广东官报》（*Canton Gazette*）发表题为《国联和日本》的文章，关系到拒绝顾维钧入"满"问题。引用李顿在北京时的谈话，即"顾维钧是调查团的一员，拒绝顾维钧入'满'就等于拒绝调查团入'满'，'满洲国'如果不解决此问题，调查团不会去该地"，这些话的确不错，但实行起来不可能。这会让舆论认为调查团的母体——国际联盟也采取同样的立场。

调查团真的有超越其母体的权力吗？拥有可以控制其母体言行的能力吗？这让吾人想起国联在活动时会似有似无的笼络日本的事实。根据急电所述，此事果然成为日内瓦的议题。中国代表若在会议上提出此事，恐怕国联会介入处理。国联一直以来就没有执行力，不如早点放手，不处理此事，去应对一些更容易的事情。不然的话，最终国联会留下无法消除的污点，也会导致中国受到沉重的损害。吾人说出此语或许不必要：国联必须先自己努力，才能让他国承认其权威。

总之，中国要有自己处于最困难时刻的觉悟。

资料来源：JACAR（アジア歴史資料センター）Ref. B02030451500（第218 画像目から）満洲事変（支那兵ノ満鉄柳条溝爆破ニ因ル日、支軍衝突関係）/善後措置関係/国際連盟支那調査員関係/満洲国ノ支那側参与顧維均ノ入国拒否問題（外務省外交史料館）

30. 北平辅佐官致陆军次官的函电
（1932 年 4 月 13 日）

北电第三九三号

顾维钧于 4 月 12 日向日本记者团发表了下列内容：

调查团在参与员加入后才算是完全形成，顾维钧是由中国政府任命的，而且得到调查团的承认。我本人必须前往满洲,在山海关以北,调查团需要保护我本人,如果有需要的话,可以由中国官员采取适当的方法。

总之,满洲是中国的一部分。满洲宣称是"独立国家",这是恶毒的宣传。南京国民政府现在已经接到"满洲国政府"的通告,是否会另寻他人替代本人尚未接到消息。

资料来源:JACAR(アジア歴史資料センター)Ref. B02030451500(第220画像目から)満洲事変(支那兵ノ満鉄柳条溝爆破ニ因ル日、支軍衝突関係)/善後措置関係/国際連盟支那調査員関係/満洲国ノ支那側参与顧維均ノ入国拒否問題(外務省外交史料館)

31. 北平辅佐官致参谋次长的函电
(1932 年 4 月 13 日)

北平第五九六号

来自渡大佐

国联调查团从当地的出发日期,预计会因为顾维钧入"国"问题而变更。尚不能预测本日吉田大使和国际联盟调查团的会见情况。

资料来源:JACAR(アジア歴史資料センター)Ref. B02030451500(第221画像目から)満洲事変(支那兵ノ満鉄柳条溝爆破ニ因ル日、支軍衝突関係)/善後措置関係/国際連盟支那調査員関係/満洲国ノ支那側参与顧維均ノ入国拒否問題(外務省外交史料館)

32. 芳泽大臣致驻华重光公使的函电
(1932 年 4 月 13 日)

第二五〇号

日本政府依靠武力在东三省建立伪组织、扶植傀儡政权,中国政府屡次严重抗议,并且不承认日本军队撤退前在此地建立的,有中国人民参与的所谓"独立自主政府"。并且声明该伪组织的一切非法表决均由日本负责。此次国际联盟调查团以及中国代表顾维钧等赴东三省调查,叛贼谢介石发送了荒谬电文,中国政府认为此种行为与日本方面有很大关系并表示强烈抗议。同时,国际联盟调查团以及中国代表赴东三省行使职务权力，一旦出现阻碍或者发生任何意外事件，日本政府应负全部责任。谨郑重声明日本政府破坏了国联去年 12 月 10 日的决议。

资料来源：JACAR（アジア歴史資料センター）Ref. B02030451600（第267 画像目から）満洲事変（支那兵ノ満鉄柳条溝爆破ニ因ル日、支軍衝突関係）/善後措置関係/国際連盟支那調査員関係/満洲国ノ支那側参与顧維均ノ入国拒否問題（外務省外交史料館）

33. 泽田局长致芳泽外务大臣的函电
（1932 年 4 月 14 日）

昭和七年　九三〇一　暗　日内瓦　　　　　四月十四日下午发出
　　　　　　　　　　外务省　　　　　　四月十四日下午收到

第三六〇号

来自长冈理事

一、12 日给阁下发送的电报第三六号，附上了德拉蒙德致本使的函电。在说明中段括号内的内容之后，本使说，鉴于新闻中有传言说如果中国参与员陪同李顿进入满洲，恐怕会发生意外之事。我此时再次向贵理事通报。德拉蒙德说，根据日本政府多次的通告，现在事态之下，日本官宪对调查团的安全负有责任。对于该问题，希望东京方面尽快予以回复。

二、根据累次贵电内容，顾维钧入"满"问题尚未解决，希望本问题在 4 月16 日十九国委员会开幕前予以解决。根据往电第三五一号，本使向德拉蒙德表示，李顿调查团方面保证顾维钧在满洲不会从事参与员职责之外的活动，这样可以使得"满洲国"保留颜面，随之问题得以解决。希望李顿调查团迅速采取上述措施，解决本问题。

资料来源：JACAR（アジア歴史資料センター）Ref. B02030451500（第229 画像目から）満洲事変（支那兵ノ満鉄柳条溝爆破ニ因ル日、支軍衝突関係）/善後措置関係/国際連盟支那調査員関係/満洲国ノ支那側参与顧維均ノ入国拒否問題（外務省外交史料館）

34. 出渊大使致芳泽外务大臣的函电

（1932 年 4 月 14 日）

昭和七年　九二七九　暗　华盛顿　　　　　四月十四日下午发出
　　　　　　　　　　　外务省　　　　　　　四月十五日上午收到

第二八五号（极秘）

14 日与卡斯托的会谈要领如下：

（一）本使说明了停战会议的经过。目下未解决的主要问题是，日本军撤回租界及其扩展道路的期限。对上述问题，接到了约翰逊的详细报告，让日方承诺一日内撤回上述地域内是不可能的，最后英国公使也帮着说话。我方发表如下声明，以表示让步。即驻华公使发阁下收电报第六六四号所载文本所示。

卡斯托说，读了一遍之后，认为日本政府的主张很有道理，自己能够理解。

然后，本使说，中方将此问题提交国联，只是徒增纠纷。在四国代表的斡旋之下，谈判正在进行。这时中方向四国施压，竟希望在一日之内迅速解决问题。卡斯托对此表示首肯，并未发表评论。

（二）本使说明了关于顾维钧入"满"问题的大概经过，国联调查团一行在这个时候同"满洲国"方面进行协商并不是浪费时间之举，应该迅速经由大连上陆，从而开展调查。这才是适当的举措。

卡斯托表示日本对"新国家"具有威慑力，希望采取一定的措施予以圆满解决。在"满洲国"向南京国民政府发送电报后，日本政府应该努力说服"满洲国"改善与南京国民政府的关系。

资料来源：JACAR（アジア歴史資料センター）Ref. B02030451500（第230 画像目から）満洲事変（支那兵ノ満鉄柳条溝爆破ニ因ル日、支軍衝突関係）/善後措置関係/国際連盟支那調査員関係/満洲国ノ支那側参与顧維均ノ入国拒否問題（外務省外交史料館）

35. 田代领事致芳泽外务大臣的函电
(1932 年 4 月 14 日)

昭和七年　九二五一　暗　长春　　　　　　四月十四日下午发出

　　　　　　　　　　　　外务省　　　　　　四月十五日上午收到

第一五〇号(特急、极秘)

本月 14 日田中大使来长春,驹井、大桥与本官一同出席,商议结果为拒绝顾维钧进入"满洲国"这一方针绝对不允许改变。"新政府"方面,能够取代顾维钧而获得认可的人物仍有重新考虑的余地。为此,如另发电报第一五一号所示,由谢介石直接发电报给身在北平的李顿。

　　向中国、北平、天津、南京、国际联盟、美国,以及驻东北各领事转发此电报。

　　资料来源:JACAR(アジア歴史資料センター)Ref. B02030451600(第238 画像目から)満洲事変(支那兵ノ満鉄柳条溝爆破ニ因ル日、支軍衝突関係)/善後措置関係/国際連盟支那調查員関係/満洲国ノ支那側参与顧維均ノ入国拒否問題(外務省外交史料館)

36. 关东军参谋长致陆军次官的函电
(1932 年 4 月 14 日)

官参第六七六号

陆满第六九四号

关于阻止顾维钧入"国"问题,军方大体上采取旁观态度。对于"满洲国"我们希望做到如下几点:

　　(一)我们相信当然要阻止中国士兵入"国",我们认为阻止顾维钧入"国"当属"满洲国"的自由意志。如果派出警察让顾维钧下火车,应该在锦州以西实施比较妥当。

　　(二)对于增派"满洲国"军队一部之事,军部不会妨碍。

　　(三)关于北宁线、奉山线直通列车的运行之事,军部基于一直以来的关系,回应"满洲国"的请求而提供方便。对于"满洲国"的主权,在公正的立场下,(我们)打算给予相当的尊重。

此时此刻,我方会对国联表达忠诚,并且会避免采取对中华民国施压等类似轻视此事的态度。我方将尽最大努力确保国联公正公平地观察满洲。

资料来源:JACAR(アジア歴史資料センター)Ref. B02030451600(第239画像目から)満洲事変(支那兵ノ満鉄柳条溝爆破ニ因ル日、支軍衝突関係)/善後措置関係/国際連盟支那調査員関係/満洲国ノ支那側参与顧維均ノ入国拒否問題(外務省外交史料館)

37. 极密函电
(时间不详)

(一)帝国对国联及其他中外团体声明,日本不仅停留在单纯保护帝国臣民生命财产安全方面,同时还需负责维持满洲全部的治安。因此,基于目前"满洲国"警备力不足的现实情况,我方拒绝撤离满铁附属地外的驻军。我方主张继续维持在满洲内地的驻军,这也是为了阻止将来中国本部等地派兵入侵满洲内地。

(二)另一方面,帝国向国联承诺将配合国际联盟调查团完成任务,并愿意提供一切方便。同时,关于国际联盟调查团入"满"事宜,我军将在租借地及附属地以及上述地域之外我军力所能及之处提供必要的保护。如此这样,国际联盟调查团将由奉山铁道进入满洲,计划视察的锦州、奉天、长春、吉林、哈尔滨、齐齐哈尔等各地以及这之间的铁路线路,当然属于帝国军队力所能及的地方。

(三)然而,顾维钧与吉田大使一起,分别代表中国和日本成为国际联盟调查团的一分子之事,我方给国际联盟调查团提供保护,却不给予顾维钧一人提供保护,诸如此类的说法是不可能的。因此,假使国际联盟调查团会经奉山铁路来沈阳的话,"满洲国"宪兵在其中一站将顾维钧逮捕的话,我军仍会在能力所及范围之内给予国际联盟调查团充分的保护。如果造成此种结果的话,将对第一项中提到的我军的主张产生极为不利的影响。

资料来源:JACAR(アジア歴史資料センター)Ref. B02030451600(第240画像目から)満洲事変(支那兵ノ満鉄柳条溝爆破ニ因ル日、支軍衝突関係)/善後措置関係/国際連盟支那調査員関係/満洲国ノ支那側参与顧維均ノ

入国拒否問題(外務省外交史料館)

38. 关东厅警务局长致拓务次官、内阁书记官、外务次官、内务省警保局长的函电
(1932 年 4 月 14 日)

"外交总长"发表

"满洲国政府外交总长"谢介石发布如下内容：

记

一、

4 月 9 日"满洲国政府外交总长"谢介石给中华民国外交总长罗文干的电报

近据报告,贵国将派顾维钧氏偕同随员随国际联盟调查团来"满"等情。查我"满洲国"系依三千万民众之公意,驱除军阀,建立崇高理想之"新邦",对于贵国极欲互修和好。如有代表或当道要人远来,自当以礼欢迎,惟迩来贵国任意宣传,斥"我国"为伪国家,诬我当局诸人为叛逆,以致"我国"民众对贵国感情异常刺激。倘顾氏一行人入境,保无与不逞之徒以种种机会,为将来双方亲善之阻碍。应请贵部长妥为设法,勿使顾氏一行东来,免滋意外,特此辞谢。请烦查照,诸希谅察。"满洲国外交总长"谢介石。

二、

"满洲"国联调查团欢迎委员会

委员长	"外交部总长"	谢介石
委员	"东支铁道督办"	李绍庚
	"东支铁道理事"	池瑞麟
	"国务院秘书长"	郑垂
	"长春市市长"	金壁东
	"军政部次长"	王静波
	"奉天市市长"	阎传波
	"哈尔滨市市长"	鲍观澄
	"兴安局总长"	齐生

资料来源:JACAR(アジア歴史資料センター)Ref. B02030451600(第

242画像目から)満洲事変(支那兵ノ満鉄柳条溝爆破ニ因ル日、支軍衝突関係)/善後措置関係/国際連盟支那調査員関係/満洲国ノ支那側参与顧維均ノ入国拒否問題(外務省外交史料館)

39. 芳泽大臣致在北平矢野参事官的函电
(1932年4月14日)

第七〇〇号(火速)

有关顾维钧入"满"问题,目前正尽力说服"满洲国"接受调查团一行按照计划从奉山线进入满洲,最终说服其接受还需要等待一些时日。调查团不等待我方努力结果而希望按照预定日期进入满洲,还不如此次经由大连暂时先行进入附属地,对于附属地之外的行动,应考虑治安状况以及关东军的可保护范围、同时避免正面冲突,防止意外发生,最终达到(此行调查)之目的。

资料来源:JACAR(アジア歴史資料センター)Ref. B02030451600(第246画像目から)満洲事変(支那兵ノ満鉄柳条溝爆破ニ因ル日、支軍衝突関係)/善後措置関係/国際連盟支那調査員関係/満洲国ノ支那側参与顧維均ノ入国拒否問題(外務省外交史料館)

40. 北平辅佐官致陆军次官的函电
(1932年4月14日)

北电第六〇六号

汤某的女儿是顾维钧夫人的好友,在和她交谈后得知,顾维钧虽然嘴上强硬,却十分担心自身的生命安全。

资料来源:JACAR(アジア歴史資料センター)Ref. B02030451600(第252画像目から)満洲事変(支那兵ノ満鉄柳条溝爆破ニ因ル日、支軍衝突関係)/善後措置関係/国際連盟支那調査員関係/満洲国ノ支那側参与顧維均ノ入国拒否問題(外務省外交史料館)

41. 田代领事致芳泽外务大臣的函电
（1932 年 4 月 15 日）

昭和七年　九三〇二　暗　长春　　　　四月十五日下午发出

外务省　　　　四月十五日上午收到

第一五五号（极秘）

来自田中大使

有关致长春领事贵电第三六号

本使 14 日到达长春后立刻与大桥商谈，大桥认为此次事件"满洲国"的态度是理所应当的。尤其是顾维钧一定会煽动猖獗的反动行动，对于他进入满洲，不要说"满洲国"方面，就算是日本方面也承认是相当有风险的。如往电第一五一号所说，直接发电报给李顿阁下坦诚表明"满洲国"的态度，若有幸能更换顾维钧的话，应就其继任者的大概情况达成妥协。

依本使意见，国联的主要目的在于调查"满洲国"的实际状况，为了达成这一目的，应该充分考虑尊重地方政权的存在，同时也应该承认"满洲国"的独立。如果无视地方政权的存在，无论何事都追究日本的责任，且提出非常无理的解决方案，就如同仅仅到租借地和附属地旅游一般，这样的话可谓非常卑鄙，并且完全达不到上面所说之目的。莫不如谢绝日中双方参与员与调查团同行，仅让调查团随意接受调查，我觉得采取这样的方法是最合适的。转电中国、北平、天津、奉天、南京。

资料来源：JACAR（アジア歴史資料センター）Ref. B02030451600（第249 画像目から）満洲事変(支那兵ノ満鉄柳条溝爆破ニ因ル日、支軍衝突関係)/善後措置関係/国際連盟支那調査員関係/満洲国ノ支那側参与顧維均ノ入国拒否問題(外務省外交史料館)

42. 关东军参谋长致陆军次官的函电
（1932 年 4 月 15 日）

关电第五九〇号

"外交总长"谢介石本月 15 日前，在长春向国内外人士发表了给调查团长李顿阁下的电文,其主旨如下。(谢介石致李顿的电文,撤换顾维钧。)

有关贵调查团来"满"事宜,我方不仅怀着满腔的诚意表示欢迎,同时还希望能够为此次调查团达成目的、完成重要使命而提供方便。然而,正如我方之前致电南京国民政府的电报中所说,有关拒绝贵团中国参与人员顾维钧及其一行人进入满洲之事,是为了维护我"国"内的和平秩序,同时也是基于维护我"国"主权等事实的考量才做此决定,希望能得到阁下们的认可。

顾维钧与旧军阀的关系众所周知,吾人希望趁其与调查团一同入"满"之际将其抓获。另外有报道称,顾维钧与我"国"内残存的很多旧军阀共同策划某种阴谋。对照现实希望阁下能针对此问题体谅我方所采取的手段及强硬态度。或者万一贵方能够容忍我方的观点变更参与员的话,我方将不吝再考虑此事。(原文英语)

资料来源:JACAR(アジア歴史資料センター)Ref. B02030451600(第253画像目から)満洲事変(支那兵ノ満鉄柳条溝爆破ニ因ル日、支軍衝突関係)/善後措置関係/国際連盟支那調査員関係/満洲国ノ支那側参与顧維均ノ入国拒否問題(外務省外交史料館)

43. 北平辅佐官致参谋次长的函电
(1932 年 4 月 15 日)

北平第六一四号(其一—三)

张学良的机关报《北平分报》14 日的社论,表明了中国方面对顾维钧问题的态度,要旨如下:

拒绝顾维钧进入满洲并非针对其个人,而是打着拒绝中国代表的幌子拒绝调查团。日本的本意在于不让调查团了解东北的真相。也就是说,调查团能一眼看破东北民众对于新国家建立的"喜悦之情",同时也能让日本在满洲的军事设施公布于众,日本军部最害怕这两点被看穿。

中国代表正与调查团一起等待国联的指示。候选的三种办法:(一)日中代表全部一同入"满";(二)日中代表全都不入"满";(三)除日中代表外的国际联盟调查团入"满"。

如果依据(三)所为,调查团无法获取东北受日军的压迫这一实情,并且在法理上也不符合调查团的构成标准。

如果依据（二）所为，调查团也无法完成任务，日本会将其责任转嫁给"满洲国"，国联不得不发挥其制裁力，因此不能采用此方法。

（一）是最为合理的方法，是中国能够申明主张的最好办法，但为此有必要做好相当的准备。也就是说，应先行向国联叙述日本与东北的密切关系，日方有责任肩负保护调查团全体委员的责任。同时，日本必须给予调查团充分的调查自由。我们承认让日本在附属地之外提供保护是日本军队力所不能及的地方，因此（国民政府）应准备从关内派出士兵进行保护。除此之外，进入满洲后，必须确保中国代表与关内保持通信自由。

资料来源：JACAR（アジア歴史資料センター）Ref. B02030451600（第255画像目から）満洲事変（支那兵ノ満鉄柳条溝爆破ニ因ル日、支軍衝突関係）/善後措置関係/国際連盟支那調査員関係/満洲国ノ支那側参与顧維均ノ入国拒否問題（外務省外交史料館）

44. 关东厅警务局长致拓务次官、内阁书记官、外务次官的函电（1932 年 4 月 16 日）

第四三八一号之二

中国知名人士对国际联盟调查团来"满"和拒绝顾维钧入"满"的感想

这次负责陪伴国联调查团的国民政府代表顾维钧被拒绝进入满洲，关于此事，综合在大连的中国知名人士的看法如下：

此次国际联盟调查团一行肩负着解决日中纠纷的重大使命来"满"，一般民众也希望能尽早解决此事。"满洲国政府"拒绝国民政府的顾维钧作为调查团的一份子随行入"满"也是理所当然的。其理由如下：满洲三千万民众希望驱逐旧军阀，建设如"乐土"般的"新国家"，一旦顾维钧进入满洲并且暗中破坏的话，"满洲国"将更难获得世界各国的承认，因此拒绝顾维钧入"满"是正当的。

总结完了。

资料来源：JACAR（アジア歴史資料センター）Ref. B02030451600（第265画像目から）満洲事変（支那兵ノ満鉄柳条溝爆破ニ因ル日、支軍衝突関係）/善後措置関係/国際連盟支那調査員関係/満洲国ノ支那側参与顧維均ノ

入国拒否問題(外務省外交史料館)

45. 芳泽大臣致驻华重光公使的函电
(1932 年 4 月 16 日)

第二五一号

该备忘录中,中国方面反复强调"满洲政府"成立的责任在于帝国政府。基于此前提展开各种争论,帝国政府对于上述情况不负任何责任的几点理由已经在 3 月 19 日附芳泽外务大臣书翰(往电第二○○号)当中做了详细的说明。中国政府认为有关"满洲政府"的所有事情都是帝国政府的责任,帝国政府对这一态度表示强烈抗议。此次"满洲政府"拒绝顾维钧进入满洲,很明显是中国政府和"满洲政府"之间的问题,何故要帝国负责? 不仅如此,该备忘录基于上述错误的前提,说帝国起到了主导作用,这一说法是非常独断的。另外,提到顾维钧等在满洲执行公务之时,一旦有所阻碍或者发生意外情况,帝国政府要承担一切责任,帝国政府对此说法绝对不能容忍。

而且,帝国政府坚决拥护和尊重去年 12 月 10 日的理事会决议,并郑重声明上述帝国政府的立场与决议并无矛盾之处。

资料来源:JACAR(アジア歴史資料センター)Ref. B02030451600(第 269 画像目から)満洲事変(支那兵ノ満鉄柳条溝爆破ニ因ル日、支軍衝突関係)/善後措置関係/国際連盟支那調査員関係/満洲国ノ支那側参与顧維均ノ入国拒否問題(外務省外交史料館)

46. 外务省致驻日中华民国公使馆的函电
(1932 年 4 月 16 日)

亚一普通第二八号

国联中国调查员顾维钧入"满"问题

关于顾维钧入"满"问题,帝国外务省已经阅读了民国二十一年 4 月 12 日附驻日中华民国公使馆备忘书申字第一一三号。

在这份备忘书中,中国方面将"满洲政府"的成立及其行动归结为帝国政府的责任,并反复强调这一主张,同时基于此前提而产生种种争论,帝国政府就上述事件不负任何责任,并将具体理由在昭和七年3月19日芳泽外务大臣发给江临时代理公使的书翰亚一普通第二二号等文件当中做了详细说明。不仅如此,帝国政府对于中国方面一涉及"满洲政府"的事情就要求帝国政府负责的态度表示强烈抗议。正如此次"满洲政府"拒绝顾维钧进入满洲一事,完全是中国政府和"满洲政府"之间的问题,却将责任归咎于帝国政府。毫无疑问在该备忘书中,中国方面再次以上述错误为前提,独断地认为帝国政府在本次事件归中发挥了主要作用。同时,顾维钧等在满洲执行公务之时遇到任何障碍或者意外情况由帝国政府负全责,这一点帝国政府绝不能容忍。

而且,帝国政府充分尊重去年12月10日理事会决议,并且严正声明帝国政府的上述立场与决议并无丝毫矛盾之处。

资料来源:JACAR(アジア歴史資料センター)Ref. B02030451600(第271画像目から)満洲事変(支那兵ノ満鉄柳条溝爆破ニ因ル日、支軍衝突関係)/善後措置関係/国際連盟支那調査員関係/満洲国ノ支那側参与顧維均ノ入国拒否問題(外務省外交史料館)

47. 关于顾维钧入"满"问题的文件
(1932年4月)

昭和七年4月12日驻日本的中国临时代理公使江华本氏访问谷亚细亚局长,关于此事同一天附申字第一一三号附页简略叙述了事情大致内容并且采取放任不管之态度。

以下为双方的谈话:

谷局长:所谓日本方面的消息究竟指代哪一方面,并且中方也未见准确的报道,我方认为假如此事属实,正如之前的节略所述,无论如何也不能容忍中方的意见。日本对于"满洲新国家"丝毫不负任何责任,在此前已经通过公文认真的予以说明,此处不再赘述。"新国家"拒绝顾维钧进入满洲一事,以上全在于中国和"新国家"之间的问题,日本毫无责任。一直以来中国方面把关于"新国家"的每一件事都与日本扯上关系,就此我方提出严重抗议。这次同样基于错误的前提向日本方面问责,实在忍无可忍,故奉外相之命郑重声明。

江代理公使:日本军在满洲驻扎,并且成立伪政府,此次又如谢介石电报所发,以上事情责任在日方。

谷局长:关于日军的驻扎理由已经多次向世界做了充分说明,无论从何种意义上来说,上述责任不应该归结给日本。

江代理公使:如果发生类似妨碍顾维钧一行执行公务的情况,就意味着日本就破坏了国联的决议。

谷局长:日本方面十分尊重国联的决议,"新国家"拒绝顾维钧入"满"责任问题跟此事是两回事。

江代理公使对于本件节略也根据节略内容进行回答。

(昭和七年4月12日谷亚细亚局长口述笔记)

资料来源:JACAR(アジア歴史資料センター)Ref. B02030451600(第274画像目から)満洲事変(支那兵ノ満鉄柳条溝爆破ニ因ル日、支軍衝突関係)/善後措置関係/国際連盟支那調査員関係/満洲国ノ支那側参与顧維均ノ入国拒否問題(外務省外交史料館)

48. 上村代理总领事致芳泽外务大臣的函电
(1932年4月17日)

昭和七年　九四八六　暗　南京　　　　四月十七日上午收到
　　　　　　　　　　　　外务省　　　　四月十八日下午收到

第三三二号

17日的各新闻媒体报道了16日亚洲司长沈觐鼎代理外交部部长,其对新闻记者的谈话要领如下,望参考:

(一)有关满铁并行线问题。之前路透社报道了罗文干部长的谈话,这次沈的谈话与之颇不一致。所谓并行线,是一九〇五年日中会谈时,在东三省有关条约附属文书之外的会议记录中记载的。该会议记录的原文与日方发表的密约有一些不同之处。原文中写道:"中国政府在东三省维持铁路利益,承诺在该铁路回收前,不在其附近建设并行干线,以及损害该铁路利益的支线。"上述声明记载在会议录中,并未加入条约中,因此并无条约效力。

日本方面反对被其称作并行线的打通线,而打通线距离"满铁"有百里以上,其方向也并不与"满铁"完全并行。东京帝国大学的横田博士也说,打通线并不能说是"满铁"的并行线。如果把打通线说成"满铁"的并行线的话,东海道线和中央线也可以说是并行线了。另外根据统计,"满铁"的收入并未因为打通线而减少。今年"满铁"收入的减少,是因为其经营方法太过官僚,而且受到金价上涨的影响。中国在自己国家领土内铺设铁道,与外国人无关。尤其是东北地区土地如此广袤,除满铁外还修建有多条铁路。

(二)有关停战会议问题。因为日方超越了讨论范围,所以陷入了停顿。我方并未视其为会议的决裂,继续参与小委员会会议。最近日方代表又提出范围之外的问题,所以小委员会会议也延期了,我方对此当然无责任。日本政府向日本代表发出训令,要求其不参加国联特别委员会。上述真的是事实的话,就意味着日本表示不想再充当国联的会员国了。不仅如此,还意味着日本今后将走向国际孤立,与该国内部退出国联的议论相一致。日本如果退出国联,雅浦岛的委任统治权应该返还给国联,日本肯定不会轻易放弃此地。总之,退出国联的说法不过是一种虚张声势罢了。

(三)关于拒绝顾维钧入"满"问题,日本曾非正式地表示,如果调查团在"满铁"沿线视察,将负责保护。调查团可以随意去任何地方,不受任何方面的约束。东北是中国领土的一部分,我政府正在慎重考虑,或许会派遣相当数量的军队随行,以担负保护调查团的责任。

资料来源:JACAR(アジア歴史資料センター)Ref. B02030451600(第284画像目から)満洲事変(支那兵ノ満鉄柳条溝爆破ニ因ル日、支軍衝突関係)/善後措置関係/国際連盟支那調査員関係/満洲国ノ支那側参与顧維均ノ入国拒否問題(外務省外交史料館)

49. 上村代理总领事致芳泽外务大臣的函电
(1932 年 4 月 19 日)

昭和七年　　　　暗　南京
　　　　　　外务省　　　　　　　　四月十九日下午收到
第三三三号

19 日《中央日报》登载了罗文干答记者问的内容,其要领如下:

一、顾维钧入"满"问题,事关国联调查团的行动,无论哪方面都不可将其拒绝,日方应对它的安全负责。我方准备派出军队护送,是为了预防原来叛乱政府的不当行动。而且东三省是中国的领土无可置疑,并非悬而未决的问题。

目前张学良正在与调查团商议安保办法。

二、根据昨日接到的调查团中国代表的电报,调查团一行为了节约时间,决定从山海关出发,经过打虎山出通辽,通过满铁赴哈尔滨,再返回奉天。

三、上海停战会议开始以来,日方经常拖延交涉。日本提出国联决议案以外的种种问题,使我方不得参加讨论,借此破坏会议。我方此时信任国联,静待解决。有传言说,重光公使通过美国公使,向我方要求继续会议,目前我还未收到此种消息。

资料来源:JACAR(アジア歴史資料センター)Ref. B02030451600(第301画像目から)満洲事変(支那兵ノ満鉄柳条溝爆破ニ因ル日、支軍衝突関係)/善後措置関係/国際連盟支那調査員関係/満洲国ノ支那側参与顧維均ノ入国拒否問題(外務省外交史料館)

50. 矢野参事官致芳泽外务大臣的函电
(1932 年 4 月 19 日)

昭和七年　　　　暗　北平

　　　　　外务省　　　　　　　四月十九日上午收到

第二〇二号(加急)

来自吉田

第五〇号

顾维钧问题发生以来,就入"满"路线问题出现了纠纷,为了与中国方面进行交涉,近期十分繁忙,又因人手不足,工作进展也十分困难。在一行人进入满洲之后,不仅是顾维钧问题,今后的行程计划等,不难想象比现在更加棘手的问题应该也会接二连三地发生。本使无论是与国际联盟调查团、中国方面,还是与军方、"满洲国"方面等联络问题也十分微妙,事务便更加繁重了起来。仅凭现在的外务省随员,想将事件圆满解决十分困难。因此希望请至少派出三名科员、两三名秘书尽快赶到奉天,仰仗您的关照。

资料来源:JACAR(アジア歴史資料センター)Ref. B02030451600(第303画像目から)満洲事変(支那兵ノ満鉄柳条溝爆破ニ因ル日、支軍衝突関係)/善後措置関係/国際連盟支那調査員関係/満洲国ノ支那側参与顧維均ノ入国拒否問題(外務省外交史料館)

51. 矢野参事官致芳泽外务大臣的函电
（1932 年 4 月 19 日）

昭和七年　　　　暗　北平

　　　　　　　　外务省　　　　　　　　四月十九日上午收到

第二〇三号（火速）

来自吉田

第五一号

关于贵电第七号

　　根据往电第四九号，李顿要求让调查团的一部分人乘坐我方军舰，舰队的行动或许有一定安排，但慎重处置此事起见，本使承担责任答应了下来。上述事情希望向海军方面说明，非常感谢。

　　资料来源：JACAR（アジア歴史資料センター）Ref. B02030451600（第304 画像目から）満洲事変（支那兵ノ満鉄柳条溝爆破ニ因ル日、支軍衝突関係）/善後措置関係/国際連盟支那調査員関係/満洲国ノ支那側参与顧維均ノ入国拒否問題（外務省外交史料館）

52. 矢野参事官致芳泽外务大臣的函电
（1932 年 4 月 19 日）

昭和七年　　　　暗　北平

　　　　　　　　外务省　　　　　　　　四月十九日下午收到

第二〇四号

来自吉田

第五二号

18 日下午与李顿的秘密谈话内容如下：

　　一、准备特别列车并使用中国工人及厨师，当顾维钧感到生命危险时，我的计划是使其进入奉天的列车中以保护其安全。如果只是为了我自己的话，使用日本籍或中国籍用人均可，请不要误解。

　　二、调查不要在中国人徘徊的列车内进行，希望在中立国领事馆内进行。

　　三、如果顾坚持走陆路,我也可能赶往大连,或者将两位参与员及随行人员留在北平,只有调查团委员前往满洲,与对方交涉之后再让他们过来也是一策(本使答称如果顾从山海关走,本使不负任何责任)。

　　四、(本使觉得委员们认为建立"新国家"是我方政府的意思,他们反对"新国家"独立故使得事件交涉困难。帝国政府方面认为即便不承认"新国家",至少也应该按照地方官僚等同视之,但是委员们对"新国家"无视的态度引起了一些麻烦。)我们是有了以上的充分的心理准备来行事的。

　　五、关于与伊藤氏的相关交涉及其经过有太多的错误之处,但是他的谎言让人无法忍受。

　　六、在满洲的调查会非常繁忙,因此谢绝所有地方的欢迎筹备。

　　七、(本使说,阁下将最重要的满洲调查问题置于优先地位,最近对我或许有一些偏见,对此感到非常遗憾。)如上所说都是阁下的误解与多虑,与当初在日本之时并无二致,今后也一定推心置腹,知无不言,因其如有得罪之处请海涵。

　　从奉天转发给长春。

　　转发给中国、奉天。

　　资料来源:JACAR(アジア歴史資料センター)Ref. B02030451600(第305画像目から)满洲事变(支那兵ノ满铁柳条沟爆破ニ因ル日、支军衝突関係)/善後措置関係/国際連盟支那調查員関係/满洲国ノ支那側参与顧維均ノ入国拒否問題(外務省外交史料館)

53. 奉天辅佐官致参谋次长的函电
(1932 年 4 月 23 日)

北平第六三九号

　　来自北平绥靖公署的情报,满洲伪政府已经声明拒绝顾维钧前往吉林,如果顾维钧非要去,则予以逮捕。李顿认为此行为是日本在幕后指使。而且仍然持不知道"满洲国"存在的态度,如果发生无礼的行为时,则考虑离开满洲。

　　抵达奉天已经三日,调查尚未开始,日本因此判断调查团不可能在 5 月 1 日提交第一回报告,(日方)亦得以有时间准备以对抗调查,企图让调查团在糊里糊涂中结束。

资料来源：JACAR（アジア歴史資料センター）Ref. B02030451700（第344画像目から）満洲事変（支那兵ノ満鉄柳条溝爆破ニ因ル日、支軍衝突関係）/善後措置関係/国際連盟支那調査員関係/満洲国ノ支那側参与顧維均ノ入国拒否問題（外務省外交史料館）

54. 福冈县知事中山佐之助致内务大臣、
外务大臣、各府县长官的函电
（1932 年 4 月 25 日）

第六九五号

军方关于顾维钧入"满"的意向之事

奉天独立守备队步兵大佐后宫淳接到陆军省的回国命令，3 月 24 日奉天……（以下缺字），公务告终后，于 4 月 16 日乘坐"乌苏里丸"再次返回满洲途中，发表了如下言论：

"新国家军政部部长"马占山在国联调查团入"满"之前突然辞职，到现在也不知道他到底在哪。根据 4 月 14 日的电报，他曾发电报给溥仪氏，说自己卧病在床，目前无法归来，现在仍无法查明其行动。据吾等观察，他已改变主意，转而投靠国民政府与苏联。尤其是顾维钧入"满"，与他们形成三足鼎立的局面，进行种种策动，计划将国联的舆论导向对国民政府有利的方面。中国国民政府劝告顾维钧入"满"，向他发送劝告称：你应不顾身边的危险，与调查团一起向满洲进发。从这样的趋势看来，"新国家"拒绝顾维钧入"满"之时，日本也会受其影响。我等认为上策是让他快点来，同时向他说明在满洲可能会遭遇危险，以保护他为名，或直接或间接地监视他，不给他留一点自由活动的空间，这就是所谓的间接的拘禁，一直持续到调查团行程结束。然而顾维钧最终会不会前来尚不可知。

资料来源：JACAR（アジア歴史資料センター）Ref. B02030451700（第345画像目から）満洲事変（支那兵ノ満鉄柳条溝爆破ニ因ル日、支軍衝突関係）/善後措置関係/国際連盟支那調査員関係/満洲国ノ支那側参与顧維均ノ入国拒否問題（外務省外交史料館）

55. 森岛代理总领事致芳泽外务大臣的函电
（1932 年 4 月 28 日）

昭和七年　一〇三六六　暗　奉天　　　　四月廿八日上午发出

　　　　　　　　　　　　　　外务省　　　　四月廿八日下午收到

第六六八号

来自吉田

第七一号

来自佐藤

按照往电第六五号，没有发出任何通告。为了对长春发出的电报进行解释，27 日，哈斯来访，谈话如下：

（1）由于已经同"满洲国"进行接触，因此国联理事会没有必要讨论顾维钧入"满"问题，将此问题作为地方的问题，由调查团进行解决即可。努力使日内瓦达成上述结果，这是有利的。

（2）哈斯询问关于顾维钧问题如何看待，小官表示李顿团长已请求本庄司令进行斡旋，应该已收到回复。小官也会从内部进行协助，期待本问题能够得到尽快解决。哈斯表示调查团已经访问了市长，同"满洲国"进行了接触，除了顾维钧问题之外，其他都感到满足。

（3）小官表示反抗军利用调查团抵达的机会，正在进行阴谋策动，而且中东路全线存在危险状况。哈斯表示这是事实的话，那只能予以承认，关于上述危险，应该由掌权者尽可能地予以警戒，希望不要发生意外事故。

资料来源：JACAR（アジア歴史資料センター）Ref. B02030451700（第358 画像目から）满洲事变（支那兵ノ满铁柳条溝爆破ニ因ル日、支军衝突関係）/善後措置関係/国際連盟支那調査員関係/満洲国ノ支那側参与顧維均ノ入国拒否問題（外務省外交史料館）

56. 关东军参谋长致参谋次长的函电
(1932 年 4 月 29 日)

关参第九一七号

关于国联调查团一行今后的行动,小官根据关东军司令官的意图,同李顿进行了会谈,结果大体如下:

(1) 顾维钧一行的随员限制在五六名,具体人名需要经过内部交涉,取得"满洲国"政府的同意。

(2) 在上述决定的基础上,以调查团致"满洲国外交总长"的电报形式,告知调查团一行及中国参与员及其随员的名单,并保证顾维钧一行不会从事任何政治"阴谋"活动。

(3) 上述调查团一行抵达长春后,可以同"满洲国政府"进行直接交涉,调查团一行的出发在 5 月 2 日左右。

上述内容在前些天由陆军大臣打来特别电话,希望关东军司令官说服"满洲国"方面。

资料来源:JACAR(アジア歴史資料センター)Ref. B02030451700(第365 画像目から)満洲事変(支那兵ノ満鉄柳条溝爆破ニ因ル日、支軍衝突関係)/善後措置関係/国際連盟支那調査員関係/満洲国ノ支那側参与顧維均ノ入国拒否問題(外務省外交史料館)

57. 关东厅警务局长致拓务次官、内阁书记官、
外务次官的函电
(1932 年 4 月 30 日)

第六六五号

"满洲国"对顾维钧入境问题的态度

"满洲国"针对顾维钧入"满"问题,于本月 25 日在"执政府国务院"举行秘密会议,各种协议的结果是以妥协条件同意顾维钧入"满",妥协条件如下:

(1) 顾维钧要将事变以来在各新闻处登载的"违反事实"的中伤"满洲国"

和否认"满洲国"独立的报道,全部取消。

(2) 在入"国"的时候,对顾维钧身边配备军警以警戒,但是万一发生事件,"满洲国"不负责任。

提出上述两项尚未决定,顾维钧可能无法承诺这两点,那么与其说是妥协方案,不如说是拒绝顾维钧入"满",而且在顾维钧无视"满洲国"并要入"国"的情况下,将采取下列举措:

(1) 在长春下车后停留于附属地内,出于尊重日本的行政权,对此不予过问。

(2) 在经过长春前往吉林的情况下,经过吉长线东站的时候,强制要求顾维钧下车,监禁在城内的殖边银行。

资料来源:JACAR(アジア歴史資料センター)Ref. B02030451700(第368画像目から)満洲事変(支那兵ノ満鉄柳条溝爆破ニ因ル日、支軍衝突関係)/善後措置関係/国際連盟支那調査員関係/満洲国ノ支那側参与顧維均ノ入国拒否問題(外務省外交史料館)

58. 关东军参谋长致陆军次官的函电
(1932 年 5 月 2 日)

关参第九七〇号

一、关于顾维钧一行前往长春,经过军方的斡旋,愈加明了。5 月 1 日,李顿致谢介石,发出下列内容的电报,双方基本上取得谅解。顾维钧以下随员 6 名及 3 名随从明确记载在协议书中。与此相反,反而是"满洲国"的态度尚未明确。作为军方,同意调查团在此地至长春的铁路附属地内行动,而后如何处置由调查团同"满洲国"直接交涉。

电报内容概要

调查团预定于 5 月 2 日抵达长春,调查团方面人员有李顿及以下 24 名成员,顾维钧参与员及 6 名随员和 3 名随从,日本参与员吉田及 19 名随员。其余都是调查团的随从。调查团仅从事调查业务,绝对不会进行其他政治活动。特此明告。

二、调查团一行的旅程如下:1 日从奉天出发,经过并参观公主岭,然后抵达长春,在此住宿三日,这个过程中视察吉林。然后前往哈尔滨齐齐哈尔,停留数日。再经由洮昂线及四洮线，于 16 日抵达奉天。在奉天停留数日，此期间视察锦州、抚顺、鞍山，24 日由奉天出发前往大连，停留到五月底。

　　资料来源：JACAR（アジア歴史資料センター）Ref. B02030451700（第372 画像目から）満洲事変（支那兵ノ満鉄柳条溝爆破ニ因ル日、支軍衝突関係）/善後措置関係/国際連盟支那調査員関係/満洲国ノ支那側参与顧維均ノ入国拒否問題（外務省外交史料館）

59. 驻天津总领事森岛主计致外务大臣芳泽谦吉的函电
（1932 年 5 月 6 日）

　　公信第四〇八号

关于顾维钧及随员在满洲的待遇

　　国联调查团中国参与员顾维钧的随员顾执中、谢恩增、棋景斌于 5 月 2 日，鲍静安、张伟斌、杨承基及打字员李玉芳、李丽云于 5 月 4 日，抵达塘沽，并向北平而来。报纸上刊登了顾执中在满洲停留期间，我方即"满洲国"对其招待情况，特送新闻予以阅览。

　　资料来源：JACAR（アジア歴史資料センター）Ref. B02030451700（第383 画像目から）満洲事変（支那兵ノ満鉄柳条溝爆破ニ因ル日、支軍衝突関係）/善後措置関係/国際連盟支那調査員関係/満洲国ノ支那側参与顧維均ノ入国拒否問題（外務省外交史料館）

60. 田代领事致芳泽外务大臣的函电
（1932 年 5 月 7 日）

　　昭和七年　一一一八五　暗　长春　　　　　五月七日上午发出
　　　　　　　　　　　　　　外务省　　　　　五月七日下午收到

第二一八号

来自吉田

第一〇六号

关于往电第九六号

　　大桥持续与我方商谈之后,6 日与哈斯进行多次交涉,结果调查团逐渐妥协。对于第一〇七号函电中的内容,谢介石的回答见第一〇八号函电。对此,调查团团长发送了如第一〇九号函电的接受文书,顾维钧问题终告解决。调查团一行人决定明早出发去吉林。另外,要让顾维钧撤回之前的言论是最难的问题,"满洲国"方面不再将其作为顾维钧入"国"的条件,只是作为一种劝告。调查团团长在回答中也说道,不会参考顾氏的言论。

　　另外,在往电第八五号中,调查团团长在文书中写明了顾维钧的三名陪同人员,同时也默认了加入"新国家"的参与员。

　　与另外的函电一起转发给驻华公使、北平、奉天、南京、国际联盟。由国际联盟专电给英、法、德、意四国。

　　资料来源:JACAR(アジア歴史資料センター)Ref. B02030451700(第386 画像目から)満洲事変(支那兵ノ満鉄柳条溝爆破ニ因ル日、支軍衝突関係)/善後措置関係/国際連盟支那調査員関係/満洲国ノ支那側参与顧維均ノ入国拒否問題(外務省外交史料館)

61. 国联调查团参与委员吉田伊三郎致
外务大臣芳泽谦吉的函电
(1932 年 5 月 10 日)

极密"中满"调参与第六四号

关于顾维钧入"满"问题,国联调查团团长
及"满洲国外交总长"间的往复公文

本事的经过已经通过多次电报汇报,兹寄送有关往复公文。

国联调查团　长春　1932 年 5 月 6 日

亲爱的先生:

哈斯应您的要求与大桥先生就中国参与员问题进行商议,并已将结果向我汇报。

正如您所知,根据成立调查团时的国联理事会决议,中日两国政府均有权提名参与员协助调查团工作。吉田大使和顾维钧博士分别被任命为日本与中国的参与员,符合该决议。他们以此种身份陪同调查团,调查团有必要通过他

们与中国与日本政府接触,以完成其促成和平的使命。

特别是顾维钧博士的存在不会产生其他影响。顾博士的活动仅限于履行他作为参与员的职责。我已经明确表示,他或者任何其余陪同人员决不会从事任何其他政治活动。我还想进一步指出,调查团的使命是维护和平,调查团与两位参与员及其他工作人员前往满洲决不会影响该地的和平与秩序,也不会损害任何公众利益。

但是,如果任何公众利益因参与员的存在受到影响,我当然会听取您的任何意见,并在此种情况下采取必要措施。

应您的要求,我在此处附加一份陪同顾维钧博士的工作人员的名单:

刘(Liu) T. K.①先生　代理秘书长

萧(Tchiao) T. Y.②先生　顾问

施先生　秘书

何士(Hussey)先生　顾问

端纳(Donald)先生　顾问

我已注意到您的声明,您不反对其中任何一人。

我完全相信,在目前困难的情况下,您将尽最大努力促进调查团的调查工作,并为其争取所需的保护。

李顿　谨启

致"外交部部长"③谢介石阁下

1932 年 5 月 6 日 长春

尊敬的阁下:

回复您 5 月 6 日的来信,我谨声明,由于您代表调查团做出的保证,"满洲国"政府决定不再反对顾维钧博士进入"我国"境内。为了帮助您调查团的工作,我建议派我的个人代表陪同您前往满洲的其他地方。

我相信顾维钧博士会纠正他那些反对"满洲国"的无礼言论。

"满洲政府"认为,目前情况下,因为顾维钧博士的加入,保护调查团的难

---

① 编者按:指刘崇杰。

② 编者按:指萧继荣。

③ 此处原文件即有引号,以表示调查团不承认伪满洲国。

度有所加大。但我们仍将尽最大努力保护整个调查团在满洲的旅程。

您的忠仆

"满洲国外交部部长"　谢介石

致国联调查团团长李顿爵士阁下

国联调查团　长春　1932 年 5 月 6 日

尊敬的先生：

我很荣幸收到你 5 月 6 日的复信，并声明我不反对您关于派遣您个人代表的提议。

李顿　谨启

致"外交部部长"①谢介石阁下

资料来源：JACAR（アジア歴史資料センター）Ref. B02030451800（第 391 画像目から）満洲事変（支那兵ノ満鉄柳条溝爆破ニ因ル日、支軍衝突関係）/善後措置関係/国際連盟支那調査員関係/満洲国ノ支那側参与顧維均ノ入国拒否問題（外務省外交史料館）

62. 芳泽大臣致在长春田代领事的函电
（1932 年 5 月 13 日）

机密第五七号

顾维钧入"满"问题谢介石来函回复之事

有关顾维钧入"满"问题，之前"满洲国外交部部长"谢介石发送的函电通过甲号文件 4 月 17 日的公文（根据 4 月 18 日您的函电机密公第一九六号转送）提出，另一份乙号文件有关同月 22 日接收的私信。希望将下述内容以本大使问候的名义向谢氏口头传达。

根据之前您发送的电报，有关顾维钧氏入"满"问题，已将您的立场明确且恳切的说明。在目前微妙的形势下，非常敬佩您对此事的苦心。之后，本问题以适当的妥协态度得到解决，对此表示庆祝。

---

①　此处原文件即有引号，以表示调查团不承认伪满洲国。

资料来源：JACAR(アジア歴史資料センター)Ref. B02030451800(第394画像目から)満洲事変(支那兵ノ満鉄柳条溝爆破ニ因ル日、支軍衝突関係)/善後措置関係/国際連盟支那調査員関係/満洲国ノ支那側参与顧維均ノ入国拒否問題(外務省外交史料館)

63. 芳泽外务大臣致上村代理总领事的函电
(1932 年 5 月 18 日)

昭和七年　一二〇六九　暗　广东　　　　　五月十八日下午发送
　　　　　　　　　　　　外务省　　　　五月十八日下午收到

第三八六号

广东、广西、贵州、福建、浙江五省外交视察部员朱兆莘于 5 月 14 日开始处理公务，18 日正式来拜访我。当时，朱阐述自己跟张学良与外交部的关系如下：

一、去年 10 月，我被蒋介石推举，继任王正廷的职务。收到委任状后，突然接到张学良的亲笔信，说此职位被南下的顾维钧夺走了，顾氏辞职后也想担任外交部部长。为了给孙科面子，我辞去了该职位。

二、其后陈友仁要求我担任国联调查团的参与员，我与日方的参与员吉田在伦敦的时候有交情，1 月 5 日，我爽快地答应了，外交部也告知了国际联盟秘书处。罗文干偶然听说张学良有任命顾维钧担任参与员的意向，7 日归任的罗文干征求我对此事的意见，我心中愤怒，因为与张学良没有私交，所以只能把参与员的职位让给顾维钧了。

三、当时我本人就推测，顾维钧要是去满洲，必定会引发麻烦的问题，如今果然传来此种消息。有关顾氏的问题，调查团与"满洲国"间一旦交换任何文书，就意味着中国间接承认了"满洲国"的存在。

资料来源：JACAR(アジア歴史資料センター)Ref. B02030451800(第396画像目から)満洲事変(支那兵ノ満鉄柳条溝爆破ニ因ル日、支軍衝突関係)/善後措置関係/国際連盟支那調査員関係/満洲国ノ支那側参与顧維均ノ入国拒否問題(外務省外交史料館)

64. 拒绝顾维钧入"满"问题的经过
（1932 年 5 月 18 日）

一

关于国际联盟调查团的入"满"问题，"满洲国"以"外交部部长"谢介石的名义向国民政府外交部部长罗文干发送了拒绝参与员顾维钧入"满"的通牒。这是"新满洲国政府"的第一个外交事件，也是显示"满洲国"外交手段的一块试金石。该通牒于 4 月 9 日以电报的形式发往南京，并于 4 月 10 日送达。刊登在报纸上的上述通牒的内容如下：

关于南京国民政府代表顾维钧与国际联盟调查团入"满"之事，由于贵国与"我国"本应是亲密友好关系，但在"我国政府"遵循三千万民众的民意独立之后，贵国人民却称呼"我国政府"为伪政府，且刺激"我国国民"的首要因素便是顾维钧进入"我国"境内之事，我们认为这将有可能让不逞之徒乘虚而入，从而有可能危害到两"国"间的亲密友好关系，因此本次迫不得已拒绝了顾维钧进入"我国"境内。十分抱歉，还望谅解。

二

在"满洲国"政府上述的通牒文中，如其所述，仅仅是因为不想让不逞之徒有机可乘所以才拒绝了顾维钧的入境，但很明显这并不是全部的理由。特别是对于国联调查团参与员，除了通牒文中所述理由，背后还有如下所示其他的理由。可以说现"满洲国"统治者想借国联调查团入"满"之事来尝试实现自己的部分政策。

其一是对内政策上的关系。事变以来盘踞在各地的兵匪在当地的作乱自不必说，"满洲国"官吏、地方绅商虽说在社会层面及国家层面承担着重要责任，但也不一定就承认"满洲国"的新形势。现状就是一边表面服从日本势力，一边说着"竖子何为"的人也有。这些人对于日本对调查团入"满"所采取的态度有极大的兴趣。即由于调查团来"满"，日本会像中国人民想的那样屈服吗，马占山的黑河逃亡便是最好的例子。其他还有想借此机会起义的义勇军等所谓的以夷制夷的观念扎根于满洲境内的中国人心中，且传播甚广。挑起顾维钧事件的目的之一便是根绝这种思想,将其从迷梦中唤醒,并且向国联其他会员国展示"满洲国"的威严,确立政府在满洲的统治权。

其二是对外关系。"满洲国"在成立之后不久,于今年 3 月 12 日以"外交部部长"的名义向日英美等十七个国家发送了请求建立正式外交关系的通牒。要求建立正式外交关系的意思即为希望各个国家承认"满洲国"。但现状是"满洲国"不应该期待各国根据上述通牒,会承认一个没有具备国家实质的"国家"。且不说此,就算"满洲国"具备一个国家的基本条件,各国也不会允许错综复杂的外交关系就这么简单地形成。因此,该通牒从现状来看,不过是"满洲国"单方面的行为,不具有实际意义的一纸空文罢了。而"满洲国"想必也没有对各国的实质回应抱有期待,只不过对于各国显然对满洲新形势的认识不足这件事,"满洲国"当局者应随时向各国正确传达关于满洲的新形势,在此意义上,调查团的入"满"毫无疑问是个大好的机会。不管是国联自身还是调查团在国际法上是否具备"承认"功能这暂且不谈,拒绝同样身为调查团参与员,被中国政府任命的顾维钧入"满"这事实际上是"满洲国政府"想完全解除和中国政府的联系,向调查团本身以及国际社会表达"满洲国"已经是一个"独立国家"的想法。当局者想必是考虑到了这对贯彻"满洲国"的上述主张具有极大的意义。

三

国民政府外交部于 4 月 10 日收到了上述通牒电报之后,送回电报局的同时立刻通知了国际联盟以及在北平的调查团。另一方面对日本政府提出了抗议,内容如下"本问题是由于日本政府的支持才产生的,今后若产生调查团以及中国代表无法完全履行职务,或者产生其他意外事件,日本方必须对此承担责任"。

国联调查团因此感受到了极大的困难,陷入了进退两难的境地。根据去年 12 月 10 日国际联盟理事会决议规定,日中两国政府可以派出国联调查团的参与员。理论上调查团是根据此决议进行行动,而与在该决议之后成立的"满洲国"的行为本无关系的。在这个意义上,"满洲国"拒绝顾维钧"入境"是中国政府不抛弃上述权力就无法解决的问题,另一方面中国对于事实上已经成立的"满洲国"也很难视而不见。有消息称在北平的团长李顿觉得除非"满洲国"撤回其主张,否则调查团只能中止入"满"。

　　但是对于调查团来说,从调查团的构成上,参与员是不可或缺的,从这一立场上看,问题就变成调查团入"满"后该如何处置的问题。并且在这期间,日方也在积极斡旋,首先提出建设性的方案,即在日本的势力范围内,将尽力保护调查团。一行人原定于16日从北平出发,现变成通过陆路19日出发前往山海关,而在山海关的李顿以及顾维钧及随行人员乘坐中国军舰由海路前往大连,其他人乘坐日本军舰或奉山铁路列车各自前往大连及奉天。

　　一行人打算从奉天开始展开对"满洲国"的正式调查,在这期间问题依然是,是否让顾维钧随行。调查团如果坚持一直以来的主张,现场调查就必须有中方参与员随行。为了收集调查资料,调查团必须在"满洲国"内活动,在顾维钧被拒绝"入境"的情况下,上述活动无法进行。在北平时的遗留问题到了奉天依然没有被解决,李顿已经到了向本庄司令官请求关照的地步了。关东军司令官在两者之间会如何抉择尚且不明,正如上述所说,本问题和调查团对"满洲国"的态度有关,大概可以想象得到调查团承认事实上的"满洲国"的存在是间接的主要目的,是寻求不损害双方颜面,缓和各自主张的妥协。最后李顿于4月25日向"外交部部长"发送了电报:

　　抵奉之际,我谨代表国联调查团(发送电文)。阁下在欢迎电报中用郑重的言辞指出,将在我等访问期间对调查团的重要行动,以及我等根据国联会议所执行使命之达成尽最大可能提供便利。我可以肯定地说这也证明了我们(对您)的信赖。

　　"满洲国"达成了他们的目的。另一方面,限制顾维钧和他的随行人员"入境",调查团保证顾绝对不会进行政治意义上的阴谋活动,并且"满洲国"政府又以监视为由,就顾维钧身随行人员问题向调查团提出了要求。结果就是,30日李顿就此事向"外交部部长"谢介石发送信件,谢介石在回信中要求在长春滞留期间再进行商讨,但在通告一行人的名字时,同意了中方参与员以及随行人员要由二十七名缩减为九名(包括佣人在内)的要求。

　　一行人于5月2日到达了长春。在长春主要由"外交部总务司长"大桥和调查团秘书长之间进行交涉,谈判一直到6日。如上述调查团对顾维钧以及随行人员的政治活动负责,以及让"满洲国政府"派出"外交部部长"代表者随行调查团,关于这两件事,根据李顿团长和"谢外交部部长"之间的公文,结果已经尘埃落定。中方参与员以及随行人员的气焰被削弱,被允许入"满"。

田草川　稿

资料来源:JACAR(アジア歴史資料センター)Ref. B02030451800(第
398 画像目から)満洲事変(支那兵ノ満鉄柳条溝爆破ニ因ル日、支軍衝突関
係)/善後措置関係/国際連盟支那調査員関係/満洲国ノ支那側参与顧維均ノ
入国拒否問題(外務省外交史料館)

65. 田中代理领事致斋藤外务大臣的函电
(1932 年 6 月 10 日)

第二九七号

"满洲国政府"于 8 日,以"外交部部长"的名义,向李顿阁下发出了下列内
容的电报:

5 日大公报载有顾维钧随员对本"国"的辱骂,以及最近顾维钧的诽谤性
声明,希望唤起阁下的注意。我等不欢迎顾维钧入"国"的理由之一就是顾维
钧以往发表过对"我国"不利的言论。同意其入"国"的最初条件就有取消上述
不合时宜的言论。

以阁下的参与员的名誉进行保证,值得信赖。尤其是在 5 月 6 日的信函
中插入这样的条件,即"相信顾博士在适当的机会可以订正不当的声明",并以
答应此条件作为入"国"的前提,在当时的交换公文中,阁下也予以了认可。

鉴于目前事情发展,中国参与员此次的行动应该由贵团予以阻止。他们
的行动违反了交换公文的明文及精神。希望不要忽视上述行动而不予以控
制,否则当再予以质问。

资料来源:JACAR(アジア歴史資料センター)Ref. B02030451800(第
409 画像目から)満洲事変(支那兵ノ満鉄柳条溝爆破ニ因ル日、支軍衝突関
係)/善後措置関係/国際連盟支那調査員関係/満洲国ノ支那側参与顧維均ノ
入国拒否問題(外務省外交史料館)

66. 大桥大尉致陆军次官的函电
(1932 年 6 月 12 日)

第三〇三号

根据谍者报,顾维钧的日本之行有可能被调查团和国民政府一同中止,顾

维钧自己也鉴于一直以来的行动，有意避开日本之行。国民政府让原驻波兰公使现外交部最高顾问王广圻从青岛来到北平，担任参与员，让顾维钧转任驻法公使，并迅速赴任。由王广圻代顾前往日本。

　　资料来源：JACAR（アジア歴史資料センター）Ref. B02030451800（第410画像目から）満洲事変（支那兵ノ満鉄柳条溝爆破ニ因ル日、支軍衝突関係）/善後措置関係/国際連盟支那調査員関係/満洲国ノ支那側参与顧維均ノ入国拒否問題（外務省外交史料館）

附录:《九一八事变经过之各事项说明》①

一 事件之开端

日中关系自 1931 年万宝山事件、中村大尉事件等案起便颇为恶化,尤其还有东三省要人竟夸口说"与日人一战,必会得胜"等言,且中国方面的排日侮日情绪愈渐高涨。九月十八日夜,因中国方面炸毁满铁路线所引发的日中两军冲突,最终酿成如今的九一八事变。

当时情况如下所示:九月十八日晚上十点左右,虎右守备队川本中尉以下七人(分为两队,川本中尉率两名士兵跟随其后)向南做沿线巡查演习,在到达北大营南边六七百米时,忽然听见爆炸声,当即返回进行侦察,发现数名中国兵向北大营方向逃窜,在对其进行追踪时受到了(对方)伏兵的射击,故而应战将其击退。因在追踪中受到了来自北大营南边高粱地中四五百名中国士兵的猛烈射击,所以便将此事急报于正在文官屯附近指挥演习的川岛中队长,川岛以一百二十名士兵应战,为压制敌人先机,抢先攻占北大营一部。

(况且中国兵炸毁满铁铁路干线是在十点半,长春始发奉天终站这一列车通过该地点前进行的,其行动只是炸毁了一侧轨道,并未损害轨道交接处,所以并未对列车行进造成过多障碍。)

二 事件发生后占领各地

如上所述,从最近的日中关系便可窥得,以此事为发端,辽宁地区其他满

---

① 资料来源:「満洲事変経緯ノ各事項説明振」、JACAR(アジア歴史資料センター)Ref. B02030454300、満洲事変(支那兵ノ満鉄柳条溝爆破ニ因ル日、支軍衝突関係)/善後措置関係/国際連盟支那調査員関係/支那調査準備委員会作成資料 第三卷。翻译内容为部分节选。

铁全线恐怕会有类似冲突发生之可能。然而现下我军驻满铁沿线守备兵力总数不过一万零四百余人,而其周围中国军队总数则达十二万之多,若情势忽然告急,居住在该地的百万侨民便会面临性命之忧,故认为我军抢占先机,屏除危机实为必要,为达此目的应迅速展开行动,解除附近中国军队之武装,排除其抵抗机会。

(1)占领奉天

驻奉天之我军守备在接到北大营所属中国军与我方守备军的冲突后,立即支援,于十九日凌晨两点半击破敌方军营,后接连占领奉天商埠地、边门内(省城城郊)及省城内各官署兵工署、无线电台等军事战略要地。一方面驻铁岭、开原、四平街、辽阳等地之我军部队只留少数部队驻扎,其余都于十九日凌晨一点左右起,从各驻屯地出发向奉天出动,关东军司令部也移往奉天,且于十九日凌晨三点从旅顺出发,在当天正午到达奉天。

(2)占领奉天以外各地

奉天以外我军驻满铁沿线各地部队,为排除眼前危机、防护附属地及出于保护附属地周边地方侨民安全等原因,从十九日早晨到二十日解除了长春、宽城子、安东、凤凰城、抚顺、营口、本溪湖、瓦房店、昌图等地中国军警的武装,并占领了附属地附近的军事战略要地。驻扎于宽城子及南岭的中国军队并未服从吉林省军参谋熙恰的"不抵抗"命令,因其顽强抵抗,我军死伤者约一百五十人。在铁岭及辽阳的中国当局以其全权负责维持治安等由拒绝解除武装,随着我军进驻各地,有关我军实施军政、没收海关等毫无根据的事被大肆报道。虽然有与奉天相似的情况,因为某些城市中当局者的逃亡,(我军)迫不得已与留下的中国人合作,以期暂时维持治安,但我军绝没有干涉中国地方行政。

三 九月二十日以后我军之行动

我国政府在事变发生时就以"不扩大事态"为根本方针,军队的行动也仅限于针对稳定军心、维护帝国臣民生命财产等自卫活动,但因为其后各事件,我军的行动在地域上有了相当扩展,尽管有所扩展依然如上所述,就算是非常紧急特殊的事件,也绝不更改上述方针。

以下简述我军在上述三期中的军事行动概要:

(一) 第一期(从九月二十日起到十月下旬)

1. 占领满铁沿线各地

(1) 因有关吉林中国人人心险恶的种种谣言盛行,故九月二十一日我军驻长春驻屯军一部到达吉林后,下令解除中国军警武装。翌日二十二日,派遣部队之一部至敦化及蛟河,但于十月五日与三十六名朝鲜人一同撤回吉林。

(2) 为保护四洮铁道附近的侨民,九月二十二日若干部队从奉天开往四平街,并在解除当地四洮铁路局的武装后,又解除了沿线各地铁路巡警的武装并进入郑家屯,二十三日一部队赴通辽收容侨民后返回郑家屯,占领郑家屯部队中的其中一部于二十五日向洮南出动,其亦在收容侨民之后返回郑家屯。

(3) 在新民府的侨民因中国方面的动摇,其生命财产面临危险,为保护侨民及抵御来自满铁西面的威胁,若干部队于二十三日乘从奉天始发的满铁特别编成列车,从北宁线出发到达新民府后解除当地中国公安队的武装,又于三十日撤退至东方巨流河(辽河河岸)附近。

事变发生后短短数日内,我军为保护侨民安全及针对满铁沿线排除来自侧方的威胁,占领了满铁沿线以外的吉林、郑家屯、新民府(其后为巨流河)三地,但同月二十一日夜哈尔滨日本总领事馆特务机关事务室走廊、哈尔滨日日新闻社、朝鲜银行正门入口等处都被投掷炸弹,同月二十五日夜当地日本社团文化协会及日本侨民会附近土地建筑物公司所属会社、房屋等地又被投掷炸弹,使侨民人心惶惶,因以张景惠为首的中国官员与我方派出官员协力,力图稳定事态,其后再未发生其他事件,故最后并未出兵。

2. 向满洲派遣朝鲜旅团

事变发生时,我军驻"满"部队仅有一万四百余人,对比二十二万中国军来说人数甚少,除此之外,如上所述我军部队中有一部(约一千九百人)被派往吉林,结果人手日益紧缺,有无法防守满铁线路之虞,基于此情况,九月二十一日将一个约四千人的混成旅团从朝鲜派往奉天(但是即使加上以上部队,我军驻"满"及驻关东的总兵力也没有超过条约所规定的驻扎人数)。

3. 讨伐匪贼①败兵

然而大概从九月下旬起,原属奉天军的败兵及匪贼渐渐在各地出没,不止

---

① 编者按:日本所称"匪贼",既包括东北地区的实际土匪,也涉及在各地对抗日军的东北军。下文"匪""贼匪"等意思相同,不再特意标注双引号。

发生多起杀害腹地内朝鲜人、掠夺家产等事,对满铁附属地及满铁线路也产生了很大威胁。我军为保护侨民及防止其危害附属地,在附属地内外都对兵匪进行了讨伐,十月一日至五日在满岭①、抚顺等内地讨伐兵匪,随后六日至七日出兵扫荡了新民府北边地区的残兵败将,十四日讨伐巨流河东边地区,从十月二十一日起开始了类似于讨伐乱石山方面败兵时的大规模行动。事变后到十月底为讨伐匪贼出动兵力达五十余次,每次都在击退(兵匪)后立即撤回原地。

十月上旬我军的配置状况与满洲中国军队及匪贼分布状况如下所示:

(1)我兵的配置状况(十月五日现在)

① 驻满铁沿线附属地内及毗邻中国街商埠等地部队[驻后者有安东(三十五人)、营口(两百人)、奉天(两千七百人)、长春(二十四人)、宽城子(十一人)、南岭(二十五人)、四平街(四十六人),总共三千余人]。

② 满铁外驻屯部队有三千人左右[吉林(一千九百人)、郑家屯(七百八十八人)、巨流河(二百五十人),但其中包含吉长线与四郑线的守军]。

(2)中国军队及匪贼分布状况

① 北宁线沿线

正规军:

新民北边地区有独立步兵第七旅(驻扎),且其一部约两千人(大炮数十门)驻扎在抚顺北边,该旅败兵越过满铁线与主力部队会合。

打虎山、沟帮子有六千四百人的兵力,在其北边的北镇有炮兵第六旅(野战炮三十六门)驻守。

锦州约有兵力七千七百人(重炮、野战炮各十六门),义州约有兵力六千四百人。

匪:新民南部约有两百人、沟帮子东部有两三百人。

② 打通线沿线

正规军:以彰武为中心有独立骑兵第三旅三千五百人的兵力。

匪:该线西部约有二百人的兵力。

③ 四洮线沿线

正规军:洮南有张海鹏骑兵队五千五百人。

---

① 编者按:原文如此,应是指铁岭。

匪:四平街附近有五百人左右的败兵,四郑线沿线约有两百人,郑通线附近约有两百人,通辽东南部约有八百人。

④ 满铁沿线

正规军:

长春方面独立步兵第二三旅的两千多名败兵在朝阳镇与主力会合后开始转移。

在铁岭、开原、掏鹿、抚顺腹地有步兵第七旅的败兵。

匪:长春约有两百人。

⑤ 吉长线沿线

正规军:

榆林方面独立步兵第二十五旅从吉林方向转移。

娘娘库方面步兵第六六一团从敦化转移。

匪:吉林方向具体数目不明,吉敦线沿线约有两百人,龙井村与百草沟各有约两百人。

⑥ 东边道

正规军:东边镇守使省防军约有九千人,海龙、北山城子、凤凰城、鸭绿江、抚松各地驻扎有一个团。

匪:通化附近约有四百人,通化南部约有一百人。

⑦ 安奉线沿线

匪:本溪湖西部约有四百人,凤凰城西部约有四百人。

⑧ 中东铁道南部线沿线

正规军:在双城、张家湾之间有独立步兵第二二旅约六千五百人。

匪:在陶赖昭与双城之间约有两百人。

注:以上是以满铁沿线为中心除去黑龙江省的兵匪分布状况,而且该状况主要为事变前情况,推测事变以后(兵匪)数目及其出没场所数量大幅增加。

4. 附属地以外驻兵部队之撤退

我国政府在此事上以自卫措施为基础,除了极力避免扩大事态,还将驻扎在附属地界外的无需出动的部队撤回附属地界内。

(1)九月二十九日大石桥守备队一百六十人从营口出动至大石桥。

(2)虽然将正开往吉长线的一百四十人的铁岭部队撤回铁岭,将开往安东的新义州部队之一部也撤回了新义州,但在十一月一日巨流河驻屯部队约半数到达奉天,附属地内的撤退也正在依次进行。但因第二次北满形势骤变,事态持续恶化,而停止继续向满铁附属地撤兵,此事会在后节中说明。

5. 轰炸锦州及打虎山

我军飞机虽然在十月八日轰炸了锦州方面中国军队,十三日又对打虎山、沟帮子等地中国军进行轰炸,而此消息引起欧美方面异常反响,导致对日舆论不断恶化,但上述行为不过是我军在侦察飞行时受到来自中国兵的地面射击后还击所引发的派生事件,我方却因此事被看作蓄意扩大战争行为。

(1) 轰炸锦州

十月八日为侦察锦州方面中国军队动向,我军出动十一架飞机飞往锦州,锦州政权使两万人正规军驻防在锦州周围,并派出便衣队及间谍,扰乱南满沿线治安的同时向奉天西北部腹地行动,与王以哲的残兵遥相呼应,谣传要夹击我方南满路线,且我军飞行侦察机在锦州遭到中国士兵的射击后,向中国军营等处投放炸弹后撤回。

我方在轰炸时非常注意避免对居民住处及停车场造成破坏,虽然我方正在调查当地因轰炸产生的损失,但据英国记者戈尔曼考察,北宁线只对一辆火车及一辆“服务车”产生轻微损伤外,也只伤及几户小房屋,此外有三颗炸弹落到交通大学附近,但也只是有小碎片击中校舍。死伤者有十六人(为该记者作向导的中国技师所言)(十月二十七日《大公报》报道了锦州县县长的调查数据,因该事件共死亡二十二人、伤二十八人,其中北宁线工作人员五人死亡,十人受伤,一名俄人死亡,士兵中一人死亡,两名受伤,房屋及其他财产损失达五千七百元二十美元)。虽然我军并没有造成如此大的损失,而且轰炸仅仅只是自卫措施,但引起了国联其他成员国相当大的反响,通过此事恰好给别人留下了我军军部正在积极扩大事态的印象,尤其是中国代表团在国联指出此事,因形势趋向严峻化,故而引起了国联的注意,国联理事会便比原计划提早一天于十月十三日召开会议。

驻东京中国公使蒋公使就此事于十月十一日向币原大臣提出抗议,我方于十月十四日予以答复。锦州县县长谷金声提议不再向天津、奉天及牛庄各领事馆发送相同电文,天津总领事馆回电称已向军方转达。另外驻北平日本公使馆参事官依据外务省训令,于十月十三日向张学良说明此事原由,并表明只要张学良方面不作出积极策动之举,今后我军自然不会再引发诸如此类的事情。

（2）轰炸打虎山、沟帮子

十月八日、九日因为打虎山方面的中国军队集合，对我方似有攻击之态势，所以当月十三日我军为勘探敌情便派出飞机进行侦查，在飞过该地方时，在打虎山附近受到了中国士兵的猛烈射击，而且以三架飞机为一组出动时在沟帮子附近再次受到了猛烈射击，我军迫于无奈才投放了四颗炸弹后返航，但是在投弹时我军即已避免损害铁道线路。

上述轰炸与锦州轰炸间隔不久，而且是在国际联盟理事会开会时发生的，故对欧美人心有所刺激，但我方已向国联及列国说明此举仅仅只是我方飞机自卫行动而引发的事件而已。

6. 飞行队之替换

在有关我军减少使用战斗机这一点上，于十月十五日发表下令调在"满"朝鲜军战斗飞行中队返回朝鲜，而以一侦察飞行中队代之。

（二）第二期（十一月上旬至下旬）

这时期我军行动以北满为中心舞台，在地方上也有其特色。在这时期，我军于满铁沿线地区虽然紧接第一期继续讨伐匪贼，但是因涉及洮昂线桥梁修理，我军向北满出动还要考虑苏联地位和横渡中东铁路等问题，所以此次行动不仅在军事行动的扩展地域上与第一期的军事行动有所差异，而且其引发的政治影响极具重要性，可以说是本期军事行动的核心所在。

1. 有关嫩江方面之日中冲突事件（参照附件乙号①）

（1）黑龙江省马占山军破坏洮铁道铁桥

洮昂铁路是委托满铁建造的，于昭和二年交接给了中国方面，虽然受到我方督促，但时至今日中国方面还是没有支付建造费用，并且不愿用借款契约代替上述委托契约，所以洮昂铁路虽然交给了中国，但我方仍应将其视为满铁之财产。十月上旬张海鹏部在洮南宣布独立，在其图谋借助洮昂线进军齐齐哈尔时，黑龙江省军队前卫队将泰来南部的木桥烧毁，接着又于十六日烧毁江桥镇的大桥，将军队集结在嫩江北岸，与张海鹏军隔江对峙。

（2）我方就修理洮昂线与黑龙江省政府交涉

在接到黑龙江省军烧毁洮昂线的消息后，为进行实地调查，我方于十月二

---

① 编者按：附件未翻译。

十日赶赴现场,竹村满铁工程师等一行由于受到嫩江岸边黑龙江省军队豪无预警的射击,故而撤回。

考虑到满铁与洮昂线同属一个公司,且鉴于该线为满铁培养线。因此满铁向驻奉天的林总领事提出保护洮昂线的愿望。驻齐齐哈尔清水领事极力敦促该地交涉员严格照管,今后不能再出现破坏洮昂线和妨碍满铁方面实施修缮工程的情况,针对此要求,交涉员认为应由齐克和洮昂两铁路局修理为当,并希望满铁方面不要施工。接着关东军司令部参谋林(义秀)少佐于同月二十六日进入齐齐哈尔,同月二十七日会见省代理主席马占山的代表、省政府委员赵仲仁,要求中国方面从二十八日起在一周内修理江桥以北桥梁,并告知(赵)若中方没能在期限之内着手修理或者没能按期完工,那么日本军队将在武力掩护下修理铁路。赵仲仁根据日本领事的警告通知了洮昂局洮昂线修理方,也与张海鹏方面商磋避免妨害以上修理的对策。黑龙江省方面也对修理毫无异议,并指出洮昂线属于省有铁路无可非议,传达了必须由其单独完成修筑工程的意见。总之,黑龙江省方面若想单独修理桥梁就必须进入张海鹏控制的齐齐哈尔,此举引发的各种问题很有可能会使修桥工期延误,不仅会影响土特产的上市,而且可能会错过利于修桥的结冰期。我方以此为由,于十月二十九日由清水领事对马占山发出照会,表示应由满铁方面派出修理工程队,若黑龙江省对此胆敢阻碍,那么我方就不得不采取必要之手段。对此照会,马占山表示洮昂线是省有铁路是毋庸置疑的,黑龙江省政府不能接受由满铁修理,洮昂局工程处处长虽然接到了有关修理桥梁一事的通知,但工程处提出了十八日内很难完成桥梁修筑工程的报告,并请求延长工程时限。赵委员也在第二天拜访清水领事的时候表示,修理桥梁至少需要十六天时间。三十一日洮昂局与石原顾问商议后提出增派人手的请求。清水领事则要求由满铁派人修理,并由当地日本官兵保护。林少佐于三十一日会见了政府赵委员,并告知赵如果中国未能在上述规定日期十一月三日前完成修理工程,满铁不得不在日军掩护下修理桥梁。然而赵委员于十一月一日请求清水领事撤回林少佐所提之事,领事顾及洮昂铁路的地位劝说赵,就算由满铁进行修理,其结果也是一样的。最后赵指派洮昂局工程处处长以委托的形式委任满铁为修理方。第二日林少佐便向赵委员提出以下三个条件,我军于十一月四日正午前向江桥出动,掩护满铁修理桥梁,为了避免彼我两军发生冲突和公平起见,要求两军暂时后退。

① 不允许以军事战略性质利用嫩江桥梁。

② 十一月三日正午前南北两军后撤至距桥梁十公里以外的地区,桥梁修理完成之前禁止进入该地区。

③ 违反以上要求或者对修理工程施加障碍时,即被认为对日军抱有敌意并会使用武力。

赵委员直接将以上通告转达给马占山,但是没有得到任何答复。林少佐通知以上通告为最后解决办法。

然而黑龙江省政府代表在同一天傍晚向林少佐表示有关桥梁修缮一事正在向南京国民政府请示,为了避免发生冲突,如目前黑龙江省军前线通告所示那样,得到了后退十公里的口头答复。但是第三天晚上黑龙江省政府代表拜访了清水领事,提出日军在当天上午一点向江桥附近阵地投掷手榴弹,要求派员警告当地军队,结果林少佐和早崎书记于十一月四日与朝石旅团参谋长及翻译一起赶往江桥。

(3) 日中两军的冲突

如上所述,因洮昂局委托,由满铁修理嫩江桥。因此,为掩护修理队,于二日派出第二师团步兵第十六连队下属一个大队(三个中队)及炮兵、工兵各一中队,与满载满铁工作人员和修理材料的列车一道,经过郑家屯到达江桥。上述林少佐一行于四日上午八点到达江桥,黑龙江省军参谋通告其并无抵抗意志,但是在林少佐一行返回后,我军派出一部队前往修理现场,在到达距修理现场十公里以内的大兴附近时,黑龙江省军队突然向我军所派部队开火,我部队出现死伤者,临时向桥头方向撤退等待主力部队支援。敌军向十公里以北方向撤退,但并没有停止炮击,我方不得已进行反击,于(十一月)五日上午占领大兴附近一角,形成两军对峙的局面。当时黑龙江省军兵力约五千人,拥有野炮二十门,迫击炮十二门,与此相对我方兵力只有步兵一个大队(三个中队)及野炮八门。我方甚至派遣驻扎于郑家屯的第二十九连队及第十六连队下一个大队于五日经由郑家屯支援,其先头部队于五日夜抵达江桥。虽然黑龙江省军进行了顽强抵抗,但是从六日起逐渐开始撤退,占据昂昂溪站南方约五公里的小新屯及其西方约三千米的三间房一线,我军于(十一月)六日正午占领了大兴及其附近的敌军阵地。

(4) 国联及其他对以上冲突之反响

有关日中两军在嫩江桥梁处发生冲突一事,施肇基于五日以南京国民政府训令为基调,向国联秘书长及理事会主席报告了此事,并要求干涉日本政府,使其停止军事行动。白里安要求我方报告该冲突的详情,并于十一月六日就此事照会(我方)外务大臣,希望不要再扩大中日两国间的事态。我国政府于十一月八日向芳泽理事发出训令,答复白里安称此冲突完全是因为中国方面不守信用,率先发动攻击,日方是迫不得已采取行动反击。

美国政府于(十一月)五日就此事向中日两国驻美国大使、公使发出训令,劝告两国避免使满洲事态继续恶化。驻美大使出渊于六日向史汀生说明了此事详情。

2. 向满洲派遣内地部队

为应对事变发生后的紧急事态,我方从朝鲜急调约一个混成旅团增援满洲,因嫩江方面冲突发生后事态告一段落,故在十一月上旬决定从内地向满洲派遣与以上混成旅团大致相等的兵力,并将朝鲜部队调回朝鲜,同月二十日内地部队抵达奉天。此外满洲驻扎部队(驻扎师团及独立守备队)中服役两年的士兵应该于十一月末退伍,但因时局关系延长服役时间。往年在满洲的驻扎师团中,入伍未满一年的新兵的训练会在内地部队中进行。但独立守备队在内地并无母队,所以依照惯例其新兵训练仍在满洲当地进行。

3. 昂昂溪方面之日中冲突事件(参考附件丙号①)

(1)从嫩江方面冲突到昂昂溪方面冲突的经过

日中两军在嫩江桥梁附近发生冲突后,因黑龙江省军的撤退,我军的军事行动暂告一段落,所以原本正往大兴以北开动的增援部队停止前进,并撤回了原驻扎地,但桥梁工程修理队仍然专心修理,于十一月十三日上午十点完成了修理工程。然而江省方面于(十一月)四日后在昂昂溪方面集结军队:

① 从(十一月)四日到五日富拉尔基(原文吉)方面的炮、工、步兵及机枪等约三个连队在昂昂溪下车直奔战线。

② 护路军总司令丁超也出动其军队。

③ 哈尔滨驻屯军之独立步兵第二十六旅中约一千人的兵力乘(十一月)六日的临时列车向齐齐哈尔方面出动。

④ 富拉尔基附近的江省屯垦军二团、野炮九门于(十一月)六日向大兴出动。

---

① 编者按:附件未翻译。

⑤ 由于驻屯于双城子的第一团及驻屯于海拉尔的步兵旅向昂昂溪方向开进,到八日时以昂昂溪及齐齐哈尔为中心的中国军总数达一万两千人左右,加上从各地赶来支援的部队及昂昂溪西南方的部队的话,中国军总数达近两万人。并且南京及北平方面支持马占山持强硬态度的人有很多,十一月七日蒋介石向马占山发出应与日本军激烈战斗的鼓励电报。我军本着不扩大事态的精神持身自重,不予追击,反而使我军势弱,中国主战派的气焰越发嚣张。

林少佐于(十一月)八日通过交涉员向马占山披沥诚意,并请求马占山下野,将政权让渡给张海鹏。林少佐于十二日依据训令以关东军司令官的名义要求:a. 马占山下野。b. 黑龙江军撤出齐齐哈尔。c. 为保障洮昂线,日军一部进驻昂昂溪站(如上是龙江站的误称,其后弄清楚后由林少佐向交涉员订正)。

对此马占山表示:a. 为不连累躲避战火的人民,如须负责任的人,下野不成问题。b. 黑龙江省军队之撤退需要相当的时间。c. 下野后张海鹏会接受日本军队(庇护下)哪个政权的领导,还未收到答复。值此时局不稳之时,对军司令官的上述通告还须再次征求中央的意见。

驻哈特务机关于(十一月)十四日下午向齐齐哈尔发电报,要求按照以下几点与马占山进行交涉。

a. 马占山军向齐齐哈尔以北撤退,此次集结于齐齐哈尔和昂昂溪附近的兵力撤回原驻扎地。

b. 马军不能向中东铁路以南出动兵力。

c. 洮昂铁路局不得以该铁路局(之名)运行,若马军妨害到上述运行时,日本军会立即采取必要之有效措施。

d. 关于以上条件,马占山须从十一月十五日起,在十日内实行。

e. 日本军嫩江支队在确认以上条件实行后,立即向洮南以南及郑家屯以南撤退。

但林少佐在接到该份电报之前就已经从齐齐哈尔离开,并与清水领事一起于十五日从齐齐哈尔回到哈尔滨。所以驻哈尔滨陆军特务机关向滞留于当地的马占山的代表赵仲仁交付以上要求条件,并通过电话向马占山传达此事,且要求马占山在(十一月)十六日前做出答复。张景惠劝马占山仅将亲兵撤回,直到十六日正午时也没有得到(马占山)的答复。

十六日夜马占山为了征求将领们的意见,于十五日夜奔赴战线,终于获得一致认可。以文书形式表示已全部知晓关东军司令官的通告,并派特使携带前往哈尔滨,且就对日答复延期一事请求日方谅解,虽然马占山给张景惠打过电话,但十七日中午上述答复才终于送到:a. 日本军也应同时撤退。b. 在中东铁路以南地区如有需要剿匪的情况,(马军)应该出动兵力。c. 保证洮昂线运行通畅,以张海鹏不再进军黑龙江省为条件缺乏诚意,听从张景惠的劝告,不再向我军交付。

张景惠一直怂恿(马占山)无条件接受。十七日半夜马占山给张景惠打电话称,该十六日的答复是万福麟系仗着马占山是文盲,自作主张制定的,(新的答复)将于今晚重新制定并携带前往。但是以上回答只是能大概容忍我方要求,并非无条件接受。此时日中两军之间已经发生战斗,军方也拒绝接受马占山的条件。

(2) 日中两军的交战状况

如上所述,黑龙江省方面不断在昂昂溪南方集结兵力,其兵力总数是我军的二十倍之多,并且其军队从塘池以北逐渐向东边开动,其东端已经向大兴东部约二里半的高地开进,并对我军采取包围形势。在敌我警戒线之间的距离不过四千至八千米,事态颇使人忧虑。铁路及桥梁修理已于十三日完成,但是黑龙江省军并没有撤退,洮昂线的安全便不能保证。虽然上述军司令官与马(占山)的交涉正在进行,但关东军方面为以防万一于十三日派第二师团主力前往大兴方面,十五日完成集结。我方兵力三千、大炮二十多门,黑龙江省军队对我军实行诱敌策略,并与苏联一起谋事,屡次表露出欲挑起事端的态度。(中国军于十一月)十七日向正面第一线增派两三千名士兵威胁我军右侧方背面并转入攻势。因为我军面临危险,故而于十八日早晨给予其迎击,上午九点半左右突破敌军战线中央,下午一点司令部向洮昂线的昂昂溪站前进,十八日半夜到达齐齐哈尔南部,稍作停顿后,我军一部于十九日上午九点进入齐齐哈尔,下午三点我军主力进城。马(占山)于十九日早晨向海伦出发,于二十一下午到达该地。

在上述战斗中,我军战死三十一人、伤百人、失踪十三人。

(3) 日中冲突与中东铁路

在接到战斗开始的消息后,驻哈尔滨大桥总领事于十八日下午访问苏联代理总领事奥尔洛夫(オルロフ)、中东监理局局长卢迪(ルーデイ)、李理事长,关东军已经命令第一战斗部队要尊重中东铁路的利益,并且不能对护路军发起攻击。据情报所知,马军在中东铁路沿线挖掘战壕,或在中东附属地内构建阵地,届时若我军不得已而对其发出攻击时,便企图以此挑起我方与中东铁路的纷争。对此中东铁路方面装作对上述情况不知情的样子向马军提出申述,要求(马军)必须保护中东的利益,并交付文书,但是我军在进军齐齐哈尔时并没有引起任何损害。奥尔洛夫和卢迪于(十一月)二十日向大桥总领事传达(我军)对列车运行乃至整个铁路业务没有造成任何妨碍,铁路财产也没有蒙受任何损失,甚至苏联方面也未对横穿中东铁路发起任何抗议。

(4)中国方面的抗议及我方对各国的说明

南京外交部于十八日就关东军司令官向马占山发出通告一事向重光公使发出公文,又于二十日就(日军)占领齐齐哈尔一事以公文形式发起抗议。重光公使于十九日向外交部提交了对昂昂溪方面战斗所提出的抗议。

美国在此事上对日舆论强硬,我方于十一月二十一日向国务卿提出照会,请求美国在此事上静观其变,对国联理事会同样要求其静观其变即可。

4. 齐齐哈尔出动军队的撤退及驻扎部队之轮替

撤退

我军开进齐齐哈尔毫无疑问是为修理洮昂线,不过是对试图威胁我军安危的马占山军进行反击,该地形势不再需要我军屯驻时,我军自会撤回。对于马占山一如十四日之通告所述,马军在向齐齐哈尔以北的地区撤退时,我方也将向洮南以南及郑家屯以东的方向撤退,并说明了我军之行动目的并不是占据齐齐哈尔及干涉黑龙江省行政,根据马军在齐齐哈尔之退却及我军占据齐齐哈尔的情况,我军之撤退情况如下:

(1)驰援途中之第三十九旅团司令部、两个步兵大队、一个野炮兵大队、其他少数特科部队于二十日上午由洮南方向向郑家屯撤退并暂时驻扎,于十一月下旬撤回驻防地长春。

(2)齐齐哈尔的部队中留下第三旅团司令部和第四联队(两个大队)少数炮兵、航空兵、通信兵及宪兵等(约计八百人),其他一律于二十七日至二十九日间从齐齐哈尔出发,在十一月下旬至十二月初的时间段内,经由四洮线向满铁沿线(长春、辽阳、公主岭、奉天等)撤退。

(3)各国虽对我军占领齐齐哈尔一事颇多关注,但我方从齐齐哈尔撤退一事,不得不考虑当先状况及运输能力等因素,所以才向各国政府说明我方无法无条件立即撤兵。而且币原大臣于十一月二十八日向美国驻日大使说明,我军并无任何政治意图,但马占山派遣主力陈兵于海伦,撤兵的具体日期尚难有所定论。

5. 轮替

上述齐齐哈尔余留部队因战斗和寒冷而颓弱,所以于十一月中旬与到达满洲之内地新锐部队进行轮替,十二月一日两个步兵大队、一个炮兵中队、一个骑兵中队(共计一千三百五十名,但军方对新闻记者等宣称总人数为八百名),从奉天出发到达该地,第三旅团司令部及第四联队在五日内全部撤退。

6. 我方部队在四洮线方面的撤退

因洮南泰来方面的状况归于稳定,所以关东军于十二月二日发布决定称,该方面大部分部队将重返满铁沿线之原驻地。

(三)第三期(十一月下旬至十二月末)

此一时期我方军事行动的重点在于讨伐满铁干线西边地区的锦州政权别动队,因我军占领齐齐哈尔及马占山军逃亡海伦等情况,故我方在北满的军事行动暂告一段落,大部分出动部队业已撤回。嫩江方面从中日冲突前后开始,就有所谓锦州政权别动队的贼匪袭击满铁干路沿线,企图扰乱我军后方。其气焰异常猖獗,因其严重威胁我国侨民生命安全之稳固,故我军于十一月下旬以后便进行了几次大规模的讨伐行动。但以上讨伐活动并不是攻击固有之锦州正规军,而是仅仅针对号称别动队之匪贼的讨伐。但当时各国都认为一旦日本认为时机成熟便会在吉林及黑龙江两省建立政权,并消灭锦州政权。故对我军在辽西方面征讨贼匪一事表现出极度敏感的态度,但对讨伐匪贼本身又无任何异议。与其说是支持(我军),不如说与第一期时一样认为我军在附属地外的活动并无任何问题。

1. 满铁线西面地区内贼匪的活动状况

根据十一月上旬我军的调查结果,郑家屯、四平街、大石桥等西南地区内,贼匪分布状况大致如下:其总数在一万三千人以上:(1)大石桥四面地区约两千人。(2)辽中、台安附近约两千人。(3)奉天西面北宁线沿线约一千人。(4)昌图开原西面地区约三千三百人。(5)郑家屯西北方向约一千四百人。(6)通辽附近约两千六百人。

其后贼匪人数不断增加,到十二月中旬调查时已超过三万人之众。根据各方情报及俘虏之供述所知,这些匪贼按锦州政权指示,以操纵别动队扰乱我方。特别是匪贼团由数百、数十个大部队构成,这就显示了其背后肯定有强有力之支持。

根据日本驻奉天总领事馆之报告,马贼在满铁沿线出没次数在十一月上旬共有二百八十七次,该月中旬共有三百四十一次,该月下旬则有四百三十八次,呈递增之趋势,且增长趋势尤其在满铁西面地区尤为显著。

2. 我军讨伐辽阳西南方向地区之贼匪

十一月上旬,满铁西面辽阳地区,有约一千匪贼分两次向满铁沿线发动进攻。十一月下旬约有三千兵匪集结于海城方面,因其对我满铁沿线形成威胁,所以我军于十一月二十三日从奉天、辽阳、大石桥、安东、营口等各地派遣约四个步兵大队及炮兵队,集结于营口及汤岗子、千山、鞍山等地,并于二十四日早上向辽河以东出动,贼匪迅速逃亡辽西。收到预期效果后,各部队于二十四日、二十五日两天内重返满铁沿线,收归原队。

新闻报道称,本次讨伐是我军在着手进攻锦州。针对上述误解,我方立即通过驻外机构向国联及各国说明:上述讨伐仅出动少量军队,通过常识就能判断,以此对拥兵两万的锦州地区发动进攻是不可能的。

3. 向锦州方面进军的部队中途折返以及派遣在满部队一部分赴天津

(1) 向锦州方面进军的部队中途折返

十一月二十六日夜,日中军队在天津发生冲突,天津驻屯军向陆军中央及关东军请求支援。关东军鉴于锦州政权的反日策动,打算解救天津军,达到先发制人以求自卫的目的,于是紧急将部队派遣到北宁线方面。二十七日,驻扎在奉天的部队除了一小队,其余全部与铃木混成旅团以及独立守备队一起出动。

上述部队的先头部队当日上午在白旗堡以西饶阳河附近与中国军队遭遇,遭到顽强抵抗,等待支援部队。两军交战期间,关东军司令部接到陆军中央的命令,要求将二十七日夜间出动的部队撤回。于是上述部队于二十八日撤回奉天。

上述撤军是鉴于天津形势缓和作出的。此后将辽河以西的部队向满铁沿线的重要地区集中。同时向奉天总领事馆说明,出动上述军队并非要攻击锦州政权,也不意味着政府方针的变更。

(2) 派遣在满部队一部分赴天津

鉴于十一月二十六日以后的天津状况,决定派遣驻"满"朝鲜部队的一个大队赴天津增援,该部队经过大连,于十二月一日早上到达天津。

4. 内地部队派往满洲

十一月中旬内地部队派往满洲后,贼匪仍非常猖獗。内地部队此来是为了接替朝鲜旅团,使其返回朝鲜,但朝鲜旅团仍然留在满洲讨伐贼匪。一方面,该旅团应该尽快回防朝鲜;另一方面,满洲侨民的生命财产安全因兵力不足,无法得到有效的保护。有鉴于此,十二月中旬决定于内地增派一个混成旅团赴"满"。同月下旬,内地部队(来自第十师团,来自近卫师团、第一师团、第十二师团的特科队)到达满洲。(混成第八旅团主力于十二月十八日到达大连,二十九日进入奉天)朝鲜部队之一部曾于十一月下旬被紧急派往天津(约一个大队),为接替此部队,同时决定向天津派遣内地部队(来自第五师团约两个大队),该部队于十二月二十八日到达天津。

另外朝鲜部队会视当地状况撤回朝鲜。

之前十二月九日为了轮替与补充驻"满"部队卫生勤务员,同意并下令派遣第四师团的若干名勤务员赴"满"。同月十五日下达命令,为了补充满洲独立守备队的死伤病者,将第一、第三师团将校以下的若干人员派遣赴"满"。

5. 辽西贼匪扫荡

如上所述,我军计划于十一月下旬扫荡辽阳方面满铁以西地域的贼匪,并未完全达成目的。其后贼匪活动日益猖獗,关东军于十二月十六日声明:对于唆使盘踞在辽西一隅之贼匪,恣意抢掠扰乱治安,妨碍关东军行动破坏稳定的行为,关东军会采取断然手段予以处置。

率先讨伐法库门方向猖獗的贼匪。十二月二十一日,混成第三十九旅团及独立守备队之一部(第二、第三、第五各大队)从昌图、开原、铁岭、石佛寺各地出发,到达通江口及法库门扫荡兵匪。于二十三日、二十四两日回到铁路沿线。

一方面,田庄台、盘山、白旗堡、辽中方向的贼匪活动日益活跃,十二月中旬,有消息称贼匪在田庄台集中,将向营口水源地的我国侨民发动袭击。另一方面,十二月二十日,河北站五名守备兵在巡逻过程中被兵匪狙击,战死一人,负伤二人。我方紧急向田庄台派出警备队,并向河北方面增派兵力。军队一部从海城出发派往牛庄方向,二十三日步炮一个大队到达水源地,另一部队从河北站出发乘坐装甲车前往田庄台。步兵骑兵各大队进入水源地后,继续向田庄台进发。在田庄台与牛庄遭到兵匪的反击,我军陷入苦战,有士兵牺牲。此时,英美法三国通过其驻日大使向我国提出备忘录:根据十二月十日国联理事会决议,希望日军不要向锦州地区发动攻击。

我政府于二十七日发表声明书说道:根据十一月下旬外交部顾部长的锦州撤兵提议,张学良虽承诺撤兵,却没有付诸行动,仍然派遣别动队进行猖獗的活动,我军迫不得已进行讨伐。张学良将正规军混入别动队中,我军被迫采取自卫措施,就算在锦州爆发军事冲突,责任也在中国方面。

关东军于十二月下旬派遣混成第三十九旅团到新民府方向、第二师团到北宁支线方向,其后状况大概如下:

十二月二十八日

第二师团主力往田庄台进发,压制中国正规军及别动队,到达大洼附近,进军魏家街(大洼东南方约四公里)。中国军的装甲列车炮击我前进部队,我一部队与之交战,将其击退。我军飞机又发动攻击,使其溃散。

十二月二十九日

第二师团继续前进,进入盘山。

十二月三十日

第二师团主力进入胡家窝铺附近。混成第三十九旅团自新民出发,集结在白旗堡驱逐别动队,傍晚到达打虎山附近。

十二月三十一日

混成第三十九旅团在沟帮子附近,第二师团之一部留在沟帮子,主力到达其东南地区。

我军就这样在十二月末到达沟帮子附近,为了达到彻底剿灭贼匪的目的,会更进一步向西方进军。

(1) 中国军的撤退

锦州中国正规军将上述贼匪作为别动队进行操纵,并于十二月二十九日夜间开始向关内撤退。有关上述内容,我军部收到如下情报:

十二月三十日

上午一时及五时,独立步兵第十二旅之一部分两次通过山海关及秦皇岛(不停车),退往滦州方向。

十二月三十一日

直到上午三时,通过山海关的负责撤退东北军的列车共有六列(约二百三十辆),将第十二旅的大半以及炮兵第十三团全团撤回完毕,全部在滦州下车。继续运送第十二旅及第而是率的司令部等。

（2）华北驻屯军向山海关方向出动

十二月下旬辽河方面的情势急迫,为了保护山海关及秦皇岛的侨民,十二月二十三日将华北驻屯军(天津)的一个中队派往上述地区。

（3）我海军向山海关方向出动

鉴于辽西方面的形势,为了让山海关地区我国侨民的声明财产安全得到万全保障,于十二月末派往秦皇岛的舰船如下：

球磨、八云、能登吕及驱逐舰三艘。

另外驱逐舰司令于三十日往访山海关独立步兵第九旅旅长何柱国,声明只要中国方不挑事,我海军就不会出动。

（4）中国方的态度

行政院向中国驻国联理事发送电报称:日本军以讨伐贼匪之名,占领法库门、田庄台,并轰炸盘山,希望国联理事会根据十二月十日决议案予以强硬之处置。中国理事于十二月二十六日将该电报提交国联理事会主席。

（5）派遣朝鲜部队赴满洲

辽西方面锦州政权的正规军及别动队的活动,于十二月下旬日益猖獗。有鉴于此,紧急从朝鲜军中抽调两千增援部队奔赴满洲(步兵五大队、骑兵一中队、炮兵三中队、工兵一中队、炮兵三中队、工兵一中队)。

但是随着辽西贼匪讨伐的结束,我军的兵力产生冗余。上述部队将与九月下旬赴"满"的朝鲜军混成旅团一起,尽可能快地撤回朝鲜。

索　引

图书在版编目(CIP)数据

日本外务省藏档. 三 / 陈海懿等编. — 南京 : 南
京大学出版社，2024.6
（李顿调查团档案文献集 / 张生主编）
ISBN 978-7-305-27726-9

Ⅰ. ①日… Ⅱ. ①陈… Ⅲ. ①中日关系—国际关系史
—档案资料—1932 Ⅳ. ①D829.313

中国国家版本馆 CIP 数据核字(2024)第 033412 号

项目统筹　杨金荣
装帧设计　清　早
印制监督　冯晓哲

出版发行　南京大学出版社
社　　址　南京市汉口路 22 号　　　邮　编　210093
丛 书 名　李顿调查团档案文献集
丛书主编　张　生
书　　名　日本外务省藏档(三)
　　　　　　RIBEN WAIWUSHENG CANGDANG SAN
编　　者　陈海懿　马海天　崇　哲
责任编辑　张倩倩
照　　排　南京南琳图文制作有限公司
印　　刷　南京爱德印刷有限公司
开　　本　718 mm×1000 mm　1/16　印张 22.25　字数 376 千
版　　次　2024 年 6 月第 1 版　2024 年 6 月第 1 次印刷
ISBN 978-7-305-27726-9
定　　价　150.00 元

网址：http://www.njupco.com
官方微博：http://weibo.com/njupco
官方微信号：njupress
销售咨询热线：(025) 83594756

-305-27726-9

277269 >

50.00元

ISBN 978-

9 7873

定价

ISBN 978-7-305-27726-9

9 787305 277269 >

定价:150.00元